TongDe WenXueJi

同德问学集

王存刚 等著

天津出版传媒集团

天津人民出版社

图书在版编目（CIP）数据

同德问学集 / 王存刚等著. –– 天津：天津人民出
版社，2019.12
　　ISBN 978-7-201-15750-4

　　Ⅰ.①同… Ⅱ.①王… Ⅲ.①国际政治—文集 Ⅳ.
①D5-53

　　中国版本图书馆 CIP 数据核字（2020）第 018676 号

同德问学集
TONGDE WENXUE JI

出　　　版　　天津人民出版社
出　版　人　　刘　庆
地　　　址　　天津市和平区西康路35号康岳大厦
邮政编码　　300051
邮购电话　　（022）23332469
网　　　址　　http://www.tjrmcbs.com
电子信箱　　reader@tjrmcbs.com

策划编辑　　王　康
责任编辑　　郑　玥
特约编辑　　安　洁
装帧设计　　汤　磊

印　　　刷　　高教社（天津）印务有限公司
经　　　销　　新华书店
开　　　本　　710毫米×1000毫米 1/16
印　　　张　　18
插　　　页　　2
字　　　数　　240千字
版次印次　　2019年12月第1版　2019年12月第1次印刷
定　　　价　　69.00元

序

　　自2001年秋季学期起，我开始在天津师范大学担任硕士研究生指导教师，自2007年秋季学期起又开始担任博士研究生指导教师，这两种身份一直延续到2016年冬我调往同济大学。这15年间，我先后在科学社会主义与国际共产主义运动、国际政治两个学科点工作，直接指导的各类硕士和博士研究生总计超过70人，其中大部分是中国学生，也有一小部分是外国留学生。目前，他们分别就职于国内外各高校、研究机构、政府部门。看到他们事业有成，我很欣慰。编辑出版这本论文集，既是对自己在天津师范大学指导研究生工作的一种总结，也是对自己在这所学校中指导的所有学生的一个交代。

　　本论文集包括三个篇章。其中，"教与研"部分是我在天津师范大学工作期间独立发表的部分论文，主要涉及国际关系理论。需要说明的是，《国际关系理论研究再出发——马克思主义的路径》一文正式发表时虽然署名同济大学，但该文初稿写于天津师范大学，于我调至同济大学之初最终完成，因而具有承上启下的作用，故将其收入本文集。"教与学"部分是我与在天津师范大学指导的研究生合作发表的论文，我对这些论文均有实质性贡献。"学与做"部分则是我在天津师范大学指导的研究生在学期间独立发表的论文，这些论文均与他们的学位论文有关，或者说都是学位论文的阶段性成果。确立这样三个主题，与我对研究生教育的思考有关。作为导师，自己首先要做研究，否则就不具备从事这项工作的基本资格；其次要带着学生做研究，这有点像扶着孩童蹒跚学步一样；再次是鼓励和支持学生自己独立做研究，尽管这类研究成果通常会有这样或那样的缺陷，但它们毕竟是学生独立做出来的，对他们树立学术信心、开展更高水平的研究十分重要。

我之所以将这本论文集命名为《同德问学集》，原因大体有两个方面：首先是基于我对道德之于学术、学者重要性的认知。在当下的中国学术界，强调从业者的基本道德、学术道德，其意义不言自明。其次与我现在供职的同济大学校训有关。"同心同德同舟楫，济人济事济天下"是这所百年名校的校训，我非常喜欢这两句话，也衷心希望我和学生们能够切实地践行它。

长久以来，我一直坚持这样一种观点：在普通高等院校同样可以兴办国际问题类的专业，同样可以培养有一定质量的研究生。我曾任职20年的天津师范大学是一所普通本科院校，且在2005年之前没有国际政治专业的办学基础。当初我在这里主持建设国际政治专业，面临的困难是很大的，其间不时听到来自各个方面、各种形式的质疑声音。但在一些有远见的校院领导的大力支持下，我及同事们还是坚持了下来，其间还得到学界诸多前辈如李少军、秦亚青、王逸舟，以及兄弟院校各位同行的热情鼓励和持续帮助。在此，我向他们表达由衷的谢意。

学术成果由私人劳动转化为社会劳动，在相当大程度上有赖于出版人的帮助和支持。在本论文集付梓之际，我首先要特别感谢天津人民出版社副总编辑王康老师。作为一位专家型的资深出版人，王老师在推进中国国际问题类著作出版方面所做的贡献有目共睹。没有她的关心、耐心，本书也许难以问世。其次，我还要衷心感谢天津人民出版社的郑玥和安洁女士。正是由于两位严谨细致的工作作风和良好的专业素养，方才保证了本书的编校质量。最后,我还要感谢我的学生刘涵博士。她不仅为本书贡献了两篇高质量的论文,而且还在本书出版过程中做了大量且出色的协调工作。

　　吾道不孤!吾将上下而求索!

王存刚

2019年5月3日

目　录

上篇　教与研

中篇　教与学

下篇　学与做

上篇　教与研

可借鉴的和应批判的

——关于研究和学习英国学派的思考①

王存刚②

近年来特别是最近一个时期，中国国际关系学界开始重视对英国学派的研究。这是一件有重要学术意义的事情。它有助于我们进一步拓宽学术视野，形成更为完整的西方国际关系理论图式，矫正长期存在并已产生明显副作用的"美国中心"的倾向。但必须注意的是，与当下居于主流地位的美国国际关系理论的各个流派一样，英国学派对我们来说同样有一个可借鉴和应批判的问题。

就可借鉴的方面而言，主要有对"人类历史的复杂性""国际舞台上的活动的复杂性和不确定性"，以及"人类认识能力有限性"的清醒意识；③"明确的研究方向、重视本民族话语"④；"走自己的路、重学术传承、锲而不舍与不懈努力"⑤；等等。

---

① 本文原载于《欧洲研究》2005年第4期，中国人民大学报刊复印资料《国际政治》2005年第6期全文转载。

② 王存刚，教授，博士生导师，同济大学政治与国际关系学院副院长兼外交学系主任。

③ 参见章前明：《论英国学派的国际社会理论》，载《中国社会科学院世界经济与政治研究所国际政治重点学科理论研讨会论文集》，2004年。

④ 参见唐小松：《英国学派的发展、贡献和启示》，载《中国社会科学院世界经济与政治研究所国际政治重点学科理论研讨会论文集》，2004年。

⑤ 任晓：《向英国学派学习》，载《世界经济与政治》2003年第10期。

但另一方面,我们也应当清醒地意识到英国学派存在的问题,这些问题既体现在其所运用的方法论方面,也存在于其所抱持的具体理念方面,并对其采取批判的立场。

比如,对于包括历史、法律和哲学在内的传统主义研究方法①,就应该保持一种冷静的、分析的态度。因为这些传统主义的方法并不是一点问题都没有的。以英国学派最为擅长的历史主义方法为例,该方法对于国际关系理论研究的重要意义是不言而喻的。正如有学者所指出的那样,"历史和国际关系一向有着直接的和密切的关系"②,古希腊历史学家修昔底德(Thucydides)通过研究伯罗奔尼撒战争而发展出现实主义国际关系理论基本原则的例子,长期为人们所称道。但我们也必须正视历史主义方法的局限。因为它在本质上是一种归纳法。而关于归纳法的缺陷,肯尼思·沃尔兹(Kenneth Waltz)在《国际政治理论》一书中已经做了精辟的分析。英国思想家卡尔·波普尔(Karl Popper)更是从哲学的高度系统地剖析过历史主义方法论的种种缺失。③

从理论实践来看,历史主义方法对英国学派本身的理论建构活动也有一定的负面影响。第一,它使部分学者不能正确地认识世界的变迁性,甚至陷入了循环论的泥潭。马丁·怀特(Martin Wight)就是一个例子。在著名的《为什么没有国际理论?》一文中,怀特写道:"国际政治与国内政治的不同之处在于,前者不太易于形成进步主义的解释。"④为了说明自己的观

① 虽然如有的学者所提到的那样,英国学派在方法论上采取了多元主义的立场,并不绝对地反对科学主义的方法论,但我认为,从总体倾向上看,英国学派主要使用的还是具有强烈人文科学色彩的传统主义方法,而这一点正是国内众多讨论英国学派的著述所嘉许的。

② 秦亚青:《实证主义与中国的国际关系研究》,载《人大国际评论》2004年第1期。

③ 参见[英]卡尔·波普尔:《历史主义的贫困》,何林、赵平等译,北京:中国社会科学出版社1998年版。

④ [美]詹姆斯·德·代元主编:《国际关系理论批判》,秦治来译,杭州:浙江人民出版社2003年版,第28页。

点,怀特打了如下的比喻:如果托马斯·莫尔或者亨利四世来到20世纪60年代,他们可能会因眼前的情势与其以往的经历极度相似而感到震惊:国际体系分裂成各自拥有同盟国和卫星国的两大强国,弱小国家通过游离于两强之间的方式来提高自己的身价,普世主义与地方的爱国主义针锋相对,干涉的责任压倒了独立的权利,和平目标及共同利益成为一纸空文,人们宁愿在战争中被打败,也绝不肯屈从于未经抵抗的征服。怀特认为,虽然在当下的世界,国际舞台更大了,行为体减少了,武器更令人恐惧,但上演的仍然是原来的情节剧。①由此,他得出如下结论:"国际政治是一个事件不断再现和重复的领域;在该领域中,政治行为大多具有规则性的必然规律。"②很显然,这一结论是不正确的。

第二,英国学派成员之所以对"国际体系""国际社会"两个概念能够有清晰的阐释,而对"世界社会"这一更高层次的概念却语焉不详,或许也与历史主义方法论的内在缺陷有关。因为,"国际体系""国际社会"是历史发展过程中的客观存在,而"世界社会"则从未真正出现过。基于上述认识,笔者认为我们不能因为科学主义方法论存在缺陷就像怀特那样对其"不屑一顾",僵硬地固守传统主义的方法论,并以此自得;或者因噎废食,仓皇退回传统主义的方法论。平心而论,我们在科学主义方法论上的训练和运用还远远不够,这已经成为提高我国国际关系研究整体水平的一大制约因素。正确的做法应当如秦亚青教授所倡导的那样,真正实现"人文与科学的契合"③,既不非此即彼,也不顾此失彼。

又如,在国际关系理论的研究中立足于自身赖以成长的文明的做法

---

① 此处文字在秦治来译文的基础上,参考了周桂银、党新凯在《权力政治、国家体系和国际关系思想传统——马丁·怀特的国际关系思想》一文的译文,并做了适当的调整。

② [美]詹姆斯·德·代元主编:《国际关系理论批判》,秦治来译,杭州:浙江人民出版社2003年版,第29页。

③ 参见秦亚青:《第三种文化:国际关系研究中科学与人文的契合》,载《世界经济与政治》2004年第1期。

是正确的,对自身文明的推崇也是可以理解的,但像英国学派那样过分推崇西方文明——甚至有几分自恋的①——的做法,我们就应当予以高度警觉和坚决批判。对西方文明过分推崇的做法深刻影响着英国学派学者的理论构建活动乃至具体的结论,并在某种程度上损害了它的应有价值。以"国际社会"这一核心概念为例,虽然英国学派在构想"国际社会"时竭力强调共同利益、价值、规则和制度的重要性,试图表现出理性主义的、超脱主权国家羁绊的姿态,但从其援引的例证特别是其最终的结论可以明显地看出,这种"国际社会"实际上脱胎于西方的文化,带有明显的"欧洲民族的思维痕迹",是近代以来形成的西欧国家内部的权力结构在更大的区域乃至全球范围的放大。它试图运用非物质化的力量来安排无政府状态下的国际事务,以实现国际关系的稳定和秩序。怀特就曾写道:国际社会包括"各独立共同体之间的惯常交往,它渊源于欧洲基督教国家之间的交往并逐渐扩大到全世界……[并且]反映在外交体系中;反映在有意识地维护均势以保持国际社会各成员共同体的独立自主上;反映在国际法的正常实施过程中,国际法的约束力在一个广泛但可能在政治上并不重要的问题范围内已经为人们所接受;反映在经济、社会和技术的相互依赖以及功能不同的国际制度中"②。怀特甚至质疑大多数的非欧洲国家是否能够真正融入这个国际社会。因此,我们有理由认为,国际社会理论与20世纪90年代在英国、美国等西方大国风靡一时的"新干涉主义"存在逻辑上的关联;在某种程度上甚至可以说,该理论为上述两个大国所实施的、引起当下国际关系严重动荡的对外干涉行为提供了理论上的依据。

---

① 这一现象在马丁·怀特、约翰·文森特(John Vincent)等英国学派代表人物的著作中有充分的体现。美国学者肯尼思·汤普森(Kenneth W. Thompson)在为怀特写的学术小传中就用了"西方文明的价值"这样一个标题。参见[美]肯尼思·汤普森:《国际思想大师》,耿协峰译,北京:北京大学出版社2003年版,第52页。

② 转引自[美]肯尼思·汤普森:《国际思想大师》,耿协峰译,北京:北京大学出版社2003年版,第68页。

英国学派的鲜明特色甚至其明显的缺失，与英国近代以来的历史特别是它在现当代国际体系中的地位的演变密切相关。英国学者亚当·罗伯茨（Adam Roberts）曾指出："英国的国际关系观点不可避免地受到下列事实的影响：联合王国有积极参与世界其他地区事务的悠久传统，这种参与所采取的方式是殖民主义、贸易关系、对外军事义务和在国际组织中的活动。此外，3个世纪以来，英国既没有经历过外国的军事占领，也没有经历过革命。确实，在联合国5个常任理事国里，只有英国处在这样一种位置上。"①挪威学者伊弗·诺伊曼（Iver B. Neumann）在讨论"英国学派对历史的专注是否与英国外交政策历史上曾经有过的辉煌以及当前所出现的凋敝状况有关联"这一问题时也认为："英国学派所倡导的'现实主义'之所以比美国的现实主义更'富有启发性'或者说更'可为人所接受'，其原因与这两个国家权力来源的性质有直接的关联。"②也正是由于上述原因，我们才看到了现代西方国际关系理论发展史中的如下现象：一战以后，英国学者和美国学者联手创立了古典自由主义国际关系理论、人性现实主义理论。③而在科学主义兴起之后，英国学者与美国学者分道扬镳，后者得以领风气之先，而前者渐落边缘。④所以抛开学术理念、理论创新能力、理论的科学性等因素，说到底，一个学术流派的兴衰是与该学派所赖以成长的国家在国际体系中的地位密切相关的。

总之，在笔者看来，近五十年的英国学派发展史给中国国际关系学界的一个重要启示是：作为一个成长中的社会主义大国，一个希望在国际舞

---

① 参见袁明主编：《跨世纪的挑战：中国国际关系学科的发展》，重庆：重庆出版社1990年版，第23~24页。

② ［挪威］伊弗·诺伊曼、奥勒·韦弗尔主编：《未来国际思想大师》，肖峰、石泉译，北京：北京大学出版社2003年版，第59页。

③ 这时候，大英帝国的余威犹在，而美国还只是一个成长中的大国。

④ 这时的美国已是真正的世界级大国和西方世界的霸主；而在二战中受到重创的英国的国际地位已显著衰落，即使在欧洲事务中，其影响力也大不如前，更不要说对于全球事务的影响力了。

台上有更大作为的文明古国，我们应当也必须有自己的、特色鲜明的、完整的国际关系理论。①为此，我们要努力做到：始终立足于自己的文化传统（一如英国学派之于现实主义、理性主义和革命主义三大传统那样）和本国的外交实践，秉持多元主义的立场，保持开放的姿态，树立批判意识，用自己的话语来言说自己的事情，用自己的思路来解决自己所面临的问题；而不是简单地套用别人的话语来言说自己的事情和别人的事情，更不是简单地套用别人的思路来解决自己的问题。

---

① 对于该问题，我国国际关系学界一直存在争论。笔者认为，既然同属于西方文明、社会制度一致的英、美两国因地缘政治上的差异而对国际关系有不同的理解，进而形成差异明显的国际关系理论。那么，属于东方文明、在社会制度和地缘政治两个方面迥然不同于美、英两国的中国，对国际关系的理解肯定与它们有更大的差异，也就更有产生独特的国际关系理论的可能。我们应该有这样的自信。

化理论为方法，化知识为智慧

——亦谈如何学习、研究和运用欧美国际关系理论的问题①

王存刚

自20世纪80年代以来，特别是90年代中期以后，中国国际关系学界在引进和借鉴国外国际关系理论方面取得了不小的成绩。但是近年来，在这项工作中也出现了一些值得关注、令人忧虑的问题。

第一，盲目追逐欧美国际关系理论特别是美国新理论的取向仍未得到彻底改观。经过王逸舟、秦亚青等学者的大力倡导和身体力行，以及《世界经济与政治》《欧洲研究》等专业刊物的不懈努力，中国国际关系学界长期存在的"美国中心"现象虽已得到某种程度的矫正，②但囿于学术生态等方面的原因，这一现象短期内恐怕不可能消失。相当一部分学者仍然表现出对美国理论的强烈偏好，动辄所谓现实主义视角、制度主义视角、建构主义视角之类，似乎离开了这些范式，就无法言说了。不仅如此，一些学者

---

①　本文原载于《国际政治研究》2007年第2期，中国人民大学报刊复印资料《中国外交》2007年第11期全文转载。

②　如被誉为中国建构主义研究领军人物的秦亚青不仅大力引介建构主义的作品，如温特的《国际政治的社会理论》，也翻译了古典现实主义的代表人物爱德华·卡尔的《20年危机(1919—1939)：国际关系研究导论》和认知学派的代表作罗伯特·杰维斯的《国际政治中的知觉与错误知觉》；王逸舟近年来一直倡导理论多样性，注意美国之外的思想理论发展，他不仅在自己的研究和研究生指导工作中身体力行，而且在其主编的《世界经济与政治》杂志上陆续刊介绍韩国、日本、俄罗斯、非洲等国家和地区的国际关系理论的研究状况；《欧洲研究》杂志则推出了英国学派研究专栏，连续刊发了十多篇有相当水准的论文。

跟风心切,研究重心不正常地转移。苏长和在收集中国学者发表的与国际制度理论或者经验研究有关的论文时就发现,"在《世界经济与政治》杂志所发表的89篇文章中,绝大部分作者是一次作者","部分学者可能在现实主义时兴的时候撰写支持现实主义的文章,而在建构主义时髦的时候又摇身一变成为一个建构主义者"。①谭秀英等在分析中国学者发表的有关英国学派的论文中也谈到,"能够连贯且深入研究英国学派的学者不多……能够发表三篇以上有关英国学派的学者不多见"②。

第二,在运用某种欧美国际关系理论进行实证研究时,不仅缺乏对该理论内部状况、适应条件等的细致解读,③而且往往存在着主题先行、用理论裁剪复杂多变的国际关系现实特别是丰富多彩的中国外交实践的不正确倾向。一些著作明明探讨的是纯粹中国的问题,但所采用的理论和方法却几乎全是西方的或西方式的,就像我国台湾学者杨国枢、文崇一曾批评的那样:"在日常生活中,我们是中国人,在从事研究工作时,我们却变成了西方人。我们有意无意地抑制自己中国式的思想观念与哲学取向,使其难以表现在研究的历程之中,而只是不加批评地接受承袭西方的问题、理论和方法。"④

第三,机械地套用科学哲学的一些方法、观点和标准,去剪裁丰富多彩的国际关系理论发展史,过分推崇以行为主义为理论基底的科学方法。与冷战结束以后欧美国际关系学界科学主义相对沉寂、人文主义再度崛起的趋势相反,中国国际关系学界的科学主义思潮方兴未艾,科学方法至

---

① 苏长和:《中国的国际制度理论研究》,载王逸舟主编:《中国国际关系研究(1995—2005)》,北京:北京大学出版社2006年版,第117页。

② 谭秀英等:《国际关系理论和热点问题研究述评》,载《世界经济与政治》2006年第11期。

③ 潘忠岐就发现,即使是中国国际关系学界最为熟悉的现实主义理论范式,中国学者对其基本假定、基本概念和基本理论的研究也是非常不充分的。参见潘忠岐:《中国的现实主义研究》,载王逸舟主编:《中国国际关系研究(1995—2005)》,北京:北京大学出版社2006年版,第106页。这种情况在其他理论范式的研究和运用上也同样存在。

④ 转引自黄光国:《社会科学的理路》,北京:中国人民大学出版社2006年版,第6页。

上的苗头在一定程度上显现，并可能愈演愈烈。一些学者——特别是一些青年学子——只是粗略阅读了几本欧美科学哲学和政治科学方法论的著作，便率尔操觚，由此造成此类著述参考文献重叠度过高，研究主题相互撞车的现象。这在运用科学哲学探讨国际关系学科史的作品中表现得特别明显。

上述种种问题，已经对中国国际关系理论研究的健康发展产生了负面影响。资中筠、陈乐民、钱文荣等资深学者对此也提出了批评。①但耐人寻味的是，鲜有中青年学者做出正面的回应。②

在笔者看来，上述问题出现的原因是多方面的，有研究者自身专业水平、学风等方面的问题，也有现行学术制度方面的问题，但最为根本的，恐怕还在于人们对理论的概念、功能、检验理论的标准等问题存在不正确的认识。

何谓理论，已经有了很多种定义。即使在国际关系学界，人们对"理论"一词的界定也存在很大的分歧，否则肯尼斯·沃尔兹就没有必要在《国际政治理论》一书的开篇花费很大力气去区分"理论"和"规律"两个概念，并运用自己界定的"理论"概念去构建新的理论形态；倪世雄、石斌、斯蒂芬·范埃弗拉（Stephen Van Evera）等学者也就没有必要在自己的著作中用相当的篇幅去探讨"什么是理论"这一看似陈旧、却有重要学理意义的问题；③时殷弘也不会公开宣称"习惯用理论思想四个字"并"希望多少冲淡

---

① 详见资中筠：《理论创新从研究新问题中来》，载《世界经济与政治》2003年第3期，卷首语；陈乐民：《关于"学派"》，载《世界经济与政治》2006年第8期，卷首语；钱文荣：《理论源于实践、指导实践并接受实践检验》，载《世界经济与政治》2006年第10期，卷首语。

② 也许王正毅教授的《成为知识的生产者》（载《世界经济与政治》2006年第3期，卷首语）一文，算作一种含蓄的提醒。

③ 详见倪世雄等：《当代西方国际关系理论》，上海：复旦大学出版社2001年版，第2~7页；石斌：《国际关系理论"中国式探索"的几个基本问题》，载郭树勇主编《国际关系：呼唤中国理论》，天津：天津人民出版社2005年版，第121~123页；[美]斯蒂芬·范埃弗拉：《政治学研究方法指南》，陈琪译，北京：北京大学出版社2006年版，第7~13页。

理论的'理论'色彩";①更不可能有马丁·怀特发出"为什么不存在国际理论"这一至今引人深思的著名诘问。以笔者管见,所谓理论,无论采取何种形式,不外乎是认识主体对认识客体的思维框架,其中包含概念、假设、判断、逻辑、方法等一些基本要素。由此看来,尽管理论在内容上可能是客观的,但其形式肯定是主观的。认识主体的眼界、思维能力、价值观、所处的时间和空间位置,认识客体的基本特征、本质和外在形态展现的程度,认识主体与认识客体之间互动的状况,客观上造成了不同的思维成果,由此形成人们通常所说不同的观点、理论、流派和学派。

人们创设理论的基本目的——从另一个方面说也是理论的功能——也有很多,理解(interpretation)和解释(explanation)实际上只是基本功能中的两种,尽管它们的确很重要,但绝对不是仅有的,也不是最重要的。理论最重要的功能,其实还是在于运用。行为科学的研究告诉我们,长于理性的人类从事任何形式的活动——不管是体力活动还是脑力活动——都是有特定目的。这种目的的根本指向,还是在于现在和未来。理解和解释世界不是根本目的,改造世界才是至关重要的。

从上述观点出发,我们就不难看出,判断各种理论形态质量高下的标准,就不仅仅在于理论所包含的概念是否明晰而易操作,命题、假设是否有意义,各种判断之间是否能够自洽,内部逻辑是否严整,也不仅仅在于理论是否简洁、优美从而符合科学哲学对理论形态的一般要求甚或是人们的某种审美习惯和心理需要,而在于理论与实践的结合能力,即解释、说明现实的能力,特别是指导人们在实践中取得成功的能力。这是因为,"人的思维是否具有客观真理性,这不是一个理论的问题,而是一个实践的问题。人应该在实践中证明自己思维的真理性,即自己思维的现实性和力量,自己思维的此岸性。关于离开实践的思维的现实性或非现实性的争

① 时殷弘:《国际政治与国家方略》,北京:北京大学出版社2006年版,自序第5页。

论,是一个纯粹经院哲学的问题"①。在美国政界、学界均有较长工作经历的著名国际关系学者肯尼斯·汤普森(Kenneth W. Thompson)在谈到理论与实践的关系时也指出,"理论家无论承认还是不承认,完全脱离实践就会深受自我放纵的空想之害"②。总之,理论不管采取何种形态,无论多么精巧细致,抑或怎样新鲜奇异,如果对人们的实践活动是无意义的或者意义甚小,其最终的命运是可想而知的。对比人类思想发展史和人类总体发展史,就不难得出这一结论了。

因此,对于任何一种理论,我们都要抱持一种批判——哲学意义上的而不是政治意义上的——的态度,对来自欧美国家的国际关系理论更应该如此。实际上,诞生于欧美国家的国际关系理论,无论在研究的视角、使用的概念、做出的假设、运用的方法等方面有多么大的差异,但有两点是可以肯定的:一是它们都立足于欧美特殊的文化背景和历史经验;二是这些理论在微观上都是要解决困扰理论创立者的种种智力难题,宏观上则都要服务于某种特定的政治目的。即使是被公认为科学化程度最高的沃尔兹的结构现实主义也是如此,③更不要说诸如约翰·米尔斯海默的粗鄙且漏洞明显的进攻性现实主义之类了。然而对于这一点,相当一部分欧美学者刻意加以掩饰——个中原因,恐怕这些学者自己最清楚;仅有小部分学者做了或间接或直接的阐述和表白,例如,沃尔兹就曾说过:"当人们观察世界时,他的所见所闻取决于其个人的理论视角,而其自有的理论视角则给概念的含义抹上了自身的色彩。"④罗伯特·基欧汉在为一本专为中国

---

① 《马克思恩格斯选集》(第一卷),北京:人民出版社1995年版,第58~59页。

② [美]肯尼斯·汤普森:《国际关系中的思想流派》,梅人、王羽译,北京:北京大学出版社2003年版,第6页。

③ 细读《国际政治理论》一书,实际上不难发现以下两点:第一,从沃尔兹的论述中很容易得出"霸权稳定论"的判断;第二,沃尔兹实际上是一个典型的"美国优越论"者,只是表现得比较隐晦或者说巧妙而已。

④ [美]肯尼斯·华尔兹:《国际政治理论》,信强译,苏长和校,上海:上海人民出版社2003年版,第194页。

读者编辑的著作撰写导言时坦言:"显然,我的观点是倾向于美国的。关于世界政治的理论著述不可能存在于真空之中,而是产生于理论家所面对的形势和困境之中。世界政治的变化、特别是美国角色的变化每每激发我的思考。美国面对的诸多事务看起来与中国不同则是不可避免的。"①罗伯特·考克斯(Robert W. Cox)则直言:"理论总是服务于一定的人和一定的目标的。所有的理论都拥有其独特的视角。视角源于时间与空间的定位,特别是社会与政治的时间与空间的定位。"②然而,特别令人费解的是,某些中国学者却认为"国际关系理论是普世性的"。

因此,如何学习、研究和运用欧美国际关系理论,既是一个老生常谈的话题,也是一个常说常新、从业者必须时时警觉的问题。作为一名中国国际关系学者,对这些不乏洞见和科学性的理论进行系统而深入的研究、全面而客观的引介,并恰当而有效地加以运用,肯定是十分必要的,由此生发出喜爱之情乃至坚守之志也是可以理解的,③但任何形式的教条主义(唯某种理论独尊实质上也是教条主义)的态度和做法绝对是错误的。世界政治的极端复杂性、人类认识能力的相对有限性,使得在理论世界中根本不可能产生出任何一种可以解释一切、放之四海而皆准的东西。每一种理论的"完成"都意味着新的问题的出现,接踵而来的就是对该理论的批判和超越。因此,无论从本体论的角度,还是从认识论的角度,我们都不难看出教条主义的缺失。而从实践论的角度,我们就更容易发现这一点。近代以来,中国人受各种形式的教条主义(其中就包括形形色色的来自欧美国家的洋教条)和思想大一统之害、之苦太多了,造成的损失也太大了。我

---

① [美]罗伯特·基欧汉著,罗伯特·基欧汉、门洪华编:《局部全球化世界中的自由主义、权力与治理》,门洪华译,北京:北京大学出版社2004年版,第4页。

② [加]罗伯特·W. 考克斯:《社会力量、国家与世界秩序:超越国际关系理论》,载[美]罗伯特·基欧汉编:《新现实主义及其批判》,郭树勇译,北京:北京大学出版社2002年版,第190页。

③ 这一点在某种程度上甚至也是应该嘉许的,因为在理论主张上的善变毕竟不是一种好学风,它与后文提到的多元主义立场完全不是一回事。

们绝不能再蹈覆辙，绝不能"秦人不暇自哀而后人哀之，后人哀之而不鉴之，亦使后人复哀后人也"。

笔者认为，在学习、研究和运用欧美国际关系理论的问题上，我国已故著名哲学家冯契先生所倡导的"化理论为方法""化知识为智慧"的观点值得借鉴和仿效。冯契先生之所以提出这两个观点，其目的就是为了克服近代以来科学和人生的脱节，科学主义与人文主义、理性主义与非理性主义的对立，建立有别于狭义认识论（仅限于知识）的广义认识论（包括知识和智慧两个方面）。他指出，应当把理论化为思想方法，贯彻于自己的活动、自己的研究领域。他还认为，知识是相对于无知而言的常识和科学，而智慧则是对宇宙、人生真理性的洞见，它和理想人格（或自由人格）的培养是内在地联系着的。知识包含有智慧的萌芽，但知识不等于智慧，"由知识到智慧是一个飞跃，包含有一种理性的直觉，不过这种理性直觉之所得也是思辨的综合和德性的自证，是可以论证和体验到的"。与上述两点相关联，冯契先生还提出了"化理论为德性"的命题，即通过自己的身体力行，将理论化为自己的德性，而德性的最主要表现就是建立在知识和智慧基础上的自由创造。①

如果将冯契先生的上述观点完整地贯彻于具体学习和研究欧美国际关系理论的活动中，以下四个方面可能是比较重要的：

第一，继续认真学习研究和借鉴欧美国际关系理论和方法，但不要盲目追逐，更不能迷信。学习、研究和借鉴的必要性，源于中国国际关系学界在整体研究水平上与欧美国家同行的显著差距。在这一问题上，任何基于无知或意识形态偏好而做出的贬斥之举，任何基于已取得的些许成就而滋生的沾沾自喜的盲目心态，都是不正确的、不明智的。但在当下的中国

---

① 华东师范大学哲学系编：《理论、方法和德性——纪念冯契》，上海：学林出版社1996年版，第147、240、66页。

国际关系学界，要特别强调两个不迷信：

（1）不迷信欧美国际关系学界出现的新理论。求新、求异是人的一种天性，也是人类进步的内在动力之一。但问题在于，理论发展史上纷至沓来的新奇之论就一定有价值吗？对此，布尔曾指出，"有时，新思想的提出的确是一种贡献……然而，它是否比以前的思想优越则并无定论"，在一些新作品中，"旧的真理被忽略，或者旧的错误重新出现，或者对问题的研究不如以前那么精细和深刻，从这种意义上说，在国际关系和类似的课题中经常会发生实际上的倒退。许多当代的国际关系研究属于这种倒退，而学术环境的许多特点则促进了这种现象的产生"[①]。遗憾的是，布尔提出该观点后近四十年间，人们仍能不时找到它的注脚。前几年被热炒的进攻性现实主义就是一个很好的例子。集中体现这一理论的《大国政治的悲剧》一书尽管洋洋数十万言，并得到塞缪尔·亨廷顿、斯蒂芬·沃尔特（Stephen Walt）、肯尼思·沃尔兹等美国国际关系学界大腕们的强力推介，[②]但正如许嘉教授所指出的那样，除了"把二战后出现的现实主义理论论述到偏激"以外，它实际上"原创性甚少"，并且是一种"返古的理论"，同时"在分析技术上远不如传统现实主义和新现实主义"。[③]

（2）不迷信科学哲学和科学方法。笔者承认，科学哲学、科学方法的确都是好东西，在中国国际关系理论的研究中引进和运用科学哲学、提倡和推广科学方法也是十分必要的，这样做有助于提升中国国际关系理论研究的品质，匡正以往这方面作品存在的"扎实的新闻作品"的不佳现象。但首先应当明确，科学方法仅是人类获取真知的一种手段，以理性主义作为基底的科学哲学也只是人类实现由"知识到智慧"的飞跃的一种途径。换

---

① ［英］汉迪·布尔：《1919—1969年的国际政治理论》，载［美］詹姆斯·德·代元主编：《国际关系理论批判》，秦治来译，杭州：浙江人民出版社2003年版，第219页。法国思想家德·托克维尔、英国国际关系学者亚当·罗伯茨也有意思相同的表述。

② 详见该书中文本封4。

③ 详见许嘉：《进攻性现实主义的悲剧》，载《世界经济与政治》2004年第7期。

言之,在认识客观世界的过程中,科学哲学、科学方法都有自身的局限,因而在使用上都要有一定的限度或者说是条件,泛科学主义、科学方法至上的观念都是不正确的。在人文社会科学研究领域,情况尤其如此。马克斯·韦伯曾用嘲讽的口吻谈道:"科学思维的过程构造了一个以人为方式抽象出来的非现实的世界,这种人为的抽象根本没有能力把握真正的生活,却企图用瘦骨嶙峋的手去捕捉它的血气。"①布尔更是从国际关系学科的角度深刻地剖析过科学主义的局限。他在肯定国际关系学者从自然科学和其他"较硬"的社会科学中寻找方法论的努力并由此取得一定成绩(如"国际关系的写作总体上更精致了",在方法论上有了改进)的同时,也严肃地指出:"如果人们试图把国际关系研究限定在严格的科学范围内,那么从它需要逻辑或哲学的论证或者严格的经验程序的检验这一方面来看,这种努力是有害的。……人们关注方法论问题而不是实质问题,这种做法是不好的研究迹象。"②因此,如同不能用理论裁剪现实一样,也不能用科学哲学去裁剪理论。重视和运用科学方法,但要注意这些方法的适应条件和对象的特点;③讲求科学方法,更要注意科学方法论;研究和提倡科学方法论,更要注意不断提升对于国际关系的整体理解和把握的能力——也就是冯契先生提到的能够"具体生动地领悟到无限的、绝对的东西"的"理性的直觉"和智慧这一"关于宇宙人生的真理性认识"。

第二,对各种欧美国际关系理论应始终采取多元主义的立场,不要刻

①　[德]马克斯·韦伯:《学术与政治》,冯克利译,北京:生活·读书·新知三联书店2005年版,第31页。

②　[英]汉迪·布尔:《1919—1969年的国际政治理论》,载[美]詹姆斯·德·代元主编:《国际关系理论批判》,秦治来译,杭州:浙江人民出版社2003年版,第221页。

③　多尔蒂和普法尔茨格拉夫就提醒人们,"虽然研究方法应该不受价值观影响,但是所研究的现象却往往充满价值含义,并影响观察分析家的思想和心理状态"。[美]詹姆斯·多尔蒂、小罗伯特·普法尔茨格拉夫:《争论中的国际关系理论》(第五版),阎学通、陈寒溪等译,北京:世界知识出版社2003年版,第52页。李滨在《科学方法论在国际关系研究中的局限性及其背后的意识形态》(载《世界经济与政治》2004年第11期)一文中也曾详细阐述过这一点。

意区隔各种理论,不要机械地认为各种理论"具有排他性和不可通约性",而要努力在更高的层次上进行整合,即冯契先生所说的"思辨的综合"。各种国际关系理论之间存在差异是一个客观事实,但现实是不断运动着的,人的思想、观念以及构建的理论框架也是不断调整的,因此各种理论之间的差异并非不可调和。近年来,美国国际关系研究界的新–新合流、温和(主流)建构主义向新(结构)现实主义靠拢、新自由主义和建构主义的趋同、折中主义的出现、分析层次回落等现象,就颇能说明这一点。①实际上,只要人们把理论看成一种观察客观世界的视角,一种研究客观世界的方法,理论间的整合就不仅是可能的,也是必要的。1999年,迈克尔·布雷切在国际研究会(ISA)的主席致辞中,就呼吁在国际问题研究的所有方面都应进行"综合"(synthesis),包括研究途径、理论、方法和经验的发现,并认为综合代表着更高的学术成就。②近年来,中国学者秦亚青、王逸舟、李少军、郭树勇等人在这方面做出了努力。例如,秦亚青从方法论的角度提出了"国际关系研究中科学与人文的契合"这一崭新思路;王逸舟多次呼吁要"学会在'理论岛'之间穿行";李少军写出了《国际关系大理论与综合解释模式》这篇重要的论文,在肯定理论分化趋势的同时,提出"应考虑综合的模式,即兼收并蓄,用不同的理论解决不同的问题";③郭树勇则试图融合建构主义和马克思主义,建构国际政治社会学。这些学者所取得的成就值得肯定,并应予以发扬光大。

---

① 有关这方面的情况,详见秦亚青:《译者前言国际关系理论的争鸣、融合与创新》,载[美]彼得·卡赞斯坦、罗伯特·基欧汉、斯蒂芬·克拉斯纳编:《世界政治理论的探索与争鸣》,秦亚青、苏长和、门洪华、魏玲译,上海:上海人民出版社2006年版。

② See Michael Brecher, International Studies in the Twentieth Century and Beyond: Flawed Dichotomies Synthesis, Cumulation, *International Studies Quarterly*, Vol.43, No.2, June1999. 转引自李少军:《国际关系大理论与综合解释模式》,载郭树勇主编:《国际关系:呼唤中国理论》,天津:天津人民出版社2005年版,第35页。

③ 李少军:《国际关系大理论与综合解释模式》,载郭树勇主编:《国际关系:呼唤中国理论》,天津:天津人民出版社2005年版,第43页。

　　第三，我们不仅要运用欧美学者提供的案例来验证他们所创设的理论的科学性和有效性，更要特别注意运用新的、系统的中国的案例来验证这些理论的科学性和有效性。应当明确，有案例支撑的理论并不一定就可靠，更何况不少欧美国际关系理论中所使用的案例一般在数量上是相当有限的。而从有限的案例中是否可以发展出具有广泛解释力的理论实际上是非常可疑的。关于这一点，列宁曾有过深刻的阐述。他在《帝国主义是资本主义的最高阶段》这篇马克思主义国际关系理论的经典文献的法文版和德文版序言中写道："社会生活现象极其复杂，随时都可以找到任何数量的例子或个别的材料来证实任何一个论点。"[①]在另外一个地方，列宁又进一步阐述说："在社会现象领域，没有哪种方法比胡乱抽出一些个别事实和玩弄实例更普遍、更站不住脚的了。挑选任何例子是毫不费劲的，但这没有任何意义，或者有纯粹消极的意义，因为问题完全在于，每一个别情况都有其具体的历史环境。如果从事实的整体上、从它们的联系中去掌握事实，那么，事实不仅是'顽强的东西'，而且是绝对确凿的证据。"[②]列宁的上述观点在一些严肃的欧美学者那里也有回应。多尔蒂和普法尔茨格拉夫就指出，"学者和理论家经常是从不完全的证据中得出一般性的结论，这些证据除了不完全之外，也很可能是不可靠的"[③]。巴比·艾辰格林则提醒人们："国际关系理论与经验事实结合得并不紧密。"[④]因此，在学习和借鉴欧美国际关系理论时，我们要特别注意理论的检验问题；并在此过程中了解理论的基本结构，学习构建理论的有效方法，掌握发展理论的各种技巧。一句话，就是要学会"化理论为方法"，"化知识为智慧"。

---

　　① 《列宁选集》（第二卷），北京：人民出版社1995年版，第578页。

　　② 《列宁全集》（第28卷），北京：人民出版社1990年版，第364页。

　　③ ［美］詹姆斯·多尔蒂、小罗伯特·普法尔茨格拉夫：《争论中的国际关系理论》（第五版），阎学通、陈寒溪等译，北京：世界知识出版社2003年版，第52页。

　　④ 转引自倪世雄等：《当代西方国际关系理论》，上海：复旦大学出版社2001年版，第433页。

　　第四，不要"不经别人的引导，就对运用自己的理智无能为力"，而要像康德所倡导的那样有勇气运用自己的理智，尽快"脱离自己加之于自己的不成熟状态"。①中国国际关系理论的不成熟，不仅表现在迄今仍没有形成自己的、系统的概念、方法和理论，还表现在独立思考的能力相对缺乏，创新的勇气明显不足，"潜其心观天下之理"（明人叶玉屏语）的定力尤为不够，除了前述的跟风心切等时弊之外，还有一个明显的例证，就是间或出现的"连问题都是进口的"现象。要彻底改变这种局面，就需要中国的国际关系学者始终明确：学习和借鉴是为了自主的运用，是为了自由的创造，是为了中国自己的需要；不能仅仅满足于做知识的消费者，而要努力成为知识的生产者。为此，要努力发现自己在构建理论方面的比较优势和有利条件，②逐步形成理论创造的自觉和培养理论创新的能力，并在中国崛起的进程中不断提升上述两个方面。

　　倘若真正如此，并持续取得进展，中国国际关系学界热切期盼的"中国学派"的生成也许是可能的。

---

　　① 参见［德］康德：《历史理性批判文集》，何兆武译，北京：商务印书馆2005年版，第23页。

　　② 中华文化的博大精深，中国历史的复杂与独特，今天和未来的中国在和平发展的过程中所要解决的问题的无比艰巨，中国崛起的世界意义，均远远超出人们的想象。而这些都为中国国际关系理论的发展提供了相当有利的条件和难得的机遇。

论国际关系理论研究的历史向度①

王存刚

在国际关系理论的研究中,历史探讨具有十分重要的意义。对此,已有不少学者专文论述。②但对历史探讨的内容,以往的论述一般仅局限于国际关系史的范畴。本文认为,国际关系理论研究中的历史探讨,涉及的内容远比国际关系史丰富得多。鉴于"历史不过是追求着自己目的的人的活动而已"③,如果以作为历史活动主体的人的活动方式为尺度,国际关系理论研究中的历史探讨至少或者主要包括人的交往活动与人的认识活动两大向度,每一向度又包含不同的向量;而将这两大向度结合起来的最有效做法,是对文明史的研究。

---

① 本文原载于《外交评论》2008年第4期。

② 国内学术界这方面的著述主要有:谢华:《国际关系理论与历史学》,载《理论探讨》2004年第3期;时殷弘:《关于国际关系的历史理解》,载《世界经济与政治》2005年第10期;秦治来:《国际关系研究中的历史分析》,载《世界经济与政治》2006年第3期;崔建树:《历史学与国际关系研究》,载《国际政治研究》2007年第1期;张曙光:《冷战国际史与国际关系理论的链接——构建中国国际关系研究体系的路径探索》,载《世界经济与政治》2007年第2期。国外学界这方面的文献比较多,较新且有代表性的如:Colin Elman, Miriam Fendius Elman(eds.), *Bridges and Boundaries: Historians, Political Scientists, and the Study of International Relations*, Cambridge, MA: The MIT Press, 2001; Marc Trachtenberg, *The Craft of International History: A Guide to Method*, Princeton, N. J.: Princeton University Press, 2006。

③ 《马克思恩格斯全集》(第2卷),北京:人民出版社1972年版,第118~119页。

一、人的交往活动的向度

从最一般的意义上讲,历史的主体是能动性和受动性、自然属性和社会属性、个体性与群体性相统一的人。而一旦进入国际关系领域,历史的主体就具体化为国家行为体和非国家行为体——由个体的人集合而成的形态各异的群体。因此,国际关系理论研究中的历史探讨的这一向度,大体包含两个相互关联的向量。

(一)国际关系史的研究

国际关系史研究的是国际行为体(包括国家行为体和非国家行为体)之间的互动状况及演进的过程。这是人们在国际关系研究领域展开工作时最为关注的,也是人们对国际关系理论研究中的历史探讨的最基本理解。鉴于这方面的论述已较为充分,本文不再赘言。

与国际关系史研究较为接近且对国际关系理论研究有着同样重要意义的,是外交史的研究。这是因为,国际行为体的互动,特别是国家行为体的互动,主要以外交这种和平的交往和沟通手段作为基本形式。因此,外交史是国际关系史的一个重要方面。人们很难想象出没有外交的国际关系史。实际上,在某些情况下,国际关系史就是外交史。

此外,国别史的研究对国际关系理论的发展也有一定的意义。在国际关系理论的研究中,为了操作上的方便,研究者通常——有时候甚至是必须——把国家原子化、同质化。①但实际上,国家之间的差别总是很大的,这种差别既可能是物质上的,可量化的;也可能是精神上不可量化但却可以被明显感知到的;或者两者兼而有之。在某些方面,国家之间的差别甚

---

① 例如,在肯尼斯·沃尔兹的结构现实主义中,国家就被看作"同类行为体"(unitary actor)。

至只能用"天壤之别"来形容。忽视、淡化、抹杀这种差别,是无法真正构建出有广泛解释力的理论的。而要避免这种情况的发生,研究者就必须对每一个国家的历史进行独立的、系统的探讨。从另一个角度看,随着全球化、地区一体化的深入发展,人员、商品、资本、技术和信息等因素的跨国界流动,国内事务国际化和国际事务国内化的趋势日益明显。由此,一方面,国内各种功能性领域的问题影响着一国对国家利益、国家安全的界定,以及在此基础上形成的外交政策和对外行为方式;另一方面,国际关系的状况也会影响一国内部各政党、社会团体、经济组织等行为体的观念、偏好和选择。要正确理解和全面阐释这一趋势,克服以往相当长时期内存在的割裂国内事务和国际事务的不正确研究取向,研究国别史——进而在此基础上进行比较政治乃至比较经济、比较文化等方面的研究——也是十分必要的。

实际上,在国际关系理论方面做出重要贡献的约瑟夫·奈,就是从比较政治研究这一被"许多人视为边缘地带"的地方进入国际关系研究领域的。①奈的多年合作伙伴、以研究跨国主义而扬名国际关系学界的罗伯特·基欧汉,在撰写新自由制度主义的代表作《霸权之后——世界政治经济中的合作与纷争》一书时,并没有把国际关系与国内政治联系起来。而十多年后,面对世界经济的国际化日益加剧的趋势,基欧汉认识到:"对于理解政策和制度变迁的差异性来说,那些认为所有国家根本相同的国际关系理论只能提供有限的见解。如果比较政治学与国际关系不能相互借鉴,人们就不能一贯地理解它们。"②为此,他和海伦·米尔纳(Helen V.

---

① 奈为此戏称:他是"从侧门而不是主干道进入国际政治领域的"。参见[美]约瑟夫·奈:《硬权力与软权力》,门洪华译,北京:北京大学出版社2005年版,第2页。

② [美]罗伯特·基欧汉、海伦·米尔纳主编:《国际化与国内政治》,姜鹏、董素华译,北京:北京大学出版社2003年版,第268页。

Milner)①一起主编了《国际化与国内政治》这本"代表了深受经济学模式影响的国际政治经济和由'新制度主义'驱动的比较政治学之间的对话"②的论文集。实际上,正如苏长和所指出的那样,"将比较政治和国际政治经济学结合起来,对国际关系和国内政治进行综合探讨……是近二十年来国际关系学最富活力和生机的领域之一。"③由此产生了不少出色的作品。但令人遗憾的是,这些作品中的绝大部分是由美国学者创作的;④中国学者的贡献——特别是学理上的贡献——还不多,且整体上的自觉性明显不够。

早在20世纪60年代,斯坦利·霍夫曼(Stanley Hoffmann)就曾写道:"国内事务和国际事务之间的不可分解,不成为反对国际关系成为一门独立学科的理由,它仅仅表明,我们确实需要一个关于我们学科的知识体系的概念。"⑤应当说,这是一个极具洞见的观点。

(二)世界历史的研究

关于世界历史研究的定义,学术界有很多种看法。按照已故的我国史学大家吴于廑的界定,"世界历史是历史学的一门重要分支学科,内容为

① 米尔纳曾撰文对以无政府状态划分国内政治、国际政治的做法提出质疑。详见Helen Milner,The Assumption of Anarchy in International Relations Theory:A Critique,*Review of International Studies*,Jan.1991.她还撰写了《政治的理性化:正在显现的国际政治、美国政治与比较政治研究的综合》一文,进一步阐述了自己的观点。详见[美]彼得·卡赞斯坦、罗伯特·基欧汉、斯蒂芬·克拉斯纳主编:《世界政治理论的探索与争鸣》,秦亚青等译,上海:上海人民出版社2006年版,第140~174页。

② [美]罗伯特·基欧汉、海伦·米尔纳主编:《国际化与国内政治》,姜鹏、董素华译,北京:北京大学出版社2003年版,第6~7页。

③ 苏长和:《跨国关系与国内政治:导读》,载[美]罗伯特·基欧汉、海伦·米尔纳主编:《国际化与国内政治》,姜鹏、董素华译,北京:北京大学出版社2003年版,第1页。

④ 这方面的文献很多,限于篇幅,笔者不再一一列举。有兴趣的读者,可阅读苏长和为《国际化与国内政治》一书中文版所撰写的导读部分的注释。

⑤ [美]斯坦利·霍夫曼:《当代国际关系理论》,林伟成等译,北京:中国社会科学出版社1990年版,第6~7页。

对人类历史自原始、孤立、分散的人群发展为全世界成一密切联系整体的过程进行系统探讨和阐述。世界历史学科的主要任务是以世界全局的观点，综合考察各地区、各国、各民族的历史，运用相关学科如文化人类学、考古学的成果，研究和阐明人类历史的演变，揭示演变的规律和趋向"①。之所以在国际关系理论的研究中要进行世界历史研究这项工作，道理其实很简单，国际关系史本来就是——也只是——世界历史的一部分、一个方面，严格意义上的国际关系史只是在"人类历史向世界史转变"之后才开始的。换言之，只是由于近代资本主义大工业的崛起和世界市场的形成，消除了以往历史上形成的各个民族、各个国家的孤立闭塞状态后，主权国家之间经常性的互动才开始出现。因此，不了解世界历史——特别是近代以来的世界历史——演进的过程和规律，是不可能真正深入理解国际关系演变的过程和规律的。

更进一步地讲，如果国际关系理论的研究者运用新的视角、方法去重新解读世界历史，也有可能提出新的国际关系理论研究议程。②在这方面，由巴里·布赞（Barry Buzan）和理查德·利特尔（Richard Little）合作撰写的《世界历史中的国际体系——国际关系研究的再构建》就是一个典范。这两位对多数国际关系理论的非历史特征甚为不满的英国学者，通过对6万年来人类由分散的采猎群发展成为今天高度一体化的全球性"国际政治经济体"的历史的描述和分析，对国际体系思想进行了较为系统、全面的阐述，并对主流国际关系理论的一系列核心假设提出了质疑，认为这些"建立在威斯特伐利亚基础上的国际关系理论不仅不能理解各种前现代

---

① 吴于廑、齐世荣主编：《世界史·现代史》，北京：高等教育出版社1994年版，总序第1页。

② 有意思的是，一些世界史专业的研究者也十分赞许国际关系与世界史结合的研究路径。陈志强认为，"在世界史研究中增加国际关系的视角可能有助于世界史研究的多样化"。"世界"和"国际"是同一个事物的两种视角，前者注重人类社会整体的形成和发展，后者关心的是国家之间的联系，前者从宏观进入微观，而后者从个别进入一般。参见陈志强：《国际关系研究视角中的世界史》，载《史学集刊》2003年第4期。

国际体系,且由于缺乏历史视角而难以回答,甚至在许多情况下难以解决现代国际体系中最重要的问题"①。关于该书写作的目的,布赞写道:就是"试图探讨国际关系学理论和世界历史之间的相互影响,旨在为国际关系研究提供一种新的研究方法"②。尽管两位英国学者的工作不无可议之处,但无论如何应当承认,这种努力取得了一定的成功并引起了学界的关注。英国学者蒂姆·邓恩(Tim Dunne)就指出,"这本书为连接历史上的国家体系和国际关系理论开辟了新的领域。它将对我们思考——和讲授——国际社会形成的方式产生重要的影响"③。

二、人的认识活动的向度

按照马克思主义创始人的观点,发展着自己的物质生产和物质交往的人们,在改变着自己的这个现实的同时也改变着自己的思维和思维的产物。④后一个方面构成了人类认识活动的历史。根据思维对象的差异,人类的认识活动又可以被划分为不同的门类。具体到国际关系理论研究领域的历史探讨问题,以下两个方面可能是最为重要的。

---

① [英]巴里·布赞、理查德·利特尔:《世界历史中的国际体系——国际关系研究的再构建》,刘德斌主译,北京:高等教育出版社2004年版,第2~3页。

② 同上,中文版序言第1页。

③ 同上,封4。值得提及的是,巴里·布赞曾希望中国学者接受这种"基于世界历史的研究方法"。他还期待着自己的这本著作能够"激励和挑战中国国际关系学界发展起自己关于国际关系理论化的方式,并将其置于全球辩论的平台之上"。(同上,中文版序言第Ⅲ页)2007年4月,吉林大学当代国际关系研究中心举办了主题为"历史学与国际关系学:英国学派的启示"的国际学术研讨会,并邀请巴里·布赞做主旨演讲。此次会议的议题之一就是"英国学派与世界历史:借鉴与启示"。

④ 参见《马克思恩格斯选集》(第一卷),北京:人民出版社1995年版,第73页。

（一）政治思想史的研究

顾名思义，政治思想史研究的是历史上曾经出现过的各种政治思想及其发展的过程。而所谓的政治思想，一般认为，最主要的就是人们对待国家政权的态度和见解，即关于国家的产生、性质和作用，以及如何维持国家政权的观点、理论和主张。简言之，政治思想是人们关于国内政治事务的认识。鉴于"外交是内政的延续"这一客观事实和认识活动的一般规律，人们对国内政治事务的看法往往规定了其观察和思考国际关系的基本方向、方式和范围，而后者的衍化又不断地丰富和深化人们对一般政治事务的认知。

实际上，在相当长的时期——从政治思想诞生之日起至国际关系学作为一个独立的学科被承认之日止，政治思想与国际关系思想始终交织在一起而以前者为主体。这主要是由于当时的国际关系处于不发达、不成熟的状态，国家（按照严格的标准，最早的政治经济体，如中国的诸侯国、欧洲的城邦只能算作"类国家"或"准国家"）的主要任务是建立和维持稳定的国内秩序，因而政治思想家们只需将自己的注意力集中于国内政治事务即可，对国际问题的有限思考服从和服务于国内政治的需要。所以不夸张地说，政治思想是孕育国际关系理论的母体。甚至对是否存在国际理论持怀疑态度的马丁·怀特也承认这一点。[1]而这种状况对后世的国际关系理论家们具有发生学上的意义。肯尼思·汤普森（Kenneth W. Thompson）就曾告诉他的读者，其在《国际思想大师》一书中"所讨论的18位思想大师中的大多数，都曾在政治和国际思想之父们的思想中找到过当代具有实际价值的东西"。卡尔的思想以曼海姆的知识社会学为媒介而得益于马克

---

① 详见[英]马丁·怀特：《为什么没有国际理论？》，载[美]詹姆斯·德·代元：《国际关系理论批判》，秦治来译，杭州：浙江人民出版社2003年版，第17~37页；另见石斌：《思想史视野与国际关系的历史与理论》，载《史学月刊》2005年第6期。

思对意识形态的分析;尼布尔承认奥古斯丁对他的思想有着决定性影响;默里曾回归阿奎那;斯派克曼的思想基于德国的地缘政治学;巴特菲尔德从德国和英国思想家关于历史的著述中获得灵感;摩根索对亚里士多德、韦伯、尼采及俾斯麦表示敬意;汤因比阅读过施宾格勒、伯格森、吉本及弗里曼等人的著作。①正是因为这方面的原因,汤普森撰写了《国际思想之父:政治理论的遗产》这部有着很大影响的著作,探讨从柏拉图到19世纪间的16位最杰出的思想家的思想对于当代国际政治和国际关系的价值,以期克服"政治理论与国际理论相互分离"的不正常状况。在汤普森的这本著作出版之后,又有一些类似的作品陆续问世。如,克拉克(I. Clark)和纽曼(I. Neumann)的《国际关系中的古典理论》,威廉姆斯(Howard Williams)的《政治理论中的国际关系》,布朗(Chris Brown)、纳丁(Terry Nardin)和雷格(Nicholas Regger)共同主编的《政治思想中的国际关系》。

从另一个角度看,随着国内因素特别是"国内政治"②被纳入国际关系的研究议程,政治思想研究之于国际关系理论研究的重要性将更加凸显。

总之,没有政治思想的支撑,国际关系理论大厦的地基是不坚实的;没有对政治思想史的研究,我们对国际关系理论沿革的理论背景的理解就是肤浅的,甚至很有可能难以把握——至少是难以全面把握——国际关系理论演进的内在动力。

(二)哲学史的研究

从认识论的角度看,哲学属于元认知。就哲学与一般认识形式的关系而言,前者比后者更为系统化和理论化,因而能更概括、更完整地表达人

---

① 参见[美]肯尼思·汤普森:《国际思想之父:理论遗产》,谢峰译,北京:北京大学出版社2003年版,序言第Ⅱ-Ⅲ页;石斌:《思想史视野与国际关系的历史和理论》,载《史学月刊》2005年第6期。

② 按照米尔纳和基欧汉的观点,这里的"国内政治"指的是politics within countries,而不是通常所说的domestic politics。参见[美]罗伯特·基欧汉、海伦·米尔纳主编:《国际化与国内政治》,姜鹏、董素华译,北京:北京大学出版社2003年版,第3页。

们对自然世界、社会世界和思维领域的最一般规律的认识。也正是因为这一点,哲学规约着人们在每一个具体认识领域的智力活动。肯尼思·汤普森在讨论哲学与一般知识的关系时曾写道:"没有哲学,智慧就湮没于知识之中,知识则湮没于信息之中。"①而追溯现当代国际关系理论演进的历史,可以发现:哲学对国际关系理论研究的影响是确确实实存在的。虽然有时是直接的,有时是间接的;有时是即时的,有时是滞后的。比如,20世纪60年代以来,科学主义之所以在美国国际关系理论研究中迅速崛起且一度蔚为壮观,与现代欧美哲学中的逻辑实证主义有直接的关系。又如,20世纪80年代至90年代欧美国际关系理论研究中出现的"规范回归"现象,则是"哲学的语言学转向"的产物。从维特根斯坦开始的哲学的语言学转向对整个欧美思想文化界影响巨大——当然,国际关系理论研究领域受这一影响较晚。可以说,不了解语言哲学,就难以真正理解奥努夫(Nicholas G.Onuf)创立的规则建构主义和克拉托赫维尔(Friedrich V. Kratochwil)创立的规范建构主义,②也就难以理解和把握建构主义的丰富性和多元化特征。再如,国际关系理论史专家克努成观察到,后现代哲学——如法国当代哲学家德里达(Jacqaes Derrida)的解构主义——与阿什利(Richard Ashley)、沃克尔(Bob Walker)等人的后结构主义国际关系理论存在着明显的关联:阿什利曾用德里达的方法对沃尔兹的《人、国家与战争》一书中的战争与人的二分法进行解构;并用阿多诺(Theodor Adorno)的观点批评了沃尔兹的《国际政治理论》一书,认为其所秉持的是"实证主义的结构主义",是一种为可能出现的"极权主义前景""进行辩护的意识

---

①　[美]肯尼思·汤普森:《国际思想之父:理论遗产》,谢峰译,北京:北京大学出版社2003年版,导论第2页。

②　关于奥努夫、克拉托赫维尔所创设的理论与语言哲学的关系,可见秦亚青主编:《文化与国际社会:建构主义国际关系理论研究》,北京:世界知识出版社2006年版,第1~53页;孙吉胜:《国际关系的语言转向与建构主义的发展研究:以语言游戏为例》,载中国国际关系学会编:《国际关系理论:前沿与热点——2006年博士论坛》,北京:世界知识出版社2007年版,第34~49页。

形态"。克努成甚至坦陈:他所撰写的《国际关系理论史》受到了法国哲学家福柯(Michael Foucault)在《事物的秩序》一书中提出的"知识考古学"的影响。①

正因为如此,一些学者十分看重哲学对国际关系研究的激发和推动作用。20世纪五六十年代,摩根索曾在科学主义甚嚣尘上的芝加哥大学,顶着巨大压力②为研究生开设国际关系哲学研究课程。学生们在选课的时候"还满怀疑心,走的时候却大都对他的研究方法久久难忘"③。王逸舟于20世纪90年代中期曾发现,哲学思维和方法对中国国际政治研究的影响,"似乎处于冷冻状态,人们很少感受到作为这种'智慧'之学的辐射"。他还认为,"中国新一代国际政治学者所欠缺的或最需要加强的,主要还不是具体学说观点或专业知识,而是哲学辩证思维及其方法论的锤炼"④。但时至今日,我们恐怕不能说在这方面有多大的进步。个中原因,值得深思;这种状况,应该改变。

要了解和掌握哲学的基本观点、演进规律和发展方向,研究哲学史是一个有效的入口。这是因为,哲学史实际上是哲学家的思想编年史,是那些"爱智之士"凭藉着理性的力量,对自然世界、社会世界和思维领域的基本问题进行深入、系统思考的连续过程。在这一思想的主题不断变化、思想的方法不断完善、思想的体系不断更替的过程中,哲学得以展开,哲学

---

① 参见[挪威]托布约尔·克努成:《国际关系理论史导论》,余万里、何宗强译,天津:天津人民出版社2004年版,第278~282页。

② 摩根索所在的芝加哥大学政治学系的主要兴趣是公共行政和国际法。那些获得雄厚资助因而具有强大势力的经验主义者和行为主义者甚至把摩根索当作一个威胁,并对支持摩根索的芝加哥大学校长提出了严厉的批评。

③ 参见[美]肯尼思·汤普森:《国际思想大师》,耿协峰译,北京:北京大学出版社2003年版,第97~98页。

④ 王逸舟:《中国国际政治理论研究的几个问题》,载资中筠主编:《国际政治理论探索在中国》,上海:上海人民出版社1998年版,第24、25页。

得以成长。①因此,研究哲学史,既有助于人们更全面、更深刻地把握人类智慧/精神的成长史,为理解人类在每一个具体认识领域的智力活动提供宏观的理论背景,又能够很有效地锻炼人们的抽象思维能力。而抽象思维能力的提高,无论对于人们认识世界,还是改造世界,都将产生深刻的影响。

三、上述两大向度之间的关系

在这一问题上,笔者坚持辩证唯物主义的基本立场,即认为两者之间相互关联,但第一个向度始终具有基础性的地位,尽管国际关系理论研究的具体操作过程可能在次序上恰好与此相反。国际关系理论研究者必须谨记:"在思辨终止的地方,在现实生活面前,正是描述人们实践活动和实际发展过程的真正的实证科学开始的地方。……对现实的描述会使独立的哲学失去生存环境,能够取而代之的充其量不过是从对人类历史发展的考察中抽象出来的最一般的结果的概括。这些抽象本身离开了现实的历史就没有任何价值。"②

由此观点出发,笔者认为,将前述两大向度结合起来进行研究的有效做法,是对文明史的研究。这是因为,从最本质的意义上讲,人类的历史不是人类这个物种的自然史,而是人类的文明史,即人类在其独有的"人文动机"③支配下所进行的创造性、可积累的连续性活动过程,具体表现为物

---

① 笔者的这一看法得益于冯契的一个重要观点:"哲学是哲学史的总结,哲学史是哲学的展开。"参见冯契:《认识世界和认识自己》,上海:华东师范大学出版社1996年版,第21页。

② 《马克思恩格斯选集》(第一卷),北京:人民出版社1995年版,第73~74页。

③ 按照何兆武的观点,所谓"人文动机",是指人类的理想、愿望、热情、思辨、计较、考虑、推理、猜测、创造乃至野心、贪婪、阴谋、诡计,等等。参见何兆武:《历史与历史学》,武汉:湖北人民出版社2007年版,第11页。

质文明、精神文明及介于两者之间的功能性文明①等方面的发展和进步。从文明史的角度观察国际关系，我们不难发现，国际关系实际上是人类文明整体演进到较高水平时所产生的一种社会现象；而国际关系一经产生反过来又进一步推动着人类文明的整体发展。这是因为，作为国际关系产生、存在和发展基本前提的国家本身不是从来就有的，而是人类在经过漫长的摸索、试验之后创造出来的"特殊的公共权力"。与以往的公共权力相比，国家能更为有效地履行政治统治、经济和社会管理等诸多职能，并有可能成为生活在它所控制的一定地域内的人们认同的基础和情感的依托，成为他们处理对外事务的合法代表。所谓的国际关系，说到底只不过是国家之间的物质、技术、思想观念、情感、制度等多方面、多层次的互动。这种互动的持续，不仅使各个国家在物质文明领域都取得了不同程度的进步，而且更为重要的是，它使全球或地区的、多边或双边的国际制度逐步建立，为人类不同群体所一致认可、共同分享的思想观念、价值标准得以产生，命运共同体（起初是利益攸关方）的意识日渐强烈，人类社会的整体性更加凸显。

基于文明史而研究国际关系，陈乐民曾有过精辟的论述，并为此身体力行。这方面的成果集中体现在他与周弘共同完成的《欧洲文明的进程》②这部力作中。2002年秋，在为北京大学国际关系专业的本科生讲授"欧洲文明史论"这门通识课程时，陈乐民谆谆告诫那些年轻学子们："了解世界，有如剥笋一样，需要一层一层地剥。先剥去所谓'国际关系'这层眼前的表皮，再把'社会'现象剥开，剥到最后，便露出了现象覆盖下的'内核'，即黑格尔所谓的'精神世界'。"③2004年初，陈乐民再一次撰文指出："'国

---

① 这里采用的是陈乐民对文明的分法。详见陈乐民、周弘：《欧洲文明扩张史》，上海：上海东方出版中心1999年版，序言第1页。

② 生活·读书·新知三联书店2003年版。本书初版时名为《欧洲文明扩张史》，由上海东方出版中心1999年出版。

③ 陈乐民：《欧洲文明十五讲》，北京：北京大学出版社2004年版，第236页。

际关系'是人类社会或文明发展史中的属于国际政治的'零部件',必须把它放在世界文明史的大框架里去考察。脱离'文明'和'社会',就只剩下了浮在表面上的'关系'。例如研究欧洲,它本身就是一个文化概念,或是文明概念。"①在笔者看来,陈乐民的上述观点和研究思路值得每一位国际关系理论研究者记取。当然,切实践行这一观点和思路,需要研究者具备极高的素养,以及为培育这种素养而必需的耐心。

四、结语

国际关系理论研究中的历史探讨所涉及的内容是非常丰富的,我们不能仅仅将其局限于国际关系史这一个狭小的方面,而应当从更为广阔的学科领域展开此项工作。这样做,无论是对理解和验证国际关系理论,还是丰富和发展国际关系理论,乃至开辟新的研究路径,构建新的理论范式,都是有很大助益的。

在国际关系理论的研究中强调历史探讨的多向度,并不是要国际关系学者都去变成历史学家或者政治思想史家、哲学史家——这样做既不可能,更无必要;也不是希望模糊国际关系理论的学科特性——尽管这一学科自诞生以来就一直有着跨学科的名声,并确实采用了跨学科的方法。②我们之所以强调历史探讨的多向度,就是期待着国际关系理论的研究者——特别是我国的国际关系理论研究者——能够自觉地秉持伊曼纽

---

① 陈乐民:《我为什么要进入文明史的研究》,载《欧洲研究》2004年第1期。

② 霍夫曼既肯定国际关系学科的独立性,又强调要进行跨学科的研究。但他随之警告说:"在这些对国际关系学有所贡献的领域里进行研究是令人兴奋的。……但是从国际关系学的观点看,……我们应该找到一种方法,使大家的贡献切合我们的研究,使每一个学者意识到其他学科的发现。换言之,提出正确的问题,以便能够利用其他领域为国际关系学服务,而不只是为了这些领域本身。"参见[美]斯坦利·霍夫曼:《当代国际关系理论》,林伟成等译,北京:中国社会科学出版社1990年版,第9~10页。

尔·沃勒斯坦所大力倡导的"开放的社会科学"的观念,努力拓展学术视野,积极建构更为宏大、更加合理的知识结构,以使自己在理解和解释复杂的国际关系事实时具有足够的自信和能力。

构建中国国际关系理论的大致路径

——以秦亚青为个案的研究①

王存刚

  构建规范且具有普遍解释力的中国国际关系理论，是中国国际关系学人的一大愿景，也是扩大中国国际话语权、增强中国软实力的重要方式。近百年来特别是最近三十余年来，经过几代学人的不懈努力，这项工作已经取得了一定进展，形成了若干有价值的研究路径和研究成果。②其中，秦亚青做出了重要贡献。他于2012年出版的《关系与过程——中国国际关系理论的文化建构》一书，可以说是中国国际关系理论发展史上的一个标志性成果。他在该书中提出的"过程建构主义"理论模式，已经受到国

---

  ① 本文原载于《国际观察》2015年第2期。

  ② 详见袁明：《西方国际关系研究在中国：回顾与思考》，载袁明主编：《跨世纪的挑战：中国国际关系学科的发展》（修订版），北京：北京大学出版社2007年版，第177~194页；郭树勇主编：《国际关系：呼唤中国理论》，天津：天津人民出版社2005年版，"范式讨论"部分；王逸舟主编：《中国对外关系转型30年》，北京：社会科学文献出版社2008年版，第十章"中国国际关系理论"；杨原：《中国国际关系理论研究（2008—2011）》，载《国际政治科学》2012年第2期。

内外学术界的关注,①并得到部分学者的"沿袭和深化"②。因此,探究秦亚青的学术历程,总结其学术理念,特别是他提出的"过程建构主义"的研究路径,对于构建中国国际关系理论具有重要学术价值。

细览秦亚青的著述,可以将他的研究路径初步归纳为以下五个方面:

一、系统研习和深入反思西方主流国际关系理论

在国际关系理论知识谱系中,西方国际关系理论——特别是美国国际关系理论,占据极为重要的位置,以至于形成了国际关系理论领域的"美国重心"甚至是"美国霸权"之说。③客观地说,美国在国际关系理论领域优势地位的形成有一定的必然性,相关理论对于提升人们认识复杂国际关系事实的能力也有一定的价值。从学科发展角度看,没有历代美国国际关系学者持之以恒的努力,国际关系学可能仍然会附属于政治学、历史学等学科,不可能具有今天这样独立的学科地位。从中国国际关系学科的发展历程来看,美国国际关系理论的影响也是十分明显的。其积极的意义在于:"不仅使我们意识到国际关系理论的重要性,认识到如何做学理性研究,也使我们的国际关系学科具有更加独立的地位和更加明确的内

---

① Peter M. Kristensen, Ras T. Nielsen, Constructing a Chinese International Relations Theory: A Sociological Approach to Intellectual Innovation, *International Political Sociology*, Vol.7, 2013, pp.19–40;杨原:《中国国际关系理论研究(2008—2011)》,载《国际政治科学》2012年第2期;高尚涛:《关系主义与中国学派》,载《世界经济与政治》2010年第8期。

② 参见高尚涛:《关系主义与中国学派》,载《世界经济与政治》2010年第8期;曹德军、陈金丽:《国际政治的关系网络理论:一项新的分析框架》,载《欧洲研究》2011年第4期;曹德军:《国家间信任的生成:进程导向的社会网络分析》,载《当代亚太》2010年第5期;魏玲:《第二轨道进程:清谈、非正式网络与社会化——以东亚思想库网络为例》,载《世界经济与政治》2010年第2期。

③ 参见王逸舟:《西方国际政治学:历史与理论》(第二版),上海:上海人民出版社2006年版,第八章"'美国重心'及其成因";白云真:《国际关系学科中美国的知识霸权》,载《外交评论》2007年第5期;石贤泽:《国际关系学的美国知识霸权:生成机理、维持机制及其影响》,载《国际论坛》2007年第6期。

涵。"①但毋庸讳言,包括美国国际关系理论在内的整个西方国际关系理论体系,根植于西方的历史文化传统和国际关系实践,在某种意义上讲仍然是一种地方性知识,其局限性不能否认。②它像一切有解释力的社会理论一样,具有一定的适应范围,存在一定的解释盲区。因此,如何恰当地认识和处理与这一知识体系的关系,是所有非西方国家的学者试图发展出具有自己特色同时兼具普适性意义的国际关系理论时,必须认真加以解决的重要课题。在这方面,全盘拒斥、另起炉灶和不加甄别、全盘接纳,都不是恰当的反应。理性的行为应当是在批判中接纳,在反思中创新。

秦亚青就是遵循上述路径从事相关学术研究和理论创新的。作为美国密苏里大学主修国际关系且成绩优异的政治学博士,秦亚青对美国主流国际关系理论是熟悉的。③学成归国后,他在外交学院长期讲授相关课程,并先后撰写了《西方国际关系学——知识谱系与理论发展》《理性与国际合作——自由主义国际关系理论述评》《现实主义理论的发展及其批判》等多篇学术论文;主编了《文化与国际社会:建构主义国际关系研究》和《理性与国际合作:自由主义国际关系理论研究》两本论文集。他是"当代国际政治丛书""国际关系理论前沿译丛"等多个在中国学界产生广泛影响的国际关系理论丛书的编委。他还翻译了《国际政治的社会理论》《国际政治中的知觉与错误知觉》《二十年危机(1919—1939):国际关系研究导论》《世界政治理论的探索与争鸣》《世界政治中的文明:多元多维的视角》等多部西方主流国际关系学者的代表性作品,并撰写了多篇内容丰富

---

① 秦亚青:《关系与过程:中国国际关系理论的文化建构》,上海:上海人民出版社2012年版,前言第5页。

② 一些西方学者也认识到了这一点。详见Amitav Acharya, Barry Buzan(eds.), *Non-Western International Relations Theory:Perspectives on and beyond Asia*, London and New York:Routledge, 2009.

③ 参见秦亚青、陆昕:《秦亚青——在科学与人文之间探索的行者》,载《世界经济与政治》2005年第6期;秦亚青:《敬畏学问》,上海:格致出版社2014年版。

的译者前言。其中,《国际政治的社会理论》中文版的问世直接推动了建构主义在中国国际关系学界的传播,他为该书撰写的译者序《国际政治的社会建构——温特及其建构主义国际政治理论》,因其细致且富有创建的剖析而在汉语学界具有很高的引用率。①此外,他还"以学派为骨架,以学者为筋节,以学理为脉络",编辑了《西方国际关系理论经典导读》。该书涵盖现实主义、自由主义、建构主义、批判理论和后现代主义等西方主流国际关系理论学派,所选文章包括摩根索、沃尔兹、基欧汉、温特、沃勒斯坦等学术大家的经典之作,从一个侧面反映了国际关系学的基本理论和发展历程。②

对西方主流国际关系理论的深耕细作,使得秦亚青对这一知识体系的基本概念、主要范畴、核心命题、研究路径和方法、理论观点及学术上的得失了然于胸,这为他进行学术创新奠定了坚实的基础。

二、大力倡导并努力实践"人文与科学的契合"的新方法论

方法对于学术研究的重要性众所周知。唯有方法上的自觉和方法论上的创新,才有可能产生理论研究上的飞跃。作为一位接受过严格政治科学训练的学者,秦亚青十分重视国际关系研究方法的运用和传播。他指出,"从学科和科学的角度出发,研究必须讲究研究方法。……方法论既是学术探索的有力工具,又是学科成熟的一个标志。没有方法体系的学科不是完全意义上的学科,不讲究方法的所谓学术文章与一般性新闻评述相差无几,对于理论发展和学科建设都没有实质性意义。进而,没有理论体

---

① 参见薛力、肖欢容:《中国的建构主义国际关系研究:成就与不足(1998—2004)》,载《世界经济与政治》2006年第8期。另据秦亚青自己介绍,《国际政治的社会建构——温特及其建构主义国际政治理论》一文在他的研究过程中"有承上启下的作用","比较喜欢这篇文章"。因此,他先后将其收入《权力·制度·文化:国际关系理论与方法研究文集》和《国际关系理论:反思与重构》两本论文集中。

② 参见秦亚青编:《西方国际关系理论经典导读》,北京:北京大学出版社2009年版,前言第1页。

系和科学方法的基础,我们也很难作出有深度和高质量的策论研究"①。他在为美国著名学者斯蒂芬·范·埃弗拉撰写的《政治学研究方法指南》一书的中文版作序时表示,"非常愿意向国际关系专业的学生推荐这本书"。在这篇简短的序言中,秦亚青还对国内、国际关系学教学和研究工作中缺失或者忽视方法的现实表示忧虑。②此外,他曾受教育部高等教育司和北京市教育委员会的委托,为《高等学校毕业设计(论文)指导手册》2001版编写了"国际关系类论文的设计和撰写"一文,重点讨论了学术研究和现状研究两类国际关系的设计和撰写方式,阐述了两类论文的具体研究步骤。③秦亚青曾专门为中国社会科学院世界经济与政治研究所的研究生讲授如何进行研究设计,并以国际规范研究议程的发展为例,讨论如何进行突破性理论创新的问题。④

秦亚青在美国求学期间所接受的是科学主义方法论的训练。这从由他的博士论文修改而成的《霸权体系与国际冲突》一书中可以很明显地看出来。在这本采用统计学模式、"方法论比较严格"的著作的引言部分,秦亚青写道:"我们所说的研究方法是指爱因斯坦所说的,通过实验获得因果关系的研究设计和研究步骤。……作为科学的国际关系研究必须有着严谨的科学研究方法。"⑤尽管有如此的学术经历和学理认识,但秦亚青并没有变成一位机械、僵硬的科学主义者,而是在大力倡导科学方法的同时,努力寻求新的突破,并提出了"人文与科学的契合"的新方法论。

---

① ⑤ 秦亚青:《霸权体系与国际冲突——美国在国际武装冲突中的支持行为(1945—1988)》,上海:上海人民出版社1999年版,第8页。

② [美]斯蒂芬·范·埃弗拉:《政治学研究方法指南》,陈琪译,北京:北京大学出版社2006年版,译序第3~4页。

③ 参见秦亚青:《权力·制度·文化:国际关系理论与方法研究文集》,北京:北京大学出版社2005年版,第289~317页。

④ 参见秦亚青:《研究设计与学术创新——以国际规范为例》,载秦亚青:《国际关系理论:反思与重构》,北京:北京大学出版社2012年版,第273~286页。

他在借鉴马克斯·韦伯的理性类型思维基础上,对各种国际关系理论和研究所采用的方法进行了细致的梳理和归纳。在他看来,国际关系学方法论的科学派和人文派之争,有着深刻的本体论和认识论根源。就本体论而言,科学派坚信,国际关系现象是一种客观存在,国际关系的活动具有客观规律,因此,国际关系学研究与物理学研究在本质上并无二致。人文派则认为,国际关系中的许多现象具有强烈的人为色彩,国际关系学的研究对象是通过人的实践活动才获得意义的,因此国际关系学根本不同于物理学。这种本体论上的分歧延伸到了认识论领域。科学派认为,既然规律是客观存在的,那么我们认识世界、获取知识的目的就是要发现这些规律,并说明(explain)现象之间的因果关系。人文派则认为,由于许多社会事实是建构的,因此理解(understanding)是我们获取知识的唯一方式。秦亚青指出,上述两派均存在偏颇之处,"都会走向极端,人文走向极端,发展到激进的后现代主义,则会走向本体的虚无和认识的缥缈;科学走向极端,则使科学成为神话,导致人的死灭和作为科学灵魂的质疑精神的消失。故在社会科学领域,唯科学和唯人文都无法永久地占据方法论的王位"①。鉴于社会事实的存在取决于人的实践活动和主体间的共识,不像自然事实那样完全独立于人的意识,因此"成熟的社会学科所具有的方法论体系是开放的体系,方法论原则是多元主义。人文精神要融入社会科学研究,科学方法要以人文精神为基础"。"国际关系属社会科学,说到底,是以人为核心的研究,其终极关怀也应该是人:人的组织、人的行为、人的观念、人的尊严等。""国际关系方法应该是一种以人文精神为基底、人文和科学相结合的方法。"②也许正是基于这一认识,秦亚青才翻译了鲁德拉·希尔和彼得·卡赞斯坦合著的《超越范式:世界政治研究中的分析折中主义》一书。

---

①② 秦亚青:《第三种文化——国际关系研究中科学与人文的契合》,载《世界经济与政治》2004年第1期。

秦亚青提出的"人文与科学的契合"的新方法论并非偶然。这既是他早期所受的学术训练所致，也与其个人气质、兴趣存在某种关联。[①]他在20世纪八九十年代对英美文学的译介和评述，也许在一定程度上使得他对人文方法的优劣有着深刻的认知。"人文与科学的契合"的新方法论，无论是对秦亚青本人的学术生涯，还是对中国国际关系学科的健康发展，都是有重要意义的。

三、对相关学科知识的广泛涉猎和认真借鉴

国际关系学科具有鲜明的、公认的跨学科性质。一些重要理论成果也是跨学科的产物。比如，结构现实主义、制度自由主义对经济学理论的借鉴，建构主义对科学哲学、社会学和语言学的吸纳，等等。对欧美主流国际关系理论的系统研习和深入思考，使得秦亚青十分清楚这一点。他也循着这种路径构建自己的知识体系。阅读秦亚青的著作，我们不难发现他对于哲学、社会学、政治学的广泛涉猎和深入理解。比如，在《世界政治的社会建构》一文中，他较为系统地介绍了涂尔干、韦伯、吉登斯、米德、布鲁默等社会学家和维特根斯坦、奥斯丁、塞尔等语言学家的理论观点，并融入了自己的见解。[②]在《自由主义国际关系理论的思想渊源》一文中，他对格劳秀斯、洛克、斯密和康德等古典思想家的理论观点进行了出色的阐发。[③]此

---

① 据秦亚青自己披露，他从少年时代起就一直很喜欢文学。在外交学院工作的最初几年，他把大部分的兴趣和精力放在了戏剧上。他还说："我这个人从本性上是喜欢中庸之道的，不喜欢到某一个极端去。这个中庸不是一种调和，而是指一种包容，是吸收两个极端以及极端之间的东西。"参见秦亚青、陆昕：《秦亚青——在科学与人文之间探索的行者》，载《世界经济与政治》2005年第6期。

② 参见秦亚青主编：《文化与国际社会：建构主义国际关系理论研究》，北京：世界知识出版社2006年版，第7~15页。

③ 秦亚青：《自由主义国际关系的思想渊源》，载秦亚青：《权力·制度·文化——国际关系理论与方法研究文集》，北京：北京大学出版社2005年版，第55~86页。

外,他对中国哲学研究者刘笑敢提出的"顺向格义""反向格义"进行吸纳和修正,提出了"交叉格义"和"零向格义"两个崭新概念。所谓交叉格义,是"指概念体系的相互借用";所谓零向格义,"则指不存在使用概念框架的无格义状态"。①至此,秦亚青获得了创新国际关系理论的有力工具。

对多学科知识的广泛涉猎,大大拓展了秦亚青的理论视野,提升了他的核心研究能力,对他进行学术创新有着十分重要的价值。

四、高度重视和积极发掘本土思想理论资源

作为社会理论重要组成部分的国际关系理论具有鲜明的文化胎记,直接或间接地呈现出地域或国别的特点。就此而言,本土思想理论资源应当是构建非西方国际关系理论的重要支撑。离开本土思想理论资源的所谓的理论创新,很有可能只是西方已有理论的翻版,是一种理论上的被殖民化或自我殖民化。秦亚青充分注意到了这一点,并在自己的研究活动中加以体现。他曾写道:

> 如果我们承认实在的社会建构,承认社会实践活动是理论的源泉,承认文化对于思维和行动的影响,那么,不同文化的差异就会导致不同的实在建构和社会建构。换言之,人、社会、文化的差异可以导致社会理论的不同和创新,而人、社会、文化的共性使得理论具有一定的普适性意义。②

---

① 秦亚青:《中国国际关系理论研究的进步与问题》,载《世界经济与政治》2008年第11期。
② 秦亚青:《关系与过程:中国国际关系理论的文化建构》,上海:上海人民出版社2012年版,前言第6页。

基于上述认识,秦亚青对于从东亚视角、中国视角出发,试图发展出非西方的国际关系理论的韩裔美国学者康灿雄(David Kang)、华裔美国学者许天波(Victoria Tin-bor Hui),在多种著述、多个场合予以充分肯定。

秦亚青认为,儒家文化的天下思想和朝贡体系的实践、中国近代主权思想和中国的革命实践,中国的改革开放思想与融入国际社会的实践,"构成了中国人的集体经历和集体记忆,无法躲避,也必然受其影响。如果说这些思想和实践不但以传统的形式存在,而且对当下有着重要的影响,其中就包含了知识再生产的可能"①。他进一步指出:"中国的传统、思想、实践中有着许多值得挖掘的东西,有着许多产生启迪的内容。"源远流长的中华文化中的精华和智慧能够"在当下乃至以后的国际社会中产生影响、发挥良性作用,这是建构中国国际关系理论的一个重要的考量"②。

秦亚青试图从中国两种思想理论资源中汲取营养。一是中国传统文化的优秀成分。他认为"其中包含了四个重要元素,即环境性、互系性、互补性和可变性"③。所谓环境性,是指整体形势和关系背景;所谓互系性,是指世间万物皆有联系,没有事物是孤立的;所谓互补性,是指任何一方都是另一方的一部分,并且通过双方的互动创造出新的事物;所谓可变性,就是认为世上万物都处在持续不断、永无休止的变化中,并且表面上看起来不相干甚至相反的事物可以改变、转化成彼此,从而变成联合整体的一部分。在对四"性"的内涵进行细致解读的基础上,秦亚青还推导出了相关假定,包括:从环境性中得出"势"的假定;从互系性中得出"关系"假定;从

①　秦亚青:《国际关系理论中国学派生成的可能和必然》,载秦亚青:《国际关系理论:反思与重构》,北京:北京大学出版社2012年版,第226页。

②　秦亚青:《国际关系理论:反思与重构》,北京:北京大学出版社2012年版,前言第4页。

③　秦亚青:《中国文化及其对外交决策的影响》,载秦亚青:《国际关系理论:反思与重构》,北京:北京大学出版社2012年版,第260页。

互补性中得出"和谐"假定；从可变性中得出"变"的假定。①二是现当代中国的学术成果。其中最突出的是对哲学家赵汀阳提出的"天下体系"的借鉴。赵汀阳指出，当今国际体系及其制度是威斯特伐利亚的产物，是管辖主权国家之间发生的问题，无法化解全球化带来的挑战。这样的世界是一个没有世界观和世界制度的世界，是一个"非世界"。而中国周朝的体系恰恰是一种真正意义上的世界制度体系，儒家提出的天下制度为解决当今全球问题提供了可以类比的方案。②秦亚青认为，赵汀阳这一具有原创性的思想，为构建中国国际关系理论提供了重要启示。此外，他还对社会学家费孝通提出的"差序格局"、哲学家梁漱溟提出的信任概念、哲学家牟宗三和成中英对中西哲学精神的概括和比较研究等均有涉猎和借鉴。比如，成中英关于和谐辩证法的思想和论述，就使他深受启发，并在此基础上写作了《关系与过程》一书中十分重要的一章，即"元关系与中庸辩证法"。

基于上述准备，秦亚青提出了"过程建构主义"这一崭新理论模式。该模式"以关系为本位、以过程为本体、以元关系为认识核心、以中庸和谐为方法基础"。"它强调动态实践而不是静态事实、强调生成过程而不是存在实体，强调复杂的社会关系而不是线性的因果关系。"③秦亚青希望，"这个理论模式能够解释现有国际关系体系理论没有解释或是解释不足的国际关系现象，以此丰富国际关系理论的宏大体系，显示那些被主流理论所压抑和所忽视的社会性特点"④。鉴于关系性在社会世界中的特殊地位，秦亚青断言：过程建构主义"可能产生一定程度的普适性意义"⑤。

---

① 参见秦亚青：《中国文化及其对外交决策的影响》，载秦亚青：《国际关系理论：反思与重构》，北京：北京大学出版社2012年版，第272页。

② 详见赵汀阳：《天下体系：世界制度哲学导论》，北京：中国人民大学出版社2011年版。

③ 秦亚青：《关系与过程：中国国际关系理论的文化建构》，上海：上海人民出版社2012年版，前言第17页。

④ 同上，第69页。

⑤ 同上，第70页。

五、明确理论内核，提出工巧的研究设计

科学哲学告诉我们，作为一种知识系统的理论必须有一个坚实的硬核。"硬核是理论的生命，也是理论的身份。理论的硬核使得一种理论不同于另外一种理论。一旦形成了一个理论硬核，一种新的理论也就即将诞生了。"①因此，只有"形成一个理论硬核，才有可能启动理论发展的过程，形成中国学派的理论硬核，进而创立起源于中国地缘文化语境但又具有普适性的中国学派"②。当然，仅有理论硬核还是不够的，为了实现学术创新，理论家们还应当提出工巧的研究设计，即把思想置于一定的学术规范之内，"通过工巧的设计，最终实现知识的再生产"③。否则，学术思想难以体系化、规范化，学术创新也就是不可能的了。

为了构建中国国际关系理论的内核，在考察了美国和英国两个国际关系研究重镇的国际关系理论的核心问题并界定了中国相对于国际体系的身份之后，秦亚青提出：可以将"中国和平融入国际社会"确立为中国国际关系研究的核心问题，因为它具有实践、知识和日的三个向度。对这一核心问题进行理论化，就是将国家实力和国际地位不断上升的世界性社会主义大国和平社会化过程的理论化。在由此而衍生出的具体研究问题中，以下三个方面尤为重要：一是国际体系的结构和进程。要研究国际体系的经济、政治、社会和观念结构与中国发展进程的关系，进而研究大国崛起与国际体系结构的关系。二是国内结构和进程。应当考虑国家行为体

---

① 秦亚青：《关系与过程：中国国际关系理论的文化建构》，上海：上海人民出版社2012年版，第11页。

② 秦亚青：《国际关系理论中国学派生成的可能和必然》，载秦亚青：《国际关系理论：反思与重构》，北京：北京大学出版社2012年版，第226~227页。

③ 秦亚青：《研究设计与学术创新——以国际规范为例》，载秦亚青：《国际关系理论：反思与重构》，北京：北京大学出版社2012年版，第274页。

的国内特征如何嵌入国际体系、国内结构和进程的发展趋向与实际变化对大国走向暴力抑或趋向和平的影响，国内进程对战略文化选择的作用等问题。三是集体身份的形成，即探讨国内、国际两个层次上哪些结构与进程因素会促进集体身份的形成。在秦亚青看来，"有了对核心问题的自觉，我们也就有了理论的目的性自觉，这是建立中国学派的必要条件"[1]。

需要补充说明的是，秦亚青之所以能够提出上述理论硬核和研究设计，除了他深厚的学术功底外，可能还与他的职业活动有关。一是积极参与高水平的国际学术合作项目，与国际一流学者直接互动。比如，2004—2006年间参与著名学者阿查亚和布赞发起的"为什么没有非西方国家关系理论"项目，撰写了《为什么没有中国的国际关系理论？》[2]一文，促使他对中国国际关系理论和中国学派的问题"做比较认真和严肃的深入思考"[3]。与布赞就中国是否能够和平崛起、国际关系理论的中国学派是否存在等问题展开的学理对话，进一步加强了这方面的工作。[4]二是实际参与外交事务。除了长期担任外交学院院系领导外，秦亚青曾出任钱其琛副总理的特别助理，担任东亚思想库网络(NEAT)的中方召集人，并是外交部外交咨询委员会8位专业委员之一。他曾多次衔命出访，深度参与双边、多边二轨外交。他还曾进入中南海，为国家领导人讲解国际格局与中国外交，并就有关问题同后者进行面对面的交流。上述两方面的活动，使得秦

①　秦亚青：《国际关系理论的核心问题与中国学派的生成》，载秦亚青：《国际关系理论：反思与重构》，北京：北京大学出版社2012年版，第213~214页。

②　See Amitav Acharya, Barry Buzan(eds.), *Non-Western International Relations Theory: Perspectives on and beyond Asia*, London and New York: Routledge, 2009, pp.26–50.

③　秦亚青：《关系与过程：中国国际关系理论的文化建构》，上海：上海人民出版社2012年版，前言第1~2页。

④　参见Barry Buzan, China in International Society: Is 'Peaceful Rise' Possible?, *The Chinese Journal of International Politics*, Vol.3, No.1, 2010, pp.5–36；秦亚青：《作为关系过程的国际社会——制度、身份与中国和平崛起》，载《国际政治科学》2010年第4期；张骁虎：《英国学派与中国学派的对话——"英国学派的发展与中国学派的构建"国际学术研讨会综述》，载《外交评论》2013年第1期。

亚青对中国国际关系理论特别是与之相关的实践问题，较绝大部分的中国国际关系研究者有着更为全面和更为深入的了解和理解，从而也就更有可能提出恰当的研究议题。

六、结论

前文初步勾勒了秦亚青构建"过程建构主义"这一具有鲜明中国色彩的国际关系理论的研究路径，其核心就是充分借鉴西方理论，深入挖掘中国资源。笔者认为，这也应当被视为构建中国国际关系理论的大致路径。如果要做进一步概括的话，可以借用秦亚青的一本个人论文集的主题词，那就是"反思与重构"。没有对既往理论系统、深入的反思，重构理论根本不可能；勉力为之，除了暴露行为者的虚妄与浅薄之外，产生的只能是空中楼阁式的学术作品；没有包含创新意义的理论重构，理论反思也就失去了目标和针对性，从而演化成一种了无生机的知识考古。关于这一点，秦亚青曾写道："我们对前人的评述是密切结合所要研究的根本问题，以便清楚界定研究范畴和提出研究问题。更具实质意义的是我们不但试图发现同意前人的地方，而且要特别找到自己与前人不同的地方。科学研究的真谛在于建树，在于发展，在于创新。失去了这种精神，也就称不上科学的研究。"①总之，中国国际关系学者只有把反思与重构两者有机结合起来，才能进行真正有意义的学术实践活动，才能进行真正有价值的理论创新，也才有可能发展出中国国际关系理论，从而丰富国际关系的理论宝库，并为人类的整个知识大厦添砖加瓦。

---

① 秦亚青：《霸权体系与国际冲突——美国在国际武装冲突中的支持行为（1945—1988）》，上海：上海人民出版社1999年版，第9页。

国际关系理论研究再出发

——马克思主义的路径①

王存刚

作为一种系统化的观念形态,国际关系理论是为了理解、解释和预测国际关系现实而产生的。自国际关系学科诞生以来,国际关系理论伴随着国际关系现实的发展而进步,产生了众多理论流派或范式,国际关系学科的基本框架由此得以确立,国际关系学科的学术属性得以彰显。从历史上看,现当代国际关系中的每一个重大事件,特别是重大历史转折点,都是国际关系理论创新发展的良好契机;而每一次理论发展所面临的困顿和挫折,也都激发了研究者的自尊心和进取心,进而找到走出困境的方向和出路。可以说,国际关系理论研究的创新发展,就是在国际关系现实、研究者及相关理论范式三者的复杂互动中实现的。而这种发展的成果则不断提升国际关系学科的学理层次和在人类整个知识谱系中的地位,逐步深化人类对于纷繁复杂且略显神秘的国际关系事实的认识,并在一定程度增强人类驾驭国际关系发展方向的能力。

笔者认为,当下的国际关系理论研究已经总体呈现停滞状态,因此需要再出发,以重振国际关系理论研究的活力,提高国际关系研究的学理水平。为此,笔者将基于马克思主义的理论观点,运用诠释和比较两种研究

① 本文原载于《外交评论》2017年第1期,《中国社会科学文摘》2017年第6期单篇转载,《高等学校文科学术文摘》2017年第2期单篇转载。

方法,分析当下的国际关系理论研究再出发的因由,探讨其现实和逻辑起点,辨析其学理体系,进而提出国际关系理论发展的愿景。

一、国际关系理论研究需要再出发

经过近百年的发展,目前国际关系理论正处于科学哲学家托马斯·库恩所说的常规科学阶段,即在既有范式的指导下不断积累知识,以为新的学理突破奠定基础。[①]虽然现实主义、自由主义、建构主义三大主流范式的影响犹在,但总体上已呈衰减态势。虽然中层理论、微观理论不断产生,出现了国际关系研究的"实践转向"[②]"文明转向"[③]"知识转向"[④]"复杂性转向"[⑤],兴起了所谓的分析折中主义[⑥]和"全球国际关系学"[⑦],但最近二十余年来国际关系理论再无大理论面世, 是无法回避且多少令该领域研究者

---

① 参见[美]托马斯·库恩:《科学革命的结构》,金吾伦、胡新和译,北京:北京大学出版社2003年版。

② 参见[加拿大]伊曼纽尔·阿德勒、文森特·波略特主编:《国际实践》,秦亚青等译,上海:上海人民出版社2013年版;朱立群、聂文娟:《国际关系理论研究的"实践转向"》,载《世界经济与政治》2010年第8期。

③ [美]彼得·卡赞斯坦主编:《世界政治中的文明:多元多维的视角》,秦亚青等译,上海:上海人民出版社2012年版。

④ 参见秦亚青:《行动的逻辑:西方国际关系理论"知识转向"的意义》,载《中国社会科学》2013年第12期。

⑤ 参见[美]罗伯特·杰维斯:《系统效用:政治与社会生活中的复杂性》,李少军等译,上海:上海人民出版社2008年版;杨少华:《国际关系理论研究的复杂范式》,载《世界经济与政治》2007年第8期;丁榕俊:《国际关系理论的复杂性转向——"复杂系统"研究》,外交学院,2016年博士学位论文。

⑥ 参见[美]鲁德拉·希尔、彼得·卡赞斯坦:《超越范式:世界政治研究中的分析折中主义》,秦亚青、季玲译,上海:上海人民出版社2013年版。

⑦ 阿米塔夫·阿查亚在就任国际研究协会(ISA)主席时,发表了题为"全球国际关系学和世界中的区域"的主席演讲,提出了全球国际关系学的6项研究议程。详见Amitav Acharya, *Global IR and Regional Worlds Beyond Sahibs and Munshis: A new Agenda for International Studies*, http://www.sciencespo.fr/ceri/sites/sciencespo.fr.ceri/files/ISAPresidentialSpeech_0.pdf.

尴尬的客观事实。也许正是在这一意义上,美国布朗大学教授杰夫·科根认为,国际关系理论已经失去了创新的动力。①澳大利亚学者提姆·邓恩等人甚至担心:国际关系理论是否已经终结了。②

中国国际关系学界在大规模引进欧美主流国际关系理论的工作基本完成、学科建设基本成型之后,目前存在两种现象:一方面,少数学者提出了具有一定创新意义的国际关系理论,程度不等地体现了"中国特色",比如,秦亚青的"国际政治关系理论"③,阎学通的"道义现实主义",唐世平的"国际政治进化理论"④,尚会鹏的"心理文化学路径"⑤;另一方面,绝大部分学者尤其是年轻学者已经对国际关系理论研究失去兴趣,转而从事战略研究、区域研究、国别研究和政策分析,在研究议题上越来越微观化、具体化,在研究路径和方法上越来越科学化,这一点在年度国家社科基金的项目设置、主流学术期刊的发文状况及学者们的研究取向上都可以明显地感受到。秦亚青在2015年年底的一个演讲中指出:"现在的一个基本状

① Jeff D. Colgen, Where is International Relations Going? Evidence from Graduate Training, *International Studies Quarterly*, 2016, pp.1–13; Audra Mitchell, Is IR going extinct?, *European Journal of International Relations*, 2016, pp.1–23.

② See Tim Dunne, Lene Hansen, Colin Wight, The end of International Relations Theory, *European Journal of International Relations*, Vol.3, No.19, 2013, pp.405–425. "国际关系理论的终结"这一话题,缘起2012年美国国际关系协会(ISA)的专题讨论。2013年9月,《欧洲国际关系研究》(EJIR)推出特刊,发表了《国际关系理论是否终结?》《把理论丢在后面》《大理论的贫困》《后范式时代的国际关系理论》《理论已经死亡,理论万岁》等12篇文章,这些文章的作者包括约翰·米尔斯海默、斯蒂芬·沃尔特、克里斯·布朗、戴维·莱克等知名学者。

③ 秦亚青:《关系与过程——中国国际关系理论的文化建构》,上海:上海人民出版社2012年版;秦亚青:《国际政治的关系理论》,载《世界经济与政治》2015年第2期;秦亚青:《国际政治关系理论的几个假定》,载《世界经济与政治》2016年第10期。

④ See Shiping Tang, *The Social Evolution of International Politics*, Oxford: Oxford University Press, 2013.

⑤ 参见尚会鹏:《心理文化学要义——大规模文明社会比较研究的理论与方法》,北京:北京大学出版社2013年版;尚会鹏:《"个人""个国"与现代国际秩序——心理文化学的视角》,载《世界经济与政治》2007年第10期;尚会鹏:《人、文明体与国家间关系》,载《国际政治研究》2013年第4期。

态是西方学者出理论、出思想，非西方学者出数据、出案例。需要改变此种状态。"①虽然他没有点明中国学者，但其中的意涵是十分清晰的。从更大的范围上讲，新兴经济体国家和发展中国家在国际关系理论研究领域仍然处于边缘地位。彼得·克里斯坦森通过对中国、印度和巴西三国学者在国际关系主流期刊上发表文章的数量、主题及学者的背景进行分析后发现，研究理论的学者很少发表有本国特色、创新性的国际关系理论，大部分学者都是以本国事务知情者的身份参与到以欧美国际关系研究体系为主导的学术讨论中。②

就功能而言，真正的理论不仅要解释世界，即世界是什么？为什么是这样？还要改造世界，即预测世界走向，提出改造方案和路径。但既有的各种国际关系理论对现实的解释已经越来越无力。就三大主流理论而言，秦亚青在上述的演讲中就提到：由于当下的国际合作举步维艰，"人们开始质疑新自由制度主义的理论效度"③。现实主义虽然因国家主义回潮、地缘政治纷争上升而再度受到关注，但其广受诟病的理论预设并没有改变，对国际关系现实的解读部分失能现象依然存在。建构主义对观念和规范作用的推崇虽然富有启发性，但却无法解释为什么在全球治理领域观念和规范源源不断地产生但治理屡屡失灵。不仅如此，既有的各种国际关系理论在预测方面长期存在的短板并未得到有效弥补。尽管我们"不能因为某一种理论没有预测到某一经验现象的发生而仓促地否认其解释力和适应性"，但"任何一种主流理论单独都无法提供准确的预测"也是不争的事实。④而从逻辑上讲，没有预测，就不可能有预案；没有预案，改造世界、实

---

①③　秦亚青：《国际关系理论发展的现状》，载《国际观察》2016年第1期。

②　See Peter M. Kristensen, How Can Emerging Powers Speak? On Theorists, Native Informants and Quasi-Officials in International Relations Discourse, *Third World Quarterly*, Vol.36, Iss.4, 2015, pp.637-653.

④　陈定定、刘丰：《认真对待预测：国际关系理论发展与预测》，载王建伟、陈定定、刘丰主编：《国际关系中的预测：理论与实践》，上海：上海人民出版社2014年版，第14、15页。

现进步就成了一句空话。

从本质上说,真正的理论具有发展的属性,它随着研究对象的变化、研究对象与研究者关系的变化、研究对象和研究者共处背景的变化而变化,因而与具有显著静止特征的教条主义是不相容的。但在当今国际关系理论研究领域,教条主义仍以不同形式存在着。比如,一些学者过分强调不同范式之间不可通约,消极对待学派间的对话,特别反对学派间的融合;还有一些学者把某种范式当作标签贴到国际关系事实上去,以自圆其说为目的,不去探讨国际关系事实的复杂性、独特性。排除各种非学术考虑,教条主义者的目的也许是试图维护所谓的"理论纯洁性",但他们恰恰削弱了理论存在的基础,降低了理论发展的动力,使理论成为一种无源之水、无本之木,成为没有多少实际用处的文字游戏。正如恩格斯所指出的那样:"结论若本身固定不变,若不再成为继续发展的前提,就比无用更糟糕。"①

从理论与社会的关系看,理论存在的必要性也就是合法性,在于满足社会需要,合法性大小自然取决于满足的程度;一旦不能有效满足社会需要甚至与这种需要相背离,理论就失去了合法性,退场就是一个时间问题了。马克思曾指出:"理论在一个国家实现的程度,总是取决于理论满足这个国家需要的程度。"②由这一判断出发,我们可以说,国际关系理论在全球范围内或某一国家中的实现程度,也取决于其满足世界各国的普遍需要和个别国家的特殊需要的程度;它必须既能解释普遍性的问题,也能解释特殊性的问题。当既有国际关系理论无法有效满足这两种需要、不能很好地做出两种解释时,也就意味着其出现了合法性危机,也就有了再出发

---

① 恩格斯:《英国状况:评托马斯·卡莱尔的〈过去与现在〉》,载《马克思恩格斯全集》(第3卷),北京:人民出版社2002年版,第511页。

② 马克思:《〈黑格尔法哲学批判〉导言》,载《马克思恩格斯文集》(第一卷),北京:人民出版社2009年版,第12~13页。

的需求。

　　国际关系的复杂性、国际关系理论研究者学术旨趣的多元性,决定了国际关系理论再出发可能路径的多样性。本文认为,在国际关系理论研究再出发多种可供选择的路径中,马克思主义是可靠路径之一。之所以做出如此判断,与马克思主义理论发展史特别是其与时俱进的理论品格有关。诞生于19世纪中叶的马克思主义,是人类思想史上最令人震撼、影响也最为广泛的智力产品,马克思主义国际关系理论是其重要组成部分。虽然马克思主义创始人并没有写出系统性、专题性的国际关系理论著作,但他们关于国际关系的丰富理论思想,散见于卷帙浩繁的著述当中,比如《德意志意识形态》《共产党宣言》《资本论》《反杜林论》《十八世纪外交史内幕》,大量的政论、时评,以及关于世界历史和各国国情的摘录、笔记、评注、札记等。这些原创形态(proto form)的马克思主义国际关系理论文本,涉及战争与和平、霸权主义与殖民主义、资本主义国家对外政策本质与特征、民族独立与人类解放等广泛议题,具有强烈的现实色彩和持久生命力,它们被后世的马克思主义国际关系理论家从不同角度、在不同层次上加以阐发,丰富国际关系理论的内涵,从而大有助于人类"洞悉国际政治的秘密"。

　　19世纪末叶以来,马克思主义国际关系理论经由政治和学术两种路径持续向前发展。其中政治路径的肇始者是作为马克思主义国际关系理论原创形态最坚定的继承者和俄国革命最伟大的领袖列宁。他曾就时代性质、战争与和平、民族主义与殖民主义、不同社会制度的国家如何共处等国际关系领域的重大问题,发表了较为系统、特色鲜明的论述。集中体现列宁国际关系理论思想的《帝国主义是资本主义的最高阶段》是国际关系理论领域公认的经典著作,其学理价值在欧美国际关系学界得到广泛承认,①

---

　　① 参见[美]詹姆斯·多尔蒂、小罗伯特·普法尔茨格拉夫:《争论中的国际关系理论》,阎学通等译,北京:世界知识出版社2003年版;[法]达里奥·巴蒂斯特拉:《国际关系理论》(第三版修订增补本),潘革平译,北京:社会科学文献出版社2010年版。

爱德华·卡尔、汉斯·摩根索、肯尼思·沃尔兹、罗伯特·吉尔平等欧美主流国际关系理论巨匠，都在自己的代表性作品中与列宁进行了严肃的学理对话。①之后，斯大林、毛泽东、周恩来、卡斯特罗、铁托、胡志明等世界社会主义运动的杰出领袖，在各自治国理政特别是对外交往的丰富实践中也对国际关系问题多有深入思考，并发表了主题广泛、形式多样的重要见解。其中相当大的一部分转化为有关国家对外战略和政策的基本原则和指导思想，对现当代国际关系的形态和走向产生了或直接或间接的影响。在当代中国，邓小平、江泽民、胡锦涛、习近平等政治领袖也都在不同层次上、从不同角度、就不同议题创新发展了马克思主义国际关系理论，比如，邓小平关于时代主题的新判断，江泽民倡导的新安全观，胡锦涛提出的和谐世界思想，习近平主张的构建人类命运共同体，等等。

马克思主义国际关系理论发展的学术路径，得益于英国、德国、美国、加拿大、阿根廷、巴西及部分非洲国家的马克思主义研究者坚持不懈的努力。其中生活在西欧和北美的这类理论家的学术工作及其理论成果，被归入"西方马克思主义国际关系理论研究"范畴。他们中间最具代表性的，当属葛兰西学派和法兰克福学派。葛兰西学派的代表人物是罗伯特·考克斯，法兰克福学派的代表人物是安德鲁·林克莱特。此外，以伊曼纽尔·沃勒斯坦为杰出代表的"世界体系理论"学派，以多斯·桑托斯、安德烈·冈德·弗兰克、费尔南多·卡多佐、萨米尔·阿明等为代表的"依附理论"学派，也都在学术意义上创新发展了马克思主义国际关系理论。从研究议题来看，"西方马克思主义国际关系理论"涵盖全球化与全球治理、文明冲突与

① 详见[英]爱德华·卡尔：《20年危机（1919—1939）：国际关系研究导论》，秦亚青译，北京：世界知识出版社2005年版；[美]汉斯·摩根索：《国家间政治：权力斗争与和平》（第七版），徐昕等译，北京：北京大学出版社2006年版；[美]肯尼思·华尔兹：《人、国家与战争——一种理论分析》，信强译，上海：上海人民出版社2012年版；[美]肯尼思·华尔兹：《国际政治理论》，信强译，苏长和校，上海：上海人民出版社2003年版；[美]罗伯特·吉尔平：《全球政治经济学：解读国际经济秩序》，杨宇光、杨炯译，上海：上海人民出版社2003年版。

文明共存、跨国移民与多元文化、环境与生态、人道主义干涉、全球公民社会与全球共同体、传统安全与非传统安全等广泛的内容，其不乏精辟的理论观点对国际关系学科乃至整个社会科学的发展均产生了深刻的影响。

马克思主义国际关系理论经由政治和学术两种路径创新发展的成果，可以归结为马克思主义国际关系理论的次生形态(sub form)，它与马克思主义国际关系理论的原创形态共同构成完整的马克思主义国际关系理论体系。这一理论体系意境高远、特色鲜明、形态开放，在理论和实践两方面均产生了难以磨灭的影响。①相关研究还表明，马克思主义国际关系理论在理论视野上的不断拓展，在思想方法上的继承、创新和借鉴并重，在理论观点上的不断创新，是它得以不断开拓新境界和谱写新篇章，在严峻的理论和现实挑战中不断取得新胜利、攀升新高峰的根本原因。②卡赞斯坦、基欧汉和克拉斯纳在一篇产生广泛学术影响的国际关系理论研究综述中也写道："来源于马克思主义一般性理论的具体研究纲领，可以像具体的自由主义和现实主义研究纲领一样，由于在确定变量和经验性验证方面出现的问题而受到质疑。但这决不意味着作为一般性理论的马克思主义必然会被抛弃。恰恰相反，正因为一般性理论所包含的丰富启迪意义，它才可以被重新阐释并用来解释变化了的经验事实和政治环境。"③基于上述情况，国际关系理论研究再出发，可以也应当从马克思主义中汲取发展的新动力和有益经验。

---

①　参见王存刚：《马克思主义国际关系理论：原创、创新与未来》，载《理论与现代化》2016年第4期。

②　笔者在向2016年10月24日于同济大学举行的"马克思主义国际学术周"高端论坛提交的《马克思主义国际关系理论与时俱进的品质及其当下意义》一文中，对此做了详细阐述。

③　［美］彼得·卡赞斯坦、罗伯特·基欧汉、斯蒂芬·克拉斯纳：《〈国际组织〉杂志与世界政治研究》，载［美］彼得·卡赞斯坦、罗伯特·基欧汉、斯蒂芬·克拉斯纳编：《世界政治理论的探索与争鸣》，秦亚青等译，北京：世界知识出版社2006年版，第26~27页。

二、国际关系理论研究再出发的起点

（一）国际关系的新特点、新趋势是国际关系理论研究再出发的
现实起点

任何科学理论都面临现实起点问题。按照马克思主义的观点，社会科学理论的现实起点只能是真实的世界，而不应当是观念中的世界。这一判断与马克思主义对存在与意识——继而是理论和实践——的辩证关系的认识有关。马克思和恩格斯指出："在思辨终止的地方，在现实生活面前，正是描述人们实践活动和实际发展过程的真正的实证科学开始的地方。"① 恩格斯还指出："在自然界和历史的每一科学领域中，都必须从既有的事实出发……在理论自然科学中也不能构想出种种联系塞到事实中去，而要从事实中发现这些联系，而这些联系一经发现，就要尽可能从经验上加以证明。"②

真实的世界包括自然世界和社会世界两部分。撇开属于自然科学研究对象的自然世界不论，单就作为人文社会科学研究对象的社会世界而言，它是人类在社会实践中形成的，并在这一具有强大能动性的实践中不断发展。因此，马克思指出："全部社会生活在本质上是实践的。"③"通过实践创造对象世界，改造无机界，人证明自己是有意识的类存在物，就是说是这样一种存在物，它把类看做自己的本质，或者说把自身看做类存在

① 马克思、恩格斯：《德意志意识形态》，载《马克思恩格斯文集》（第一卷），北京：人民出版社2009年版，第526页。
② 恩格斯：《自然辩证法》，载《马克思恩格斯文集》（第九卷），北京：人民出版社2009年版，第440页。
③ 马克思：《关于费尔巴哈的提纲》，载《马克思恩格斯文集》（第一卷），北京：人民出版社2009年版，第501页。

物。"①因此,人类的社会实践活动是人类特有的互动形式。从历史演进的实际状况看,这种互动既发生在个体之间,也发生在群体之间。其中,群体可以是部落、种族、民族、国家、政党、社会团体,也可以是国际组织、跨国公司、跨国社会运动。在互动过程中,人类建立正式或非正式的关系,确立明确或潜在的规则和秩序,形成或大或小的体系和格局。国际关系只是人类在社会实践中形成的诸多关系中的一种,国际规范、国际秩序、国家体系、国际格局也只是人类维持自身生存和发展的诸多规范、秩序、体系、格局中的特殊形式。

就建构理论而言,只有在真实的世界即客观的世界中,才有可能发现真实的问题而不是臆想的问题;只有在真实的问题而不是臆想的问题中,才有可能发掘出真正有学理价值的议题,从而展开真正意义的科学研究。因此,实现国际关系理论研究再出发,推动其向更高水平迈进,必须始终立足于国际关系现实,并系统观察这个现实,密切联系这个现实,精确解释这个现实,否则,出发的动力便不足,方向就不明,从而很有可能把相关研究导向空洞化乃至神秘化的错误方向。马克思指出:"人应该在实践中证明自己思维的真理性, 即自己思维的现实性和力量, 自己思维的此岸性","凡是把理论引向神秘主义的神秘的东西,都能在人的实践中以及对这种实践的理解中得到合理的解决"。②

现实的国际关系,既存在连续性,更具有变化性。既有国际关系理论在解释连续性方面,即国际关系的传统特点、规律方面大体是成功的,其所失语的是国际关系变化性方面,即国际关系的新特点、新趋势。因此,国际关系理论研究再出发,必须关注国际关系的新特点、新趋势。那么,当下

---

①　马克思:《1844经济学哲学手稿》,载《马克思恩格斯文集》(第一卷),北京:人民出版社2009年版,第162页。

②　马克思:《关于费尔巴哈的提纲》,载《马克思恩格斯文集》(第一卷),北京:人民出版社2009年版,第500、501页。

的国际关系到底出现了哪些新特点、新趋势呢？

第一，国家行为体在国内治理领域失败所产生的外溢效应空前增强，国内政治与国际政治的分野进一步模糊。传统的国际关系尽管与国内政治存在关联性，但两者的分野大体是清晰的，由此造成了政治科学内部的学术分工，即国际关系学与政治学的分离。但在全球化高度发展的今天，国家行为体被空前密切地连接在一起，彼此间的高度相互依赖已是一种客观事实。也正因为如此，任何一个国家内部发生的事件，很快就会产生传导效应，对其他国家产生程度不等的影响，进而引发国际关系的某种变化。比如，近年来西亚北非地区发生的"阿拉伯之春"，在导致相关国家陷入严重政治和社会动荡的同时，大批难民逃往欧洲。围绕如何应对这一棘手的难题，欧盟内部发生了激烈争论，部分国家间的关系一度较为紧张。

第二，非国家行为体对国际关系的影响空前加大。自现代意义上的国际关系形成以来，非国家行为体在相当长时间里对国际关系的影响几乎可以忽略不计。因此它也在相对长时间内没有进入主流国际关系理论的分析框架。但自20世纪90年代以来，特别是进入21世纪之后，由于多种力量的综合作用，非国家行为体特别是跨国的非国家行为体对国际关系的影响力急剧增强。这首先表现为国际恐怖组织日益猖獗，它们在世界各地恣意妄为，直接牵动着区域、次区域格局的变化，对全球层面上的大国间关系也产生了深刻影响。比如，"伊斯兰国"在中东地区的勃兴，在欧洲、南亚、东南亚、非洲等地采取的行动，就是如此。其次是各种跨国社会运动的形成。它们对国际关系的深刻影响，在反全球化运动、生态和环境保护、人权与劳工等领域都有鲜明体现。

第三，国家新疆域的出现极大地拓展了国际关系的内涵和外延。传统意义上的国家疆域是一种物理空间，它以领土、领海、领空为载体，边界相对固定。在当代，由于科学技术的发展，人类对未知领域的探索热情更为高涨，能力空前增强，一些新的国家疆域陆续产生，其中包括太空、深海、极地、网络等。这些国家新疆域既极大地拓展了国际关系的物理空间,也为国际关系增加了虚拟空间的新维度,国家边界的不确定性由此凸显,当下国际关系的内容因而较以往更为复杂。

第四,国际制度失灵现象普遍发生。国际制度的建立和运行,是国际关系进步的表现,对维护世界的整体和平、促进人类的共同发展意义重大。但在当下,由于多方面因素的共同作用,既有国际制度失灵现象屡屡发生。表现在全球层面,就是各种全球性组织的治理能力普遍不足。比如,联合国在维护和平、促进发展两个方面均表现不佳,国际货币基金组织、世界银行在应对国际金融危机方面收效甚微。表现在地区层面,就是地区性组织的整合能力严重不足。比如,欧盟既难以有效管控成员国之间的分歧,也无法有效应对来自外部的各种挑战;非盟对成员国之间的冲突基本上无所作为,在促进发展方面更是乏善可陈;东盟虽有建成地区共同体的强烈信念和切实行动,但在管控成员国之间的纷争方面尚有较大缺口,应对域外大国间的博弈更是力不从心。

第五,人类在文化和观念领域的冲突和矛盾有进一步加剧之势。文化和观念在国际关系中的重要作用,已经为主流国际关系理论所阐释和验证。亚历山大·温特关于三种呈递进关系的无政府状态文化划分也被学者们广泛引用。但人们也发现,文化多样性在全球范围内的进一步发展,属于重叠共识(overlapping consensus)范畴的各种共有观念在全球范围内的广泛传播,并没有如人们所期待的那样真正化解不同国家、不同地区、不同文化体之间的冲突,文明间的冲突和文明内的冲突依旧此起彼伏,包容与互鉴的良性国际文化秩序远未形成。

国际关系领域出现的上述新特点、新趋势,需要国际关系理论做出有效解释,以帮助人们更好地理解这个日益复杂因而不确定性和不稳定性更为鲜明的世界,并在实践中获得更大的自由,更好地展现自己的本质。既有国际关系理论的失语,使得国际关系理论研究再出发成为一种迫切需要,也具有坚实的客观基础。

(二)跨国关系性状态是国际关系理论再出发的逻辑起点

除了现实起点外,任何一种社会科学理论还面临一个逻辑起点的问题。所谓社会科学理论的逻辑起点,是指关于研究对象的最普遍、最一般、最本质的规定,它预示着围绕研究对象而产生的一切矛盾及其运动,具有高度的抽象性。一种理论的逻辑起点规定着该理论体系的构建路径和运行方向。

绝大部分既有国际关系理论的逻辑起点是无政府状态,只是对无政府状态的解读不尽相同而已。应当说,无政府状态确实反映了国际关系的某种现实或者说国际关系的一个侧面,但绝不是它的全部,否则,我们难以解释全球治理存在的现实性和必要性,难以解释国际体系、国际制度、国际规范、国际秩序、国际伦理等存在的现实性和必要性。不仅如此,无政府状态假设中所蕴含的保守主义和悲观主义的历史观、世界观,也是必须加以批判的,因为它们与国际关系实践发展的总体趋势是不一致的。总之,国际关系理论研究再出发,必须超越无政府状态假设,秉持进步主义和乐观主义的历史观、世界观,以与国际关系发展的总体趋势相一致。

接下来的问题是:国际关系理论研究再出发的逻辑起点在哪里? 笔者认为,应当是跨国关系性状态。与无政府状态相比,跨国关系性状态具有以下特点:

一是真实的。跨国关系性状态仍然承认国家行为体在国际关系中的主要地位,但又不像无政府状态那样仅限于此,它是国际行为体在全球范围内、在跨国互动中形成的。

二是多样的。这与参与跨国互动的主体、跨国互动的领域及跨国互动的形式有关。就跨国互动的主体而言,可能是国家行为体,也可能是非国家行为体(超国家行为体或次国家行为体);就跨国互动的领域来说,可能是物质领域，也可能是精神领域；就跨国互动的形式来看，可能是对称性互动，即实力与地位、权利与义务大体平等的互动，也可能是不对称互动，即实力与地位、权利与义务完全不平等的互动。

三是发展的。跨国互动是一个过程，由此形成的跨国关系具有动态性质。参与跨国互动、构成跨国关系的行为体在实力、地位、认知、情感、态度、立场等方面的变化，都可能引发跨国关系的变化，进而引发国际规范、国际秩序、国际制度、国际体系的变化。四是可塑造。跨国关系性既可能导致无政府状态，引发跨国冲突，甚至诱发国际战争；也可能导致有秩序状态，促进国际合作，形成国际规范、国际秩序、国际制度和国际体系。至于导向哪一种结果，则与参与跨国互动、形成跨国关系的行为体的认知、情感、态度和立场有关。从上面的阐述可以看出，跨国关系性状态包含了无政府状态，或者说无政府状态只是跨国关系性状态的一种特殊形式。

（三）必须实现理论逻辑与实践逻辑的一致

理论逻辑与实践逻辑相一致，是马克思主义的基本理论原则，也是马克思主义构建任何一种具体社会科学理论的基本方法。关于这一点，恩格斯曾指出："原则不是研究的出发点，而是它的最终结果；这些原则不是被应用于自然界和人类历史，而是从它们中抽象出来的；不是自然界和人类去适应原则，而是原则只有在符合自然界和历史的情况下才是正确的。"①

为什么必须实现理论逻辑和实践逻辑的一致呢？这涉及思维和存在的同一性问题。关于这一问题，存在不同答案，并因此形成唯物主义和唯心主义两大哲学流派。马克思主义是唯物主义的，坚持存在先于思维、两者之间存在辩证关系的观点。恩格斯指出："一个事物的概念和它的现实，就像

---

① 恩格斯：《反杜林论》，载《马克思恩格斯文集》（第九卷），北京：人民出版社2009年版，第38页。

两条渐近线一样,一齐向前延伸,彼此不断接近,但是永远不会相交。……概念并不无条件地直接就是现实,而现实也不直接就是它自己的概念。"①就国际关系理论而言,它必须努力反映国际关系事实,并力争对这些事实做出合逻辑的解释,在此基础上进行预测,才算完成了自己的学术使命和社会使命。如果做不到这些,理论存在的合法性就成为一个问题。而既有国际关系理论之所以出现合法性危机,根本原因在于理论逻辑与实践逻辑出现了不一致。

怎样才能实现理论逻辑与实践逻辑的一致呢?在马克思主义看来,实践从哪里开始,理论上的分析研究就应当从哪里开始;概念、范畴、分析框架、理论判断无论多么抽象,都是来自于可感知因而也是可研究的具象。马克思指出:"观念不外是移入人的头脑并在人的头脑中改造过的物质的东西而已。"②脱离客观的"物质的东西",观念形态就只能是一种臆想③,臆想也许可以合逻辑,但它最终无法有效地解释"物质的东西",更无法形成改造"物质的东西"的可行性方案。因此,国际关系理论研究再出发,必须从客观的国际关系现实出发,以跨国关系性状态这一抽象范畴为逻辑起点,在系统、科学批判的基础上,有效融合既有国际关系理论的合理成分,发展出新的概念和范畴,提出新的理论命题和分析框架,做出新的理论阐释,以推动国际关系理论的整体性进步,深化人们对国际关系本质的认识,并使得人们在国际关系实践中获得更大主动。

---

① 恩格斯:《恩格斯致康拉德·施密特(1985年3月12日)》,载《马克思恩格斯选集》(第四卷),北京:人民出版社2012年版,第666页。

② 马克思:《〈资本论〉第2卷第2版跋》,载《马克思恩格斯全集》(第44卷),北京:人民出版社2001年版,第22页。

③ 臆想与假设是根本不同的。假设是人们为科学研究之所用,在一定事实基础上提出的,并准备接受事实进一步检验的关于事物现象的相关性、因果性的假定性解释。所以,马克思说:"假设只是为了某种目的而设立的。"马克思:《哲学的贫困》,载《马克思恩格斯选集》(第一卷),北京:人民出版社2012年版,第230页。

三、国际关系理论研究再出发的研究方法体系

从科学哲学角度看,研究方法体系既包括使用方法的原则,也就是通常所说的方法论,也包括具体的研究方法,也就是在研究过程中使用的技术手段。在国际关系理论研究再出发的过程中,我们必须给两者以同样的重视,并在操作中加以具体改进。

(一)在方法论上坚持和发展历史唯物主义

既有国际关系理论的方法论,有物质主义和理念主义、整体主义和个体主义、实证主义和人文主义之分。比如,人性现实主义是物质主义的,社会建构主义则是理念主义的;结构现实主义是整体主义的,制度自由主义则是个体主义的。国际关系理论各流派在方法论上既存在统一的一面,也存在分歧的一面。前者促进了国际关系理论各主要学派的演进和成熟,后者则导致了国际关系理论各流派之间的论争和辩驳。从整体上看,方法论上统一和分歧的矛盾,促进了国际关系理论和国际关系学科的进步。①

历史唯物主义是马克思主义研究社会世界的方法论,自然也是其研究国际关系的方法论。实际上,历史唯物主义方法论在国际关系理论研究中运用已经结出硕果。罗伯特·考克斯就是这方面最突出的代表。正是运用经过意大利的现代思想家乔治·葛兰西改造过的历史唯物主义原则,考克斯对现存国际政治经济秩序进行了深入分析,并建立了国际关系批判理论。②在国际关系理论研究再出发的过程中,坚持历史唯物主义方法论,应当做好以下四个方面的工作。

---

① 参见胡宗山:《国际关系理论方法论研究》,北京:世界知识出版社2007年版。

② 参见王存刚:《发展马克思主义国际关系理论的基本途径——考克斯的选择与启示》,载《国际论坛》2009年第1期。

第一,坚持事实至上原则。国际关系是人类发展到一定历史阶段的产物,是人类社会交往的高级形态。从空间范围看,人类社会交往是从地域性逐步扩展为全球性的。从结构上看,人类社会交往包括主体、客体及交往手段、交往规则等。从内容上看,人类社会交往既包括物质层面的交往,也包括精神层面的交往。作为一种观念形态,国际关系理论如果不以这些事实为对象,不研究事实之间的相关性、因果性,并据此提出系统性、合逻辑的解释框架,那么就谈不上理论研究。列宁曾指出:"现在必须弄清楚一个不容置疑的真理,这就是马克思主义者必须考虑生动的实际生活,必须考虑现实的确切事实,而不应当抱住昨天的理论不放,因为这种理论和任何理论一样,至多只能指出基本的、一般的东西,只能大体上概括实际生活中的复杂情况。"①

第二,坚持发展的历史观。不同的国际关系理论学派具有不同的历史观。有些国际关系理论学派的历史观是循环论,英国学派或曰国际社会理论就是如此。马丁·怀特在著名的《为什么没有国际理论?》一文中写道:"国际政治与国内政治的不同之处在于,前者不太易于形成进步主义的解释。"在他看来,"国际政治是一个事件不断再现和重复的领域,在该领域中,政治行为大多具有规则性的必然规律"。②有些国际关系理论学派的历史观则是静止论。比如,结构现实主义就是一种静态理论,之所以这样说,"一方面因为它把结构中的无政府状态预设为国际政治不变的特性,另外一方面因为它抽象掉了结构转换和系统进程中单元互动的因素"③。因此,尽管沃尔兹本人的历史知识非常渊博,但他的理论从根本上讲却是非历

---

① 列宁:《论策略书》,载《列宁全集》(第29卷),北京:人民出版社1985年版,第139页。

② [美]詹姆斯·德·代元主编:《国际关系理论批判》,秦治来译,杭州:浙江人民出版社2003年版,第28、29页。

③ 苏长和:《一种国际政治的理论——结构现实主义评介》,载[美]肯尼思·华尔兹:《国际政治理论》,信强译,苏长和校,上海:上海人民出版社2003年版,第10页。

史的。马克思主义认为,一切事物都处在变动之中。恩格斯指出:"当我们通过思维考察自然界或人类历史或我们自己的精神活动的时候,首先呈现在我们面前的,是一幅由种种和相互作用无穷无尽地交织起来的画面,其中没有任何东西是不动的和不变的,而是一切都在运动、变化、生成和消逝。"①把一切事物都看成是静止的、永恒不变的东西,是形而上学的思维方式。国际关系理论研究再出发应当坚持发展的历史观,以与国际关系发展的总体趋势相一致。

第三,超越整体主义与个体主义。在国际关系理论研究中,方法论上的整体主义和个体主义之争长期存在,并各自有数量可观的拥趸。但学理研究表明,两种主义各有自己的局限和困境。马克思运用历史唯物主义方法论,既批判了方法论整体主义,又批判了方法论个体主义,确立了解释学循环原则、历史性原则、逻辑与历史相统一原则和实践的能动和受动原则,实现了理论发展史上的超越,构筑了具有巨大解释力和丰富延展性的理论体系。②国际关系理论研究再出发,应当遵从马克思这一思想方法所指引的方向。

第四,善于运用批判的武器。学理意义上的"批判"是一种对既有理论的系统性审问和针对性反思,并籍此寻找通往未来的道路。因此,它在人类认识世界、积累精神产品的过程中具有重要作用。可以说,没有对既有理论的批判,就不可能有理论上的进步,更不可能有新理论的诞生。批判在马克思主义发展史上占有重要地位,这与闪耀着人类智慧光芒的辩证法有着密切的关系。马克思指出:"辩证法在对现存事物的肯定性理解中同时包含对现存事物的否定的理解,即对现存事物必然灭亡的理解;辩证

---

① 恩格斯:《反杜林论》,载《马克思恩格斯选集》(第三卷),北京:人民出版社2012年版,第395页。

② 参见沈湘平:《马克思对方法论个人主义与整体主义的超越》,载《浙江社会科学》2008年第1期。

法对每一种既成的形式都是从不断的运动中，因而也是从它的暂时性方面去理解；辩证法不崇拜任何东西，按其本质来说，它是批判的革命的。"①也正是因为这一点，马克思的许多重要著作都冠以"批判"二字，他一生中最重要的著作《资本论》的副标题就是"政治经济学批判"。在马克思那里，批判的对象既包括现实世界，也包括理论世界。在此基础上，批判实现了两个目标：一是发现现实世界的出路，二是发现理论世界的出路。在现当代理论发展史上，法兰克福学派继承了马克思的批判哲学，形成了社会批判理论。而安德鲁·林克莱特等人则把法兰克福学派的社会批判理论运用到国际关系研究中，试图从方法论、本体论和认识论上全面挑战主流国际关系理论，并因此产生了引人注目的理论成果。②国际关系理论研究再出发，必须继续坚持批判原则，在批判中总结，在批判中对话，在批判中创造，在批判中发展。

(二)在具体研究方法上继承与创新并重，实现人文与科学两种方法的融合

目前，在国际关系理论研究领域，人文与科学两类方法同时被使用。其中，科学方法占据明显的优势地位。科学方法当然有诸多优长，并在国际关系学科规范化方面发挥了重要作用，但这类方法存在的缺陷也越来越明显，对国际关系学科内部生态造成的消极影响也越来越大。在国际关系理论研究再出发的过程中，特别是针对当下中国国际关系学界的特殊语境，需要重申科学方法存在的缺陷，并在研究实践中努力加以克服。

以定量研究方法为例。定量研究方法是当代社会科学的核心方法之

---

① 《马克思恩格斯全集》(第44卷)，北京：人民出版社2001年版，第22页。

② 参见A. Linklater, *Beyond Realism and Marxism: Critical Theory and International Relations*, New York: St. Martin Press, 1989；阎静：《国际关系法兰克福学派批判理论的思想来源及研究理路》，载《教学与研究》2009年第9期。

一,在国际关系研究中被广泛应用,当今发表在国际关系类顶级刊物上的文章,大部分使用的都是定量方法。定量研究方法当然存在诸多优长,但任何一种具体的定量其实都包含一定的假定条件,而这些假定条件无论多么精致,都不可能与现实高度同一,换言之,就是研究者在现实中搜集到的数据通常难以完全满足这些假设条件。此外,抽样方法、数据质量等因素都会程度不等地影响到定量研究的质量。[①]即使是近年来被研究者热议并初步使用的大数据方法,也无法从根本上解决定量方法的缺陷,这是因为,大数据方法自身也存在许多明显的缺陷。[②]从另一个角度来看,国际关系毕竟是社会实践的产物,是社会世界的组成部分,它有可定量的一面,也有不可定量的一面;两相比较,后者可能更多一些。因此,无论人类多么努力,技术手段多么发达,国际关系理论永远都无法达到自然科学那样精确化的水平。基于这一判断,在国际关系理论再出发的过程中,我们应当恰当地对待和使用定量方法,既不盲目排斥,也不无原则推崇;要用人文精神规约定量方法的使用范围和发展方向,凸显国际关系理论研究的人文特质;要基于技术进步所提供的可能性丰富定量研究方法的形式,提高定量研究方法的质量。

再以案例研究方法为例。"案例研究是探索难于从所处情境中分离出来的现象时采用的研究方法"[③],它在社会科学领域已经得到广泛应用,并取得突出成绩。但案例研究方法同样存在显著的缺陷,这与它所深嵌的归纳原则高度关联。无论是单案例研究,还是多案例研究;无论是探索性案

---

① 中国学者对国际关系研究中的定量方法的系统讨论,参见庞珣:《国际关系研究的定量方法:定义、规则与操作》,载《世界经济与政治》2014年第1期;《当代中国国际关系定量研究的进展与问题——庞珣教授访谈》,载《国际政治研究》2015年第4期。

② 参见唐文方:《大数据与小数据:社会科学研究方法探析》,载《中山大学学报》(社会科学版)2015年第6期。

③ [美]罗伯特·K. 殷:《案例研究方法的应用》,周海涛等译,重庆:重庆大学出版社2009年版,第11页。

例研究、描述性案例研究,还是解释性案例研究;都是如此。实际上,关于案例研究方法的缺陷,理论家们早有充分的阐述。列宁曾指出:"社会生活现象极其复杂,随时都可以找到任何数量的例子或个别材料来证实任何一个论点。"①肯尼思·沃尔兹也对那种"相信通过越来越多的数据积累以及对越来越多的案例的分析,我们就能够发现真理"这样一种归纳法的观点提出明确批评。他指出:"如果我们收集到越来越多的数据并建立起越来越多的关联,最后我们会发现其实我们并没有得到什么东西,只不过是越来越多的数据和更为庞大的关联系列而已。数据永远无法自我证明,观察和经验也永远无法直接导致对原因的认识。"②

鉴于上述情况,在国际关系理论研究再出发的过程中,应当在历史唯物主义的指导下,基于国际关系现实的新特点、新趋势,利用技术进步所提供的可能性,努力发展出新的研究方法,更好地实现人文与科学两种方法的融合,进一步丰富人们认识日益复杂因而不确定性和不稳定性更为鲜明的国际关系事实的工具箱。与此同时,还要对传统研究方法进行创造性转换和运用。实际上,在这方面是有先例可循的。比如,阶级分析方法是马克思主义研究包括国际关系在内的社会问题的基本方法,推崇历史唯物主义的考克斯在研究国际关系时采用了这一方法,但也认为运用经典阶级分析方法研究历史变化存在某些缺点和不足,因而有必要通过发展传统的政治经济学重新思考阶级问题。在他看来,传统政治经济学的研究对象是阶级的形成、瓦解及阶级冲突;阶级关系为经济和政治、生产和权力提供了彼此之间的联系。这些方面虽然仍是正确的,但我们不能把根据19世纪中期欧洲的社会状况所确定的阶级定义机械地全盘照搬到20世纪

---

① 列宁:《帝国主义是资本主义的最高阶段》,载《列宁专题文集·论资本主义》,北京:人民出版社2009年版,第101页。

② [美]肯尼思·华尔兹:《国际政治理论》,信强译,苏长和校,上海:上海人民出版社2003年版,第5~6页。

晚期的世界,因为目前的社会阶级状况有着与以往不同的、更为复杂的表现形式。为了使阶级分析重新成为正确而有用的工具,需要对阶级形成的动力采用新的探讨方法,即以生产为出发点,研究生产的各种不同表现形式,研究生产过程中产生的不同社会关系,看它们是如何影响各种社会力量的,以及这些社会力量又是如何构成国家和世界秩序的权力基础的。回过头来也要考虑寓于世界秩序和国家制度中的权力是如何形成并控制生产关系发展的。正是基于上述认识,考克斯写出了《生产、权力和世界秩序——社会力量在缔造历史中的作用》这部在国际关系理论发展史上具有重要影响的著作。

应当补充说明的是,方法只是一种思想工具,是获取知识、建构理论的一种手段。恰当的方法对于构建和发展理论当然十分重要,正所谓"工欲善其事,必先利其器"。但无论如何,在认识社会世界、建构社会理论的过程中,方法都是第二位的东西,思想仍是最重要的;在研究实践中,不能颠倒两者的关系,陷入方法至上的泥潭。

四、国际关系理论研究再出发的愿景

国际关系理论是有未来的,它不会停滞不前,更不会消亡。这是因为,国际关系这一社会现象在未来相当长时间里是不会消亡的,人类对这一思维对象的探讨自然也会持续下去。我们绝不能因为当下的国际关系理论研究面临的一些暂时性困难,就丧失对这项学术工作的信心,而应当基于马克思主义的理论观点和思想方法,在细致观察现实、系统批判理论的基础上提出自己的愿景。

(一)实现包容性发展

现实世界具有高度复杂性。无论是自然世界,还是社会世界;无论是物质世界,还是精神世界,都是如此。作为现实世界、社会世界的重要组成部分,国际关系的复杂性已经广为人知,并让以其为研究对象的理论工作者产生了深刻的体验,或遭遇了很大的困扰。汉斯·摩根索就曾告诫:"国际政治学者必须懂得和永志不忘的第一个教训是,国际政治的复杂性使得简单的解决方案和可靠的预测成为不可能。"①虽然研究方法的改进,知识的积累,乃至技术的进步,已经在整体上降低了人类在面对复杂现实世界时的局限性,但无论如何,人类认识的局限性始终存在。从认知科学角度看,"认知的复杂性当然特别关涉我们人类",这是因为,"复杂性,就像简单性,首先就与认知的人造物如描述、说明和计算相关联"。②马克思主义承认世界的复杂性和人的认识局限性,包括感官认识的局限性和理性认识的局限性,因而强调认识的辩证运动。作为一种人类理性认识的成果,国际关系理论之所以要实现包容性发展,就是因为国际关系的复杂性、研究者的局限性。每一种国际关系理论都是研究者对国际关系现实进行观察和思考的结果,都有自己独特的视角、概念、方法和观点。任何一种理论都不可能垄断全部的国际关系知识,因此对任何一种理论的偏爱,都不应当以排斥其他理论为前提,对其他理论保持谦逊姿态是十分必要的。

(二)积极开展范式间、学科间的对话

正像人类不同群体之间的互动可以推动世界的整体性进步一样,国际关系理论不同范式之间的互动,也是推动国际关系理论发展的不竭动力。

国际关系学科内部应当开展积极而有效的对话。为此首先应当明确:各种国际关系理论范式并不是完全对立、不可通约的,它们关注的是同一

---

① [美]汉斯·摩根索:《国家间政治:权力斗争与和平》,徐昕等译,北京:北京大学出版社2006年版,第47页。

② [美]尼古拉斯·雷舍尔:《复杂性:一种哲学概观》,吴彤译,上海:上海科技教育出版社2007年版,第26、27页。

个世界，甚至在很多情况下是同一个议题，只是具体立场、角度有所不同，研究方法和理论诉求存在差异。既然如此，范式间的对话就有了可能。国际关系学界应当大力弘扬多元理念，彻底摒弃各种形式的学术宗派主义和教条主义，持续开展相互尊重基础上的平等对话，"努力推进国际关系领域向更加包容化、全球化的方向发展"[1]，以矫正国际关系理论原子化的倾向[2]，激发"激动人心的研究"[3]。

　　国际关系学科还应当积极开展跨学科对话。自诞生之日起，国际关系学科就具有鲜明的跨学科性质。形象地说，正是多学科的春风雨露，滋润了国际关系学科的成长，构建了国际关系学科的特点，这也是国际关系学科发展的宝贵经验。未来，国际关系学科仍应在保持自身特色的基础上，主动与其他学科对话，善于同其他学科对话，以获得持续发展所需要的智慧、方法和案例。

（三）重视地方性知识

　　所谓地方性知识，是指人类认知的形成和系统化，总是基于某种个别的、部分的经验。在社会科学研究中，必须重视地方性知识。这是因为，"社会理论有着天生的和必然的初始本土性，社会理论从本质上说必然是依托文化的"[4]。尽管任何一种社会理论都可能含有某种普适性、整体性的因

---

　　① ［美］亚历克斯·杨：《西方理论主导世界：国际关系理论中的西方偏见》，王赛锦译，载《国外社会科学文摘》2015年第3期。

　　② 关于"国际关系理论原子化"的判断，得益于Barry Buzan, Richard Little, Why International Relations Has Failed as an Intellectual Project and What to do About It, *Millennium*, Vol.30, No.1, 2001, pp.19–39.

　　③ 克拉托赫维尔指出，"如果人们探讨关于'实践'（praxis）的问题，他们可以跨越方法论的界限，进行思想活跃的有意义对话（最重要的是做出激动人心的研究）"。［美］弗里德里希·克拉托赫维尔：《理解"国际实践"》，载［加拿大］伊曼纽尔·阿德勒、文森特·波略特主编：《国际实践》，秦亚青、孙吉胜、魏玲等译，上海：上海人民出版社2015年版，第66页。

　　④ 秦亚青：《关系与过程：中国国际关系理论的文化建构》，上海：上海人民出版社2012年版，第25页。

子，但这种因子是处于第二位的。过度放大这种因子，不是无知，就是偏见。基于这种判断，笔者认为，在国际关系理论研究领域，西方视角或曰欧美视角不是全球视角，而仅仅是观察世界的一种视角，尽管这种视角可能在相当长一段时间内占据国际关系理论体系的核心位置，引领国际关系理论的发展，但仅仅是一种特殊的地方性知识。其实，在西方国际关系学界，"西方的视角不能代表全部"①已经基本成为共识。从另外一个角度讲，当今世界是一个由地区构成的世界，地区间的互动构成了国际关系的重要内容，地区主义的流行、地区间主义的兴起就反映了这一点。因此可以说，没有地方性知识，对这个世界的认识就会因为缺少坚实的现实基础而显得虚妄和空疏。

国际关系理论研究正在寻找来自非西方的动力。阿查亚、布赞发起的"为什么没有非西方国际关系理论"的研究项目，就是这方面努力的一部分。阿德勒和普里奥特等人对"实践共同体的实践活动是人的思想和行为的根本""背景知识较之表象知识"更为重要的强调，"就为非西方国际关系理论的产生和构建提供了合法性依据"②。实际上，国际关系理论发展史已经有了这方面的先例。在后发现代化国家诞生的依附理论、世界体系理论，就在丰富国际关系理论宝库、推动国际关系理论多元化发展方面起过重要作用。来自非洲的经验的系统化、理论化，则对欧美主流国际关系理论构成了某种挑战。③即使在西方世界内部，欧洲与美国的理论视角也存在一定的差别。马里奥·泰洛就指出："欧洲是西方的一部分，但并不完全认同美国的文化、观念与利益。"因此，他主张采取相对主义立场，认为"国

---

① ［挪威］托布约尔·克努成：《国际关系理论史导论》，余万里、何宗强译，天津：天津人民出版社2004年版，中文本序第8页。

② 秦亚青：《国际政治的关系理论》，载《世界经济与政治》2015年第2期。

③ 参见［美］凯尔文·C. 邓恩、［加拿大］蒂莫西·M. 肖《国际关系理论：来自非洲的挑战》，李开盛译，北京：民主与建设出版社2015年版。

际关系理论深刻地以国家或地区经验及政治文化为条件"①。就当下而言，中国开展的富有时代特色的大国外交实践、构建以合作共赢为核心的新型国际关系的努力、推进全球治理体系变革的举措、打造人类命运共同体的行动，也为国际关系理论发展提供了鲜活的现实素材。

(四)创新仍是第一要务

按照马克思主义的观点，所谓理论创新，就是抓住研究对象的根本，在彻底性向度上向前迈进。而只有彻底的理论，才能够说服人、掌握人。一旦如此，它也就会变成改造世界的物质力量。

创新是国际关系理论持续性发展的基础，也是国际关系学科获得合法性的基础。回溯国际关系理论发展史，正是因为不同层次、不同研究领域的理论创新，国际关系理论才在人类整个知识谱系中占据一席之地；国际关系学才从政治学、历史学、哲学和法学中脱离开来，获得独立的学科地位。就当下和未来而言，如果没有理论创新，国际关系理论失去了发展动力，国际关系学科极有可能泡沫化、边缘化，这个学科是否能够存在也未可知。我们必须从这个高度认识国际关系理论创新的重大意义。

从形式上讲，理论创新分为原发性和继发性两种。所谓原发性创新，就是在既有理论框架之外，提出崭新的概念、范畴、研究路径、研究方法、研究议题和理论假设。依附理论、世界体系理论就是国际关系理论领域原发性创新的代表。所谓继发性创新，当然是指在既有理论框架内提出概念和范畴，更新研究路径，创新研究方法，确立新的研究议题，构建新的研究假设。比如，结构现实主义对古典现实主义的科学化，制度自由主义对古典自由主义的超越，现实建构主义对现实主义和建构主义的综合，等等。继发性创新是理论发展的基础，是一种量的积累；原发性创新是理论发展

---

① ［比利时］马里奥·泰洛：《国际关系理论：欧洲视角》，潘忠歧等译，上海：上海人民出版社2011年版，中文版序第1页。

的方向,是一种质的飞跃。从内容上讲,理论创新有研究议题上的创新、学术观点上的创新、研究方法上的创新。从过程上讲,理论创新是继承基础上的发展。理论创新并不意味着抛弃过去的理论成就,割断与既往理论的联系,即使是所谓的突破性创新也是以既往理论为参照物的。沃尔兹的结构现实主义与摩根索的古典现实主义的关系就是如此。因此,未来学习、反思既有国际关系理论仍是十分必要的。在这方面,马克思对待黑格尔就是一个值得借鉴的经典案例。马克思和恩格斯早年都是黑格尔主义者;在他们创设自己理论的过程中,他们又分别从不同角度对黑格尔的思想理论进行过系统深入的批判,但当某些学者对黑格尔做出大不敬行为时,他们又明确维护黑格尔在思想史上的地位。比如,恩格斯就写道:"我已经不再是黑格尔派了,但是我对这位伟大的老人仍然怀着极大的尊敬和依恋的心情。"①

五、结语

诸多事实表明,当下的国际关系理论研究总体上已经呈现停滞状态,并因此危及国际关系学科的独立性,故而再出发成为必要。前文研究还表明,具有与时俱进的理论品格、在理论和现实两方面的严峻挑战中不断开辟新领域和谱写新篇章的马克思主义,是国际关系理论研究再出发的可靠路径之一。依循这一路径,研究者应当从当今国际关系的新特点、新趋势出发,立足跨国关系性状态这一逻辑起点,坚持历史唯物主义方法论原则,汲取传统研究方法的精髓,不断发明新的研究方法,努力实现人文和科学两种方法的有效融合,在系统深入地研究当今国际关系中的各种重大现实问题特别是新问题的过程中,勇于提出新概念、新范畴、新命题、新

① 《恩格斯致弗里德里希·阿尔伯特·朗格(1865年3月29日)》,载《马克思恩格斯选集》(第四卷),北京:人民出版社2012年版,第462页。

范式,积极开展学科内部各范式间对话和跨学科对话,高度重视各种地方性国际关系理论成果,努力实现国际关系理论的包容性、创新性发展,由此进一步凸显国际关系学科的鲜明特色,推动国际关系学科的整体进步。

由于当下的"国际体系正处于重要转型期和深刻变革期"[1],变动不居、乱象层生,是这一阶段国际关系的基本态势,故而国际关系理论研究再出发的现实基础还不够稳定,因此前文的研究只能是粗线条的、框架性的,许多工作还需要随着国际关系现实的发展而进一步展开、深入,许多认识还需要进一步充实、完善。此外,囿于篇幅,笔者在此也未系统提出国际关系理论研究再出发过程中应予以关注的议题,这项工作将另文探讨。

---

[1]　王毅:《在2016年国际形势与中国外交研讨会开幕式上的演讲》,http://www.fmprc.gov.cn/web/ziliao_674904/zyjh_674906/t1421108.shtml。

中篇 教与学

布赞的国际体系理论析论[①]

王存刚　桑修成[②]

国际体系是国际关系研究的重要范畴。学者们的探讨集中于国际体系概念、产生的原因、演变的方式、体系与单元的关系等问题。在此过程中,形成了不同类型的国际体系理论。其中巴里·布赞将世界历史与国际体系结合起来进行研究的路径极具特色,他所阐述的一些理论观点拓展和深化了人们对国际体系的认知。

近年来,国际关系学界对布赞的国际体系理论已进行了初步的研究[③],但这一研究只是讨论其他主题的副产品。迄今为止,尚无这方面专门的研

---

①　本文原载于《同济大学学报》(哲学社会科学版)2010年第4期。

②　桑修成,中共天津市河北区纪委干部,天津师范大学2005级硕士研究生。

③　这方面的作品主要有:徐雅丽:《研究国际体系的全新视角——〈世界历史中的国际体系:重塑国际关系学〉评介》,载《现代国际关系》2003年第1期;刘鸣:《国际社会及国际体系概念的辨析及评价》,载《现代国际关系》2003年第12期;刘德斌:《世界历史中的国际体系:国际关系研究的再建构》一书的“译者序”;刘德斌等:《布赞和利特尔〈世界历史中的国际体系〉笔谈》,载《史学集刊》2004年第2期;胡勇:《一种打破威斯特伐利亚情结的有益尝试——读〈世界历史中的国际体系〉》,载《国际政治研究》2008年第1期;Tim Dunne,System,State and Society:How does it all Hang Together?,*Millennium*,Vol.34,No.1,2005,pp.157–170;Emanuel Adler,Barry Buzan's Use of Constructivism to Reconstruct the English School:Not All the Way Down,*Millennium*,Vol.34,No.1,2005,pp.171–182;Richard Little,International System,International Society and World Society:A Re-evaluation of the English School,in B. A. Roberson(ed.),*International Society and the Development of International Relations Theory*,London:Continuum,2002,pp.59–80.

究成果问世。因此,全面、深入地研究布赞的国际体系理论有一定的学理意义。

一、布赞对国际体系的界定

何谓"国际体系",学术界众说纷纭。沃尔兹认为,国际体系由物质性的结构和互动的单元构成。而在温特那里,国际体系除了物质性力量配置的静态结构外,还有观念配置(共有知识)及其互动形成的动态结构。①而布尔在定义国际体系时则强调国家和交往(互动)两个要素,并特别突出了后一要素。他认为:"如果两个或两个以上国家之间有足够的交往,而且一个国家可以对其他国家的决策产生足够的影响,从而促成某种行为,那么国家体系或国际体系就出现了。"②

布赞基本认同沃尔兹的体系概念,但对其做了如下修正:

(一)对国际体系进行部门划分

布赞认为,以往的国际体系理论之所以不能有效地解释现实,是因为没有对国际体系进行部门划分,反而在自己的领域(部门)里做了太多的坚守性工作。他指出,尽管部门划分事实上已被广泛接受,但国际关系学界对部门的讨论远比对分析层次的讨论少得多。为了给出一个全面的国际体系图景,应把国际体系分为军事、政治、经济、社会(或社会文化)、环境等五个常用的部门,每个部门涉及一种特别的关系,其功能就像一个透镜,即"产生一个整体的观念,强调事物的某些方面,或者弱化甚至彻底隐

---

① [美]亚历山大·温特:《国际政治的社会理论》,秦亚青译,上海:上海人民出版社2000年版,第23~25页。

② [英]赫德利·布尔:《无政府社会:世界政治秩序研究》,张小明译,北京:世界知识出版社2003年版,第7页。

藏了事物的其他方面"[1]。但布赞紧接着指出,部门分析法以分解开始,但从多元主义视角出发,"必须以重新组合结束。分解仅仅是为了实现研究的简化和清晰。为了达到理解,有必要重新组合各个部分,并考察它们相互之间是如何联系的"[2]。由此可以看出,部门分析法一方面可以清晰地辨识行为体的不同行为,另一方面又弥补了因部门划分而造成的相互隔离,从而避免了主流理论认识国际体系的偏颇,并与国际关系现实相契合。

(二)确立国际体系的构成要素

虽然国际关系学者对国际体系表现出了极大兴趣,但迄今尚未就国际体系的构成达成一致意见。

布赞认为,国际体系包括单元、互动和结构三种要素。关于单元。他反对单纯强调国家行为体而排除或边缘化其他行为体的"国家中心主义"(state-centrism)的做法,认为这种为了定义体系概念的简明性而忽略单元多样性的客观存在是得不偿失。他把国际体系中的单元定义为"由各种次群体、组织、共同体和许多个体组成的实体,它们充分的凝聚力使其具有行为体的性质(即能够有意识地进行决策),而它们充分的独立性则使其与其他实体区分开来,并位居更高层次(例如国家、民族、跨国公司)"[3]。简言之,单元是多样化的,它们必须能够自主行动,并具有较高的凝聚水平。为了阐述单元的多样性,布赞把国际体系分为国际体系、国际次体系、单元、次单元、个体等五个层次。研究问题所在的层次不同,体系所包含的单

---

①　[英]巴里·布赞、理查德·利特尔:《世界历史中的国际体系:国际关系研究的再建构》,刘德斌主译,北京:高等教育出版社2004年版,第64页。另见Barry Buzan et al., *The Logic of Anarchy: Neorealism to Structural Realism*, New York: Columbia University Press, 1993, p.31.

②　[英]巴里·布赞、理查德·利特尔:《世界历史中的国际体系:国际关系研究的再建构》,刘德斌主译,北京:高等教育出版社2004年版,第66页。

③　详见[英]巴里·布赞、理查德·利特尔:《世界历史中的国际体系:国际关系研究的再建构》,刘德斌主译,北京:高等教育出版社2004年版,第89~90页。

元种类和数量也就不同。全球性国际组织、地区性国际组织、国家、跨国公司、政党、游说集团、个人，①甚至在早期历史中存在的氏族部落、酋邦，均可以成为国际体系的组成单元。应当说，布赞的这一看法更符合国际体系本身的历史发展过程。

关于单元间的互动，布赞认为："互动对于任何体系的概念化都是至关重要的"②，"……都是最基本的。没有互动，各部分或诸单元便是分离的和独立的"③。在研究互动时，需要区分互动能力（什么类型的互动能够在体系中发生）和互动过程（什么类型的互动确实发生了）。为此，首先要确定互动的类型。就对国际体系广义的理解而言，军事互动、政治互动、经济互动和社会互动这四种类型很重要。④布赞还以部门分类为依托，将互动规模与互动能力挂起钩来，指出互动能力不仅塑造了体系的规模，而且还将表现为体系中单元的外部特征，以及互动的主导形式将发生在什么部门。在布赞看来，单元的互动能力不是静止不变的，而是历史的、发展的。与互动有关的还有"过程"，而过程最令人感兴趣之处在于它的持久性和重复出现的模式，这种存在于单元相互关系之中的模式被称之为"过程模式"。⑤它有很多种类型，充分体现了体系与单元，单元和单元的相互关系，并使这两种关系具体化。

关于结构，布赞认为，部门划分是理解结构问题的钥匙。现有国际体系理论的缺陷在于过分强调一种结构，而忽略了对结构进行跨部门研究

---

① 布赞并没有在个人层次上展开自己的研究，但英国学派的其他学者并没有忽视"个人"。文森特（R. J. Vincent）对这一问题从"人权"的角度进行了深入探讨，参见［英］R. J. 文森特：《人权与国际关系》，黄列等译，林地校，北京：知识出版社1998年版。

② ［英］巴里·布赞、理查德·利特尔：《世界历史中的国际体系：国际关系研究的再建构》，刘德斌主译，北京：高等教育出版社2004年版，第71页。

③ 同上，第80页。

④ 参见［英］巴里·布赞、理查德·利特尔：《世界历史中的国际体系：国际关系研究的再建构》，刘德斌主译，北京：高等教育出版社2004年版，第80页。

⑤ 同上，第70~71页。

和考察。比如,结构现实主义对体系与结构两个概念的同一化处理方式,使人们无法把结构和体系、结构和部门区分开来,以致不能很好地理解国际体系本身。布赞不认同沃尔兹过分强调结构层次上的权力及其分配的观点,认为后者"严重低估了国际行为体的权威作用和组织作用"。除了权力,规则、机制以及国际制度也应该包括在国际政治结构的定义之中。①布赞还提出了"深层结构"的概念,反对把政治结构看作单一的无政府结构,认为除此之外,还应包括等级结构;应当重视等级结构的组织性和权威性。②

(三)区分国际体系的类型与模式

根据互动类型,布赞将国际体系分为三种类型:包含了所有互动类型的完全国际体系(full international systems);缺乏军事—政治互动、通常体现了经济和社会—文化交流的经济国际体系 (economic international systems);主要是社会—文化互动(尽管其中包含非商业贸易成分)的前国际体系(pre-international systems)。③而根据互动的结构,布赞又将国际体系划分为线性(或单维)和多线纵坐标(multiordinate model)两种模式。在前一模式中,一个行为体能同时和多个行为体发生联系;而后一模式是指两个单一行为体之间发生联系, 再通过其中的一个行为体与另外的行为体发生间接的交流和互动的情况。这两种模式实际上分别代表了人类历史不同发展阶段上行为体之间交流和互动的方式:线性模式发生在人类的

---

① 2007年4月19日,布赞在北京大学国际关系学院演讲后回答薛力博士的提问时指出:"结构基本上可以被理解为一些原则"(structures are basically principles)。在此,感谢薛力博士向笔者提供这一重要信息。

② Barry Buzan et al.,*The Logic of Anarchy:Neorealism to Structural Realism*,New York:Columbia University Press,1993,p.37.

③ [英]巴里·布赞、理查德·利特尔:《世界历史中的国际体系:国际关系研究的再建构》,刘德斌主译,北京:高等教育出版社2004年版,第84页。

互动能力和互动水平比较低级的阶段，多线纵坐标模式则发生在人类的互动能力和水平比较高级的阶段。布赞所做的上述区分，大大拓展了人们研究和理解国际体系问题的视野，挣脱了主流理论的"威斯特伐利亚束身衣"（Westphalian straightjacket）。

总之，布赞对国际体系的界定，有助于我们更准确地把握国际体系的特征，更完整地描述国际体系演变的状况，更深刻地理解国际体系演进的动力和规律。

二、布赞对国际体系演变状况的分析

（一）国际体系演变的动力

1. 社会生产力的发展是国际体系演变的原动力

布赞认为：国际体系的演变依赖于单元间的互动；单元互动的产生依赖于单元自身对互动能力的掌握；而互动能力的产生又依赖于生产力的进步。它们之间的关系如下：

生产力的发展→单元获得互动能力→互动产生→联系存在→体系发展

在这一问题上，布赞按照历史顺序，依据大量史实，清晰地展示了生产力的进步是怎样推动国际体系不断发展的。他首先指出，在前国际体系阶段，采猎群最早掌握的技术可能是某种形式的筏子，但尚无陆地上的物质运输技术。而对此的补偿一是"采猎群固有的游动性"，二是"采猎群形成了生存和繁殖所必需的促进联系的社会技术：语言和居住地上的相邻"。[①]而从前国际体系到国际体系，"一系列技术的发展——最显著的是

———————

[①] ［英］巴里·布赞、理查德·利特尔：《世界历史中的国际体系：国际关系研究的再建构》，刘德斌主译，北京：高等教育出版社2004年版，第107、108页。

车轮、道路、航船和适合于牵拉、驮载和骑乘的动物的驯养导致的国际体系中互动能力的增强。一系列的社会发展——最显著的是多种语言的使用与通用语言、书写、世界宗教、货币和信贷制度、贸易移民社群和外交的各种初始形式导致的国际体系中互动能力的增强"。"互动能力的增长既表明了古代和古典时代与前国际体系的主要区别，又明确了具有该时代特征的诸单元和国际体系的规模及类型之限度。"①由此可见，互动能力——或者说由物质技术与社会技术的进步导致的互动能力的差异——是区别前国际体系与古代和古典时代国际体系的关键。

从古典时代国际体系发展到现代国际体系，由于交通通信技术的革命性进步，单元的互动能力得到了前所未有的提高。与此同时，一系列社会技术的发展，如全球性通用语的出现、通用货币的诞生，对单元间的互动也产生了深远的影响。物质技术和社会技术带来的交通通信革命使空间对单元互动的阻隔消亡。随后，单元互动的规模和进程发生了巨大变化，"以外交、法律、政府间国际组织和自由主义等形式出现的新的社会技术对物质技术既起到补充作用又促进了其发展，并使得一个更加强大的国际社会的存在和发展成为了可能"②。"物质技术和社会技术的深入发展有利于单元互动能力的增强，这是从古代和古典时代转换到现时代的关键要素。没有物质技术的改进，全球体系就不可能出现，过程的充分扩展也无从提起。"③

总之，布赞把物质和社会技术的进步作为单元互动能力的基础，而单元互动能力是国际体系演变的重要因素，互动能力的增强为国际体系的出现奠定了根本性的基础。物质和社会技术的进步扩展了国际体系的规

---

① ［英］巴里·布赞、理查德·利特尔：《世界历史中的国际体系：国际关系研究的再建构》，刘德斌主译，北京：高等教育出版社2004年版，第146、169页。

② 同上，第303页。

③ 同上，第309页。

模,即从地域性国际体系发展成为全球性国际体系,这也成为区别不同国际体系的重要标志。

2. 新型单元的出现是国际体系演变的直接动力

国际体系演变的原动力是生产力的发展。那么,国际体系演变的直接动力是什么呢? 换言之,生产力的发展带来了哪些直接影响?

生产力的进步首先增强了单元的互动能力。由此可以假定,互动能力的增强是导致体系变化的因素。但互动能力是从属于单元的,即互动能力既靠单元增强,也为单元所掌握。因此,互动能力的增强不能成为体系变化的直接因素。而生产力与单元及其互动能力均存在明显的关联。一方面,生产力的进步增强了单元的互动能力,另一方面也促使了新型单元的发展。比如,伴随着城市化进程,在人类历史大部分时间里居于主导地位、基于血缘关系的社会政治组织的分散模式,让位于一种更为集中的形式——国家。国家的出现是生产力发展的结果。既然互动能力在逻辑上不能成为体系演变的直接动力,那么只能指望新型单元的出现了。

布赞指出,前国际体系在向古代和古典时代的国际体系演变的漫长过程中,发生了两个基本的转变:一是定居社会的出现,二是在这些单元的内部出现等级制。更大的、更自足的单元的出现,为城市、国家和战争奠定了基础。这些转变与后来发生于国际体系中的转变一样富有戏剧性和重要性。没有它们,国际体系绝不会形成。①在这里,布赞明确指出了新型单元的出现是国际体系形成的必要条件。

布赞还认为,新型单元的出现改变了国际体系的面貌,推动了国际体系的发展。因为,与以往的单元相比,新型单元的内部组织化程度、与其他体系的互动程度和水平都更高。不仅如此,布赞还把新型单元的出现看成

---

① [英]巴里·布赞、理查德·利特尔:《世界历史中的国际体系:国际关系研究的再建构》,刘德斌主译,北京:高等教育出版社2004年版,第120页。

是区分不同国际体系的重要尺度。比如,现代国际体系的建立是以主权国家的出现为标志的。而主权国家体系的最重要特征是主权国家的存在及对彼此主权的承认。主权的获得使现代国际体系中的单元与以往国际体系中的单元有了质的区别,那些先前遍布欧洲的诸种单元类型(如帝国、城邦、酋邦等)无法与现代国家相匹敌,后者代表了未来的发展方向。

(二)国际体系演变的机制

所谓国际体系的演变机制,是指国际体系的构造功能和各部分之间的相互关系,或者各部分在体系演变中所扮演的角色和起到的作用。由于前文已对国际体系的构造(组成)有所阐述,因此,在这一部分,我们将直接探讨体系各组成要素在国际体系演变中所起到的作用。

第一,互动是国际体系演变机制的核心。互动在国际体系产生与演变的过程中起着举足轻重的作用;互动能力的增强不仅直接影响着体系的规模、进程、结构,同时还预示着新型单元的出现。而互动能力的增强依赖于技术的进步。布赞将技术分为物质性和社会性两类。就国际体系的产生和扩展而言,物质技术的进步至关重要;社会技术的发展虽不能说界定了国际体系,但也改变了国际体系的运行方式。技术的发展提升了单元的互动能力,进而改变了体系自身。①实际上,在体系演变的过程中,是物质技术和社会技术的共同作用改变着单元互动的状态和形式。

第二,新型主导单元出现是国际体系更替的标志。布赞认为,单元的演变主要体现在两个方面:一是单元规模大小的变化;二是单元的内部结构和性质的变化。在世界历史的早期,单元内部是松散的,后来则越来越具有组织性和等级性。在不同的国际体系里,单元组成是不一样的:前国际体系是采猎群,古代和古典世界的国际体系主要是城邦和帝国,现代国

----

① Barry Buzan et al.,*The Logic of Anarchy:Neorealism to Structural Realism*,New York:Columbia University Press,1993,p.70.

际体系则是主权国家。在不同历史时期,单元的性质、单元互动方式的选择和互动状态也是不同的,从而体系的整体状况存在较大差异。采猎群的流动性及互动能力的低下决定了前国际体系是一个非常松散的整体。而在前国际体系向国际体系转变的过程中,采猎群发生聚变,定居社会出现,个体之间的社会分化日益明显,内部等级性结构开始萌生,最终发展成为"酋邦"。而正是等级制"酋邦"的出现才开始了完整的国际体系的历史。随着城邦和帝国的产生,国际体系在已经建立起来的前国际体系的某些关键点上形成。布赞写道:"界定时代转型的真正巨大的变化是由主导单元本质变化引起的,这种单元的行为在很大程度上用来定义国际体系。""从世界历史的角度看,主导单元类型的变化是时代变化的关键。"①

第三,结构的不同是区分国际体系的重要标准。首先,不同部门的国际体系结构是不同的。因此,"国际体系实际上是一个具有多元属性的结构。这种结构的存在表明,行为体对体系的建构会涉及不同性质的互动,反过来说,行为体的行为也会受到体系复杂的影响"②。布赞的这一观点改变了结构现实主义僵硬的结构观,从而把国际体系建立在变化演进的逻辑基础之上;同时,它也预示了体系变化的多样性,因为任何一个部门的体系结构和互动进程发生变化,都意味着整个国际体系的更迭。其次,不同历史时期占主导地位的体系部门结构是不同的。主导部门结构也是衡量体系变化的重要变量;同时,新的部门结构的发展也是体系演变的重要标志之一。在前国际体系,由于生产力水平比较低,这一国际体系既非政治体系,也非经济体系,更谈不上国际社会。但在早期采猎群之间存在着相互的认同,其结果就是同时出现了某种社会结构。这在一定程度上形成了世界社会现象。鉴于这一阶段结构对体系的影响甚微,因此从总体上对

---

① [英]巴里·布赞、理查德·利特尔:《世界历史中的国际体系:国际关系研究的再建构》,刘德斌主译,北京:高等教育出版社2004年版,第331、339页。

② 李少军:《国际政治学概论》(第二版),上海:上海人民出版社2005年版,第175页。

前国际体系进行严格的部门划分是不恰当的。到了古代和古典时期的国际体系，虽然由于技术水平的限制，对其进行完全的部门划分仍不太妥当，但与此前不同，军事—政治互动已使军事政治结构在一定范围内出现，并影响着体系行为。在这一历史时期，等级制成为主导的结构形式，而无政府状态的存在则是一种特例。在古代和古典时代的国际体系中，经济互动的增强是这一时期重要的成就，但是它对体系层面的结构效能很小。在现代国际体系的结构中，由于技术的进步，单元间的互动状况与之前相比有了巨大变化。在军事—政治领域，布赞认同结构现实主义的"社会化和竞争产生类似单元"的观点，并且认为这种新型单元在经济和政治上比任何其他单元都更富有效率；而现代国家也由于自身能力的增强，逐渐摆脱了狭隘的地域限制而走向世界其他地区。

综上可知，国际体系演变的机制与演变的动力紧密相连，两者的重叠度很高。生产力的进步，人们认识和改造世界能力的发展，一方面催生了新型单元，另一方面又增强了单元的互动能力。两方面的变化最终导致体系结构发生历史性的变革。互动能力的增长改变了部门的进程，也改变着部门体系的结构，"结构依赖于过程，过程依赖于互动能力"[①]。进行部门划分后的国际体系不是单一的结构，而是具有多元属性的结构集合体。任何部门的国际体系出现变化都意味着整个国际体系的变化。

（三）国际体系演变的方向

与现存国际体系相对接的未来国际体系形式是一个后现代国际体系。它在诸多方面与以往的体系存在差别。

1. 后现代国际体系的主要组成单元日益多元化

首先，传统意义上的主权国家的边界已经遭到渗透和破坏，主权国家

---

① ［英］巴里·布赞、理查德·利特尔：《世界历史中的国际体系：国际关系研究的再建构》，刘德斌主译，北京：高等教育出版社2004年版，第337页。

的内涵正在发生变化,"国内"和"国际"之间的界线已非常模糊,主权问题因而显得相当复杂。"国家依然存在,但是它们被植入分层的主权中,并且出于多种意图的需要,各国边界具有高度的渗透性。"[①]其次,在现代国家内部产生的经济和市民单元的相对自治权力得到提升。最后,国际体系中存在的各种制度和机构为某些特定政策领域提供了全球治理的基础;各种非国家行为体在开放的边界和分层治理创造的跨国合法空间内相当自主地活动。总之,未来国际体系的单元将变得更加多元;国家行为体的主导地位将被进一步削弱。

2. 后现代国际体系的互动强度明显增大

布赞认为,从20世纪末的情形看来,互动能力的物质技术似乎已经达到了极限,几乎与影响国际体系规模的限度一样绝对。在互动的规模上,互动能力的变化带来的是体系规模的改变。随着技术的进步,人类已经突破了自然界设置的屏障,正以前所未有的能力、规模和速度改造着自然;当前的国际体系已经达到了地理上扩展的极限,除了提高强度以外别无选择,无法再行扩展。

3. 后现代国际体系的社会因素显著增加

布赞认为,冷战结束以后,国家之间军事—政治互动状况更为复杂,战争、动荡与和平交织在一起;世界经济的相互依赖程度日益加深,全球市场结构的强化几乎肯定会持续下去,与之相伴随的是一个在所有管理层次都日益稠密的监管框架。经济的交往和互动对国际行为体之间在政治上的互动造成了巨大影响:行为体之间在政治上越来越趋向于交流、沟通和合作。这就是所谓的"市场对政治的改造"。尽管存在许多障碍,但在可以预见的未来,体系内的社会性因素将日益增强,几乎与全球市场化同步,"一个以更大范围内规则、规范和制度的平稳扩展(既有自愿接受,也

---

① [英]巴里·布赞、理查德·利特尔:《世界历史中的国际体系:国际关系研究的再建构》,刘德斌主译,北京:高等教育出版社2004年版,第317页。

有强加)为标志的国际社会的加强,尤其是经济方面自由主义的规则、标准和制度"①。

三、布赞对国际体系与国际社会之间关系的认识

与"国际体系"一样,"国际社会"也是英国学派极为关注的重要概念;②对两者关系的探讨是英国学派的一个重要课题。那么,布赞对此持怎样的看法呢?

(一)国际体系与国际社会的区别

有些学者认为,没有必要区分国际体系与国际社会,③而在布赞看来,进行这种区分至关重要。两者的区别体现在以下三个方面:

1. 在人类历史上出现的时间点不同

由于把国际体系放到了整个世界历史的范围内进行研究,布赞将人们对国际体系的认识从威斯特伐利亚战争向前大大扩展了一段时间。他的考察范围从原始的采猎群开始一直到现代的全球性国际体系。他认为,自人类产生以来,国际体系的建构就开始了。迄今为止,国际体系经历了一个由前国际体系到后现代国际体系的演变历程。他解释说,把对国际体系的认识起点放在前国际体系具有重要意义,这"是因为在接下来的两个时期它们继续存在。进一步讲,我们努力证明国际体系出现之后,这些体系的存在仍具有重要影响。如果不承认国际体系是在一个前国际体系的

---

① [英]巴里·布赞、理查德·利特尔:《世界历史中的国际体系:国际关系研究的再建构》,刘德斌主译,北京:高等教育出版社2004年版,第322页。

② 布赞甚至认为,"国际社会是英国学派的首要术语"。见[英]巴里·布赞:《英国学派及其在当下的发展》,载《国际政治研究》2007年第2期。

③ Alan James就认为,对"体系"和"社会"进行区分是一种虚假的二分法。参见Alan James, System or Society?, *Review of International Studies*, No.3, 1993, pp.269–288。

背景中存在的,就不可能理解国际体系是如何活动和扩张的。即使随着时间的流逝,前国际体系在世界上所占的百分比不断缩小,这种观察依然是真实的"①。

布赞认为,国际社会是比国际体系更晚的历史现象。前者为后者的产生提供了基础。他写道:"从逻辑上讲,体系是更为基本的、更早的观念:没有国际社会,国际体系也可以存在,反过来却不行。"②社会性的因素在国际体系内部孕育了很长时间,而不是在国际体系诞生之后就随之出现。国际社会作为一个整体,其有机性比国际体系要复杂得多,因此需要更高水平的互动和单元之间的建构方式。而社会性因素的增长是随着体系的不断进步而逐渐出现的。总之,布赞没给出国际社会出现的确切时间点。

2. 所强调的侧重点不同

布赞认为,"把国际关系视为一个体系的思路,与把国际关系视为一个社会的思路是不一样的。如果国际关系是一种社会形态,那就存在着某种社会秩序。社会总是包含着规则、规范和制度:它们具有一种体现某种社会性的社会结构,不是简单地表现为一系列以机械方式相互撞击的台球,而是属于一种有秩序的社会生活"③。因此,国际体系与国际社会强调的重点不同。国际体系强调互动和单元,而国际社会则强调共同的规则、共同的利益和价值观;国际体系体现出很强的机械性,而国际社会则体现出明显的社会性和有机性。

3. 产生和发展所依赖的对象不同

如前所述,国际体系的出现依赖于单元间的互动,其演化依赖于社会

① [英]巴里·布赞、理查德·利特尔:《世界历史中的国际体系:国际关系研究的再建构》,刘德斌主译,北京:高等教育出版社2004年版,第343页。

② [英]巴里·布赞:《从国际体系到国际社会:结构现实主义、体制理论与英国学派》,载陈志瑞等主编:《开放的国际社会:国际关系研究中的英国学派》,北京:北京大学出版社2006年版,第266页。

③ [英]巴里·布赞:《英国学派及其在当下的发展》,载《国际政治研究》2007年第2期。

和物质技术的进步所带来的互动能力的提高,以及新单元的出现。而国际社会的形成依赖于单元主权地位的获得和尊重, 以及外交和其他各项制度的完善。"一个羽翼丰满的全球性国际社会是在第二次世界大战后才完全形成的。它的底线是各国在这个国际共同体中相互承认成员国法律地位的平等。"①

布赞认为,国际社会发展的主要动力也有别于国际体系。"经济全球化压力和对由经济的相互依存和一体化所造成的国际社会的管理问题做出反应的压力,已经成为其发展的主要动力。"②换言之,为适应不断变化的国际经济形势和结构,国际社会必须不断发展。

(二)国际体系与国际社会的联系

1. 国际体系是孕育国际社会的母体

布赞认为,国际社会"作为一个历史概念比作为一个理论概念发展得更好"③。换言之,国际社会是一种历史存生,只是我们在理论上对它的认识却不够成熟和全面。在布赞看来,国际社会的形成是社会性因素在体系内孕育成熟的结果,而不是一蹴而就的历史现象。

那么国际体系是怎样孕育国际社会的呢?

首先,国际体系孕育了现代主权国家。布赞认为,与其他类型的单元相比,现代主权国家具有相对优越性,即较高的经济效率、较强的战争动员能力,并能把两者有效地结合起来。这使其不仅适应了资本和战争的需要, 也适应了长期以来军事—政治互动在国际体系中占据主导地位的状

---

①② [英]巴里·布赞、理查德·利特尔:《世界历史中的国际体系:国际关系研究的再建构》,刘德斌主译,北京:高等教育出版社2004年版,第297页。

③ [英]巴里·布赞:《从国际体系到国际社会结构现在主义、体制理论与英国学派》,载陈志瑞等主编:《开放的国际社会:国际关系研究中的英国学派》,北京:北京大学出版社2006年版,第263页。

况,因而成为广为接受的体系单元。

其次,国际体系为国际社会的出现孕育了社会性因素。为探讨这个问题,布赞首先设想,任何社会开始发展之前都有一个纯粹的、没有社会的无政府国际体系。这种设想的逻辑结果是,单元之间的重大互动是无政府的,和平与冲突相互交织。在此情况下,如果是低程度的交往,体系单元内部完全可以消解外界带来的压力,以和平的方式进行,一旦达到战略层次的互动,外部压力就会增强,体系单元就很难获得安全感。"在没有任何社会的体系中,国际关系与精神病院的情况差不多:个体的癖性独特、行为难以预测,仅靠交流和体系理由来稍加调和,很容易酿成暴力。"[1]布赞认为,如下国际体系有利于国际社会因素的生长:一个大国暂时改变体系的无政府状态,把其变为等级制,同时这样的大国又会出现兴衰更替,如此一来会为整个体系共同文化的传播创造便利条件。而当体系回到无政府结构时,这些要素在促进国际社会的发展方面可以发挥作用。除非一个单元能够支配体系,否则无政府状态中的生存压力会有效地促使至少若干国际社会基本要素的形成。如果先前的帝国或霸权时期已经传播了一些共同文化要素,国际社会的形成会更容易些,但是即使每个单元都有自己的语言和文化群体,彼此间很少有或没有共同文化,国际社会要素也会形成。[2]在这里,布赞描述了这样一个历史事实,即国际体系确实孕育了国际社会要素。但从理论逻辑上讲,即使没有共同文化,国际社会也会形成。

2. 国际社会是国际体系演化的逻辑结果和发展方向

国际体系孕育了国际社会,因此后者是前者演化的逻辑结果。从国际体系过渡到国际社会,共同文化是一个重要因素,但共同文化与国际社会

---

[1] [英]巴里·布赞:《从国际体系到国际社会结构现实主义、体制理论与英国学派》,载陈志瑞等主编:《开放的国际社会:国际关系研究中的英国学派》,北京:北京大学出版社2006年版,第277页。

[2] 参见[英]巴里·布赞:《从国际体系到国际社会结构现实主义体制理论与英国学派》,载陈志瑞等主编:《开放的国际社会:国际关系研究中的英国学派》,北京:北京大学出版社2006年版,第276~279页。

之间并不存在必然的联系，国际社会可以在缺乏共同文化的地方形成。中东就是如此。①当然，通过这种方式建立起来的共同体较之由共同文化形成的共同体，范围更窄，限制条件更多，也更加脆弱。布赞认为，"当今的国际社会是一个混合体，它一方面源于拥有文化同质的国际社会，该社会形成于现代欧洲，另一方面它也部分来源于功能主义过程，它反映了当今国际关系中不同文化在同一个国际体系中相互作用的进程"②。而一个"名副其实的社会必须包含某种共同的身份认同要素，一种'归属感'而不只是有共同的目标"③。正如利特尔指出的那样，"布赞认为是一种共同身份的观念把社会从体系中区分开来，所以当共同身份的观念显露出来的时候，国际体系就发展成为国际社会了"④。

国际社会的成员必有相应的身份，共同身份的产生有两种可能⑤：一是基于沃尔兹的逻辑，无政府状态造就功能相似的单元。互动（通过社会化和竞争）让单元更为相似，每个单元就更容易承认，体系中的其他成员同自己一样，在某些重要方面属于同类实体。这种相互认可使原本完全不同的行为体能够一道将自己视为一个共同体的成员。二是与无政府状态中存在着不同类型的单元这种更为复杂的情况有关。在这种状态下，单元更愿意接受共同的规则，从而使单元之间尽量排除差异，使彼此的权力和义务通过这种体制来达到某种安排。布赞将其称之为"新中世纪模式"。

---

① 参见［英］巴里·布赞：《从国际体系到国际社会结构现实主义体制理论与英国学派》，载陈志瑞等主编：《开放的国际社会：国际关系研究中的英国学》，北京：北京大学出版社2006年版，第268~269页。

② 唐小松、黄忠：《巴里·布赞国际社会思想述评》，载《社会主义研究》2006年第2期。

③ ［英］巴里·布赞：《从国际体系到国际社会结构现实主义、体制理论与英国学派》，载陈志瑞等主编：《开放的国际社会：国际关系研究中的英国学派》，北京：北京大学出版社2006年版，第270页。

④ ［英］理查德·利特尔：《世界历史、英国学派和国际关系理论》，刘德斌译，载《史学集刊》2005年第4期。

⑤ ［英］巴里·布赞：《从国际体系到国际社会结构现实主义、体制理论与英国学派》，载陈志瑞等主编：《开放的国际社会：国际关系研究中的英国学派》，北京：北京大学出版社2006年版，第271页。

布赞认为，身份与社会是平行而非从属关系，彼此相互作用，相互影响。一方面社会创造成员身份；另一方面，身份又对社会有反作用，这种反作用表现为两种情况，一是使社会统一，二是让社会分化。到底出现哪种情况，主要取决于社会成员之间身份是共享的，还是对立的。如果是共享，那么社会就是统一的；如果是对立，社会就是分化的。这种双重作用是人类文明进步或倒退的核心力量。而身份的一致成为社会扩展的重要基础。①

3. 区分国际体系和国际社会的界限

要正确认识这一问题，应从实践和学理两个层面展开。在实践层面上，二者的边界的确难以划定。而在学理层面上，既然国际体系孕育了国际社会的因素，那么在国际体系的发展过程中就必然存在如下情况：有些地方已经存在规则、规范和制度，但因为没有主权国家，所以不是所谓的国际社会。在这里，行为体主权地位的获得意味着对行为体之间身份的认同和各自平等地位的承认。从逻辑上讲，既然共同的规则、规范和制度不能划定两者的界限，那么主权平等自然就承担起了划分两者界限的功能。而对平等主权的要求，实际上意味着国家之间的地位是不平等的。布赞认为，国际体系与国际社会之间确定的界限在于：单元不仅承认彼此属于同类实体，而且愿意以此为基础给予双方平等的合法地位。相互承认与合法平等不仅意味着规则和制度发展方面的一个转折点，而且意味着对共同身份的认可及国家对彼此属于同类实体的肯定。在这里，布赞试图用"共同身份"来厘清国际体系和国际社会的边界。他指出："如果能对共同身份的认同确立明确的标准，灰色地带就没有存在的必要了，找到明确界限的途径也就清楚了。"②布赞所说的共同身份是指行为体彼此都是主权平等

---

① ［英］巴里·布赞、杰拉德·西盖尔：《时间笔记》，刘森等译，济南：山东画报出版社2002年版，第107~108页。

② ［英］巴里·布赞：《从国际体系到国际社会结构现实主义、体制理论与英国学派》，载陈志瑞等主编：《开放的国际社会：国际关系研究中的英国学派》，北京：北京大学出版社2006年版，第281页。

的国家。但仅此还不能说国际体系就转变成了国际社会。所以，布赞似乎只提出了应研究的问题——共同身份的认同的标准，却未给出明确、最终和完全的答案。

总之，在布赞那里，国际体系与国际社会的关系介于清晰与模糊之间。但不管怎样，国际体系的确为国际社会的诞生做出了"贡献"。国际关系的社会化趋向越明显，国际社会理论的说服力也就越强。

四、布赞的国际体系理论的学理贡献与不足

布赞的国际体系理论的学理贡献主要有以下四个方面：

（一）成功地放大了历史主义的研究方法

布赞继承了英国学派的历史主义研究方法的传统，且希望"用理论和历史联姻来改变国际关系学所认定的学科主题，并考察它的主流理论是如何相互联系在一起的"[1]。在使用历史主义方法时，布赞成功地对其进行了放大。他认为现有的国际体系理论具有浓厚的威斯特伐利亚情结，即将威斯特伐利亚和约视为国际体系起源的标志；而对科学实证主义的偏好则使人们不能历史地考察国际体系。布赞坚持认为，对国际体系的研究必须放到更加宏大的历史视野即世界历史中去考察，以深化对国际体系的认识，并提供清晰的国际体系发展的轨迹。在威斯特伐利亚和约以前，整个世界就已经是一个体系性的存在，单元间的互动水平已经很高。打破威斯特伐利亚情结的努力意味着对原有国际体系概念的颠覆。这种颠覆集中表现为国际体系单元组成的扩大化。因为，在威斯特伐利亚体系中，主权国家是中心，而布赞的国际体系的组成不仅仅是主权国家。

---

① ［英］巴里·布赞、理查德·利特尔：《世界历史中的国际体系：国际关系研究的再建构》，刘德斌主译，北京：高等教育出版社2004年版，第1页。

(二)试图融合不同的研究层次

　　主流理论一般都把自己的研究放在体系层次上，而布赞却将国际体系划分为五个存在优先次序的分析层次，并认为行为体可以在不同层次上行动，其目的在于"希望利用体系层次提供一幅全方位的国际关系图景，确保避免'只见树木不见森林'的问题"。布赞强调，"与沃尔兹的看法一致，我们希望保留体系层次作为发现解释源的重要场域。但是，我们的体系解释概念比沃尔兹的体系概念要宽泛得多，并希望突破沃尔兹竭力强加于体系解释方式的含义之上的政治性制约。同时，我们也将利用在沃尔兹看来是'还原论者'的分析方式，考察体系内主导单元的性质，以及它们的内在性质是如何影响国际体系的"①。尽管为了描述与解释的清晰，布赞最终还是倒向了主流理论一边。但与沃尔兹等人在层次选择上的"义无反顾"相比，布赞试图糅合不同层次进行理论阐释的想法是值得赞许的。

(三)试图超越国家中心主义

　　与主流理论所秉持的国家中心论不同，布赞认为，国际体系的单元组成是广泛的，在不同历史时期组成国际体系的单元是不同的。之所以存在如此差异，是因为建构理论的逻辑不同。主流学者试图用非历史的方法构建一种普适性的国际体系理论，而布赞则试图用历史的方法去总结出国际体系发展的普遍规律；主流理论主要运用的是演绎方法，而布赞的归纳特色却非常鲜明。国家是自然历史的存在，因此用历史的方法探讨国际体系时，国家自然就不是体系的唯一组成单元。而运用演绎的方法，必须抓住国际体系组成单元最核心、最重要的部分，国家无疑最符合这一要求。

---

　　① [英]巴里·布赞、理查德·利特尔：《世界历史中的国际体系：国际关系研究的再建构》，刘德斌主译，北京：高等教育出版社2004年版，第63页。

（四）对体系和单元的关系有新的认识

主流理论一般认为,体系决定单元的行为。而在布赞看来,解释单元
行为的变量有三个:互动能力、过程与结构。其中,过程最容易理解并最少
引起争议,而互动能力则是鲜为人知的解释源。结构现实主义虽然在单元
和结构层次上都注意到了互动能力，但却从未将其视为国际政治体系的
重要组成部分。①如果把互动及互动能力均当作体系层面的因素来考察,
自然也就使两者具有了解释源的可能性。布赞认为,互动能力既影响体系
的规模,也影响互动的性质;不同的体系和体系内的不同部门所要求的互
动能力是不同的,军事－政治部门的互动是高水平的互动,需要单元有较
高的互动能力。"较高水平的互动能力使结构的力量得以发挥强有力的作
用。……互动能力获得了物质和社会两方面的能力,这些能力遍及体系或
单元之内。这些互动能力不但在定义主导性单元的过程中起作用,而且与
结构所产生的那些能力一起发挥作用，充当了推动和塑造力量的一种独
特源泉。"②

关于结构的认识,布赞并未颠覆沃尔兹的观点,而是"尝试从他的基
本观点出发加以扩展"③。在布赞看来,沃尔兹的主要缺点在于过分专注政
治部门的结构,而忽视了其他部门的结构。布赞还认为,单元的功能是可
以分化的,这一点与主流理论存在重大区别。同时,布赞并不是坚定的"无
政府主义者"。他认为,除了无政府状态之外还有等级制,无政府结构会导
致等级制的出现。世界帝国的出现就足以说明这一点。世界帝国的出现是

---

① Barry Buzan et al.,*The Logic of Anarchy：Neorealism to Structural Realism*,New York：Columbia University Press,1993,pp.66–67.

② ［英］巴里·布赞、理查德·利特尔:《世界历史中的国际体系:国际关系研究的再建构》,刘德斌主译,北京:高等教育出版社2004年版,第71页。

③ 同上,第75页。

无政府逻辑的一个结果,"无政府体系总会转变成帝国"①。同时,不同部门的体系性质也是不一样的。由此可知,体系特征并不是永恒的,而是变化的。

当然,布赞的国际体系理论也存在明显的不足,主要表现为认知结构的庞杂与解释力的有限。一般来说,主流理论设定的国际体系清晰、简约,并将其视为先验性的存在,②而布赞则认为,国际体系是历史发展的结果。为阐述这一观点,他引入了世界历史视角,对国际体系进行部门划分,扩大了解释源。通过这种方式构建起来的认知框架虽然宏大完整,但也略显庞杂。此外,布赞在借鉴自由制度主义和建构主义对沃尔兹体系理论的批评的基础上对体系理论的综合加工,削弱了理论的简明性。因此,布赞虽然在丰富国际体系的历史解释方面很成功,但由此进行的国际体系分析却显得力不从心。

---

① Barry Buzan et al., *The Logic of Anarchy: Neorealism to Structural Realism*, New York: Columbia University Press, p.92.

② 温特就认为,"国际体系对于国际关系研究人员来说是客观存在的社会事实,是不以研究者个体的意志为转移的"。[美]亚历山大·温特:《国际政治的社会理论》,秦亚青译,上海:上海人民出版社2000年版,译者前言第22页。

论英国学派的国际秩序观

——兼与天下体系理论的秩序观比较①

刘　涵② 王存刚

　　自国际政治学科诞生以来,国际秩序问题始终为不同国家和地区、不同理论流派的学者们所关注,"国际秩序"(international order)一词也因之成为该学科的重要范畴之一, 相关理论与观点异彩纷呈, 各具特色与价值。但长期以来特别是冷战结束以后,有关国际秩序讨论的主角是美国学者——这与美国当局试图塑造由本国主导的国际新秩序的努力有关,在学术界流行的自然也就是所谓的"美国范式"了。流风所致,中国国际关系学界对国际秩序的研究基本上沿袭了这类范式, 而对具有重要学理价值和鲜明特色的英国学派的相关论述却涉猎不多,重视程度明显不够。③这在一定程度上限制了学者的视野,削弱了理论创新的动力,影响了相关研究的质量。本文选取赫伯特·巴特菲尔德(Herbert Butterfield,1900—1979)、马丁·怀特(Martin Wight,1913—1972)、赫德利·布尔(Hedley Bull,1932—1985)和约翰·文森特(John Vincent,1943—1990)四位最具代表性

---

　　① 本文原载于《国际论坛》2011年第6期。

　　② 刘涵,天津农学院讲师,天津师范大学2011级博士研究生。

　　③ 有兴趣的读者,可阅读王缉思总主编、秦亚青主编的《中国学者看世界1·国际秩序卷》,北京:新世界出版社2007年版;潘忠岐撰写的《世界秩序:结构、机制与模式》,上海:上海人民出版社2004年版,相信会同意笔者的上述判断。即使是关于英国学派的研究,在中国学术界已发表的几十篇的论文、已出版的多本专著中,就笔者目力所及,也无专门探讨其国际秩序观的文献。

的英国学派理论家，运用诠释方法和比较方法，围绕国际秩序的概念界定、国际秩序的维持机制等问题，对英国学派的国际秩序观进行较为系统的描述和分析，并在此基础上与中国哲学家赵汀阳提出的天下体系理论中的有关探讨进行比较。其主要目的在于厘清英国学派国际秩序观的基本内涵，概括其特点，判断其价值，以期深化学术界特别是中国学者对国际秩序问题的认识，进一步推动这方面的研究。

一、对"国际秩序"的概念界定

依据国际交往的程度和方式，英国学派将国际关系分为国际体系、国际社会和世界社会三个阶段。其中，国际社会是英国学派研究的重点。在国际社会中，"一些国家认为它们相互之间的关系受到了一套共同规则的制约，而且它们一起构建共同的制度"①。而"如果存在国际社会，那么维持甚至发展某种秩序就是必要的"②。这是英国学派国际政治理论的基本假设之一。

关于国际秩序的具体含义，就目前掌握的材料看，英国学派的学者并未对此形成统一的看法。

作为英国学派的第一代学者，巴特菲尔德为英国学派确立了传统主义的研究方法，尤其关注国际政治的无政府状态。他认为，所谓国际秩序应该是这样的国际关系体系，其中暴力冲突受规则的约束，从而保证体系内任何一个成员国独立自主。这样的国际关系体系是一种符合道义的、有价值的目标。③

---

① ［英］赫德利·布尔：《无政府社会——世界政治秩序研究》(第二版)，张小明译，北京：世界知识出版社2003年版，第10~11页。

② Martin Wight, Western Values in International Relations, in Butterfield, Wight (eds.), *Diplomatic Investigations*, Cambridge：Harvard University Press, 1966, p.103.

③ Albert Coll, *The Wisdom of Statecraft: Sir Herbert Butterfield and the Philosophy of International Politics*, Durham：Duck University Press, 1985, p.5.

与巴特菲尔德不同，第二代英国学派领军人物怀特的兴趣点在于发现"西方文明的价值"[①]，并阐述了国际关系研究的三大传统。他认为，国际秩序深嵌于西方的思想传统中，它应该是这样一种国际关系现实，即国际体系中的成员国意识到彼此间的共存与合作符合长久利益，共同安全是可能的，国际社会中存在普遍认同的制度规范国家间的交往。[②]

对国际秩序进行系统研究的是英国学派的第三代中的杰出学者布尔。在标志英国学派成熟形态的著作《无政府社会——世界政治秩序研究》一书中布尔指出，所谓国际秩序，就是国际行为的格局或布局，它追求国际社会基本、主要或普遍的目标，包括维护国家社会本身的生存；维护国家独立或外部主权；以和平为目标；尽力实现例如生命权、财产权、信守承诺等最基本目标。[③]

以布尔所构建的理论为框架，文森特转向社会连带主义。与前辈相比，文森特更为关注国际关系中的"个人"，并把"不干涉"和"人权"作为自己的研究中心，研究国际秩序的理论和实践问题。他认为，所谓国际秩序，是在国际社会中国家之间交往所呈现的一种和谐、有序的格局。在国际交往中，秩序的存在保证了个人的生命安全、协议的遵守和所有权的稳定。[④]

通过对上述英国学派理论家关于国际秩序的概念界定的梳理，我们不难发现，虽然他们所理解的秩序在具体目标上不尽相同，但对其内涵的探讨基本遵循了相同的定义模式，即国际秩序是一种稳定的格局，保证了国际关系行为体所追求的最基本目标，而这些目标的外延则取决于国际

---

① Martin Wight, Western Values in International Relations, in Butterfield, Wight(eds.), Diplomatic Investigations, Cambridge: Harvard University Press, 1985.

② Ibid., pp.96~97, pp.102~103.

③ ［英］赫德利·布尔：《无政府社会——世界政治秩序研究》（第二版），张小明，北京：世界知识出版社2003年版，第58页。

④ R. J. Vincent, *Nonintervention and International Order*, Princeton: Princeton University Press, 1986, p.332.

社会的发展阶段。

二、国际秩序的维持机制

作为一种社会事实，国际秩序的存在与延续都需要有相应的维持机制。而这一机制的建构与实施，同样取决于行为体对社会事实本身的理解和对整个社会世界的期望。基于这一逻辑，我们发现，英国学派在探讨国际秩序的维持机制时，主要涉及以下问题。

（一）均势

在探讨维持国际秩序的机制问题时，英国学派的学者们始终对内化了强制力的均势（balance of power）寄予厚望。在英国学派看来，在均势占主导地位的国际现实中，由于任何一个大国都不享有主导地位，因而能够防止国际体系由于征服行为而演变成一个世界帝国。同时，均势也为国际秩序赖以生存的制度发挥作用创造了条件。①

至于均势如何发挥作用，涉及如下三个方面的问题：其一，大国的作用。国际体系中应存在几个势均力敌的大国，大国之间有权彼此控制，以防任何一国成为威胁。其二，小国的价值。国际体系中小国的存在也有重要意义。事实上，处于均势体系中的小国实际发挥的作用有时甚至要胜过大国，因为"当其盟友过分强大的时候，它们会改变联盟策略，转而与对方结盟"②。其三，共识的存在。均势体系内的各国达成某些共识对该体系的长久维持十分重要。为此，各国必须发现利益契合点，相信均势体系下的

---

① ［英］赫德利·布尔：《无政府社会——世界政治秩序研究》（第二版），张小明译，北京：世界知识出版社2003年版，第84~85页。

② Herbert Butterfield, The Balance of Power, in Butterfield, Wight(eds.), *Diplomatic Investigations*, Cambridge: Harvard University Press, 1985, p.140.

国际秩序优于罗马帝国时代的国际格局,而且为了体系的长远利益,在处理国际关系时应坚持审慎的原则。①

(二)传统外交

一战结束以后,随着民主思想的传播,之前广为流传的传统外交被认为是一种迂腐、陈旧甚至是有罪过的落后制度,取而代之的则是与传统外交倡导的原则形成鲜明对比从而更符合大众口味的"新外交"。但英国学派坚持认为,传统外交是维持国际秩序的重要机制。它以均势为基础,基本上由大国主宰,可以灵活而有效地处理各种具体事务,以维持动态的和平局面;而新外交反对均势,试图依据绝对公正的标准,建立一个国家不分大小一律平等的新体制,这在实践中有可能会造成混乱。②

尽管英国学派的学者总体上并不看好新外交的实践价值,但他们对于传统外交的衰落却持不尽相同的态度。巴特菲尔德对这一现象扼腕叹息。作为历史学家的他始终认为,当下发生的所谓变革远比不上18世纪外交家需要面对的新挑战。一战后之所以兴起如此浪潮,应归咎于政治家对大众的谄媚,以及当代人对历史智慧的忽视。③与巴特菲尔德的极端态度相比,布尔在这一问题上的看法就显得中庸而持重。他指出,虽然外交及外交官在当今世界的作用难以和17、18世纪古典外交的黄金时期相提并论,但传统的外交机制是世界上所有国家的共同财富,它能够适应国际环境的变化,并继续发挥积极作用。④

---

① Herbert Butterfield, The Balance of Power, in Butterfield, Wight(eds.), *Diplomatic Investigations*, Cambridge: Harvard University Press, 1985, p.140, p.143.

②③ Herbert Butterfield, Morality and an International Order, in Brian Porter(ed.), *The Aberystwyth Papers: International Politics 1919-1969*, London: Oxford University Press, p.342.

④ [英]赫德利·布尔:《无政府社会——世界政治秩序研究》(第二版),张小明译,北京:世界知识出版社2003年版,第135~137页。

（三）大国

作为国际关系理论的传统主义范式之一，英国学派十分看重大国的作用。所谓大国（great powers），按照布尔的界定，就是指体系中的某些实力相差不多，并被认为具有某些权利和义务的国家。大国凭借强大的实力影响国际秩序，协调彼此间的关系，维持整体均势，处理国际危机，使国际关系简单化。①

大国作为国际社会的主要行为体，不可避免涉及合法性问题。在英国学派看来，大国往往通过四种途径来保证自身的合法性：其一，不使自己的特殊地位正式化和明确化；其二，努力避免采取引人瞩目的破坏秩序的行为；其三，必须满足世界上某些公正变革的要求；其四，在地区范围内，与二流大国共同维持地区秩序。②

（四）不干涉原则

将不干涉原则作为国际秩序的维持机制的理念，是由文森特提出来的。作为社会连带主义者，文森特特别关注国际社会中个人的权利。他认为，在国际社会中，个人权利必须依靠国家的保护才能得以实现。显然，在国际无政府状态下，要形成并维持某种秩序，国家之间就必须首先尊重彼此的自治，承诺互不干涉内部事务。③

在国际现实中，不干涉原则对国际社会的整体稳定起着重要的作用。一方面，在两个超级大国对峙的大背景下，不干涉行为保证了强国的势力

---

① ［英］赫德利·布尔：《无政府社会——世界政治秩序研究》（第二版），张小明译，北京：世界知识出版社2003年版，第160~162页，第166~169页。

② 同上，第183页。

③ R. J. Vincent, *Nonintervention and International Order*, Princeton: Princeton University Press, 1986, pp.330–333.

范围不被他方侵犯;另一方面,不干涉原则并非只是某种道义上的义务,而是现实政治的必然结果,它作为一种机制为国家间的交流提供了契机。①

综上所述,我们发现在探讨国际秩序的维持机制时,英国学派认为,国际秩序稳定与否取决于三个要素。首先是"共有文化"。这是英国学派始终强调的重要概念。在它看来,国际社会中存在一些共同准则和习惯——共有文化,它们在国家交往过程中逐渐形成,虽然难以界定,但事实上隐藏于国际法和国际惯例中。正是这种共有文化的存在,独立的国家方才联接成为国际社会。②其次是国际制度。英国学派认为,国际制度是秩序不可或缺的内部要素,但值得注意的是,它看重的是诸如联盟、外交和战争等这样一些在实践中产生的行为模式,而非国际联盟或联合国这样的客观存在的制度。因为前者凝聚了成员的共识。至于人们通常关注的那些有形的国际制度,在英国学派的学者们眼中似乎没有什么价值。他们认为,面对纷繁复杂的国际政治现实,任何僵化保守的制度安排都是对均势的破坏,并威胁着秩序的维持。③最后是权力。英国学派毫不讳言权力对于国际秩序的重要价值。它认为,即便在国际社会发展的当今阶段,仅凭制度和共识依然无法避免成员对于稀缺资源的争夺,因而权力是界定利益的有效手段。

三、英国学派国际秩序观的内部差异与内在矛盾

尽管在上文中我们始终将英国学派作为一个整体来看待,但很显然,

① R. J. Vincent, *Nonintervention and International Order*, Princeton: Princeton University Press, 1986, pp.333–335.

② Martin Wight, Western Values in International Relations, in Butterfield, Wight (eds.), *Diplomatic Investigations*, Cambridge: Harvard University Press, 1966, p.103.

③ Herbert Butterfield, The Balance of Power, in Butterfield, Wight (eds.), *Diplomatic Investigations*, Cambridge: Harvard Uniersity Press, 1966, p.146.

该学派中的不同理论家对国际秩序的认识是存在差异的,甚至相互抵牾。这既与理论家的研究侧重点有关,也与理论的发展进程有关。巴特菲尔德认为,秩序的威胁只有一个,那就是暴力冲突的发生,因此希望通过维持秩序实现国家的独立自主。他提出的三项秩序维持机制(包括均势、传统外交和国际制度)①完全是客观化的机制,看不到"人"的影子,并且其灵感和素材完全来源于17、18世纪的欧洲历史。要解释巴特菲尔德对现实的这种悲观态度,就要联系其安全困境的思想。在他看来,安全困境根植于人性,无法消除。也正因为这一点,巴特菲尔德在自己的国际秩序思想中只为正义保留了一点空间。他在提及均势的正义性时之所以显得不自信,就在于他认为,均势可能是唯一一种能够保证小国生存的制度。

相比之下,怀特的态度显然要乐观一些。这与他推崇中间道路、对人类理性抱有足够的信心有关。在界定秩序时,怀特尤其强调共有观念这一主观因素,并主张以国家间的共识确保国际机制的合法性。他认为,国际秩序的目的不仅包含巴特菲尔德强调的共存,还应包含国家间顾及长远利益的共处。

在维持国际秩序的目标方面,布尔显得更加信心十足。他提出,秩序的目标不仅包含前述理论家提到的共存共处原则,还应包含人类最基本的生存权、财产权、信守承诺的责任等。这或许是缘于20世纪六七十年代第三世界在国际舞台上的崛起,亦或许是因为布尔认为这些基本权利进一步巩固了秩序的合法性。显然,为了实现如此目标,仅靠均势、共识等主客观原则是很困难的。因此,布尔将法律因素加入进来,作为约束国际秩序的手段。在论及秩序与正义的关系时,布尔将正义与国际制度的合法性

---

① See Herbert Butterfield, The Balance of Power, in Butterfield, Wight(eds.), *Diplomatic Investigations*, Cambridge: Harvard University Press, 1985, pp.140–142; Herbert Butterfield, Morality and an International Order, in Brian Porter(ed.), *The Aberystwyth Papers: International Politics 1919–1969*, London: Oxford University Press, pp.347–348.

相提并论，认为如此一来正义与秩序的矛盾将消融在制度之中。

与前几位理论家相比，文森特的国际秩序观多少有点离经叛道的倾向。他首先否定了前辈一直坚持的多元主义立场，转而以个人作为理论的出发点。结合布尔的思想，文森特指出，秩序的目的仅仅在于保证个人在生命安全、协议遵守和所有权方面的基本权利。他提出的维持秩序的制度也不同于他人。除了均势这一经典机制外，还包括政权合法性、国内正义及不干涉原则。如此，文森特将正义划归为两个层次，首先在国内层次，国家政权是否具有合法性的标准在于它是否满足了个人的基本权利，如果基本人权没有得到保证，那么问题便转移到了国际层面，他国因此有权违反不干涉原则，以保护对象国国民的基本权利。

根据上述分析，我们大体可以勾勒出英国学派国际秩序观的内在机理，并发现其隐含的内在矛盾。

一方面，英国学派的国际秩序观中隐含着欧洲中心主义与普遍主义的矛盾。我们发现，随着思想的逐步成熟，英国学派所设定的国际秩序的目标由共存到共处再到和谐发展，其内涵越来越宽泛；与此同时，它又在国际秩序的维持机制中逐步加入了更多的主观因素。这一点其实并不难理解。要实现更高程度的有序生活，必然要求社会内部成员有更多的共识。然而理论的危机就此隐然产生了。这是因为，共有观念一旦形成就必然塑造出它的外部对立面。只有当外部的他者与内部的主体构成一种紧张关系时，共有观念才是稳定的。就国际秩序来说，内部主体对秩序的期望程度必然逐步提高，而这又进一步要求强化内部观念的认同度。从怀特强调国家间基于长远利益的共识，到布尔对人类基本权利的重视，就是这种逻辑的理论表现。接下来的问题是，这种共识的对立面是什么呢？显然这种共识根植欧洲思想的西方价值观的对立面，只能是非西方世界。由此，便形成了以西方价值体系凝聚在一起的西方社会（主体）与其他未接受西方价值体系的非西方国家之间（他者）的二元对立。与此同时，英国学派理论中的多元主义倾向加深了这一矛盾，因为在以国家为基本分析单位的理论中,西方的价值体系自然转化为西方大国的价值观,国际正义必然会被权力掩盖的合法性所吞噬。在此基础上形成的国际秩序本质上只能是西方国家间的秩序,并将面临非西方世界的恒久威胁。前文曾提到,布尔的理论体系最为完备，其中包括人类社会发展和现实国际社会的各种影响要素。但同时需要指出的是,布尔的理论也最为脆弱,他用西方价值体系考察人类整体历史发展的努力,将会导致国际秩序理论的解体。文森特极其敏锐地注意到了这一点。他在《人权与国际关系》一书中提到了人类学家坚持的"多元文化主义"。可惜的是,他并没有充分意识到该理论更大的价值。在文森特的思想中,多种文化的平等共存带有不可控性,是不稳定的。①他试图打破国家的藩篱,提出一套基于个人的基本权利,建立一种包含所有人类在内的世界秩序。但作为一个西方学者,他或许并没有意识到所谓生命安全、协议遵守和所有权等基本权利依然是源于西方的自然法传统,在"他者"的世界中,完全可能存在另一种"需要层次理论"。故而，社会连带主义倾向并没有也不可能从根本上解决英国学派国际秩序观的内在矛盾。

另一方面,英国学派的国际秩序观还具有历史主义的局限性。英国学派的学者习惯于从历史中寻找现实问题的解决之道，也乐于在历史与现实间建立种种微妙而精巧的联系。怀特的那段以"如果托马斯·莫尔或亨利四世来到1960年的英国和法国……"为开头的名言,已经成为学者们评论传统主义时最常用的引言之一。英国学派这种研究方法,确实有助于我们发现现实对历史的继承性。但现实毕竟不是历史的循环往复。面对第三世界的兴起,怀特、布尔等人曾试图用国际正义的概念消解第三世界的要求。但这样做势必造成价值背后权力与秩序相对立的不良反应。而面对恐

---

① 参见[英]R.J.文森特:《人权与国际关系》,凌迪、黄列译,北京:知识出版社1998年版,第50~79页。

怖主义、跨国犯罪等一系列全球化带来的弊端时,如果该学派学者仍试图将其与19世纪维也纳体系抵御革命浪潮相提并论的话,显然是没有说服力的。事实上,在英国学派的著述中,我们可以发现:每当论及均势、传统外交、共识这些国际秩序的维持机制时,学者们往往显得信心满满,议论风生,阐述充分;一旦论及国际法、大国等机制时,则常常表现得犹豫不决,欲言又止,笼统宏观。

四、英国学派与天下体系理论的秩序观比较:发现关于国际秩序的另一种思考框架

天下体系理论是当代中国哲学家赵汀阳提出的,其思想基础和理论来源是中国传统政治哲学,以及梁漱溟、费孝通等现代学者关于中国文化的深刻认识。这是近年来中国学术界在多学科、多角度、多层次探讨国际秩序问题的过程中产生的具有原创性的理论成果。本文之所以在此涉及天下体系理论,并进行比较研究,不是因为它提出了关于国际秩序的成熟理论形态,而是因为它新颖、别致的思维方式有助于我们跳出包括英国学派在内的西方国际关系理论的窠臼,借助中国传统政治哲学的理念,去建构关于国际秩序的新的系统认识。

赵汀阳认为,西方国际理论中从来不曾存在世界理念和世界制度。因为世界理念和世界制度指的是以世界为本位的价值观和秩序,而当前流行的种种国际理论从来都只考虑国家利益,它们的"世界思维"只不过是推广自己的特殊价值观,它们始终用自己的体验思考世界,而不是"从世界去思考"。[1]就像我们不能运用国家层次的思维方式解决系统层次的问题一样,西方学者也无法用国际政治理论解决世界秩序的问题。比如,面

---

① 参见赵汀阳:《天下体系——世界制度哲学导论》,南京:江苏教育出版社2005年版,第4页。

对全球化席卷世界之势,对于非传统安全问题,在上述西方的理论中很难找到应对之道。根源就在于,这些问题涉及西方价值与非西方价值的差别与碰撞。对于这一矛盾,除了采用一种更具包容性的视角去思考、去化解,大概没有别的办法。

鉴于西方理论的缺陷源于其根深蒂固的思维模式和传统价值观,因而要想做到"从世界去思考",就需要运用新的分析框架去颠覆传统的西方理论。这就是赵汀阳提出天下体系理论的最主要动因。为使行文简洁并便于理解,我们将这一具有丰富内涵的理论抽象为一种典型的国际关系理论框架:坚持整体主义的本体论,以天下作为分析单元,其目的在于解释世界秩序是怎样的。此前,理论界一般认为英国学派在本体论上属于整体主义,因为它强调国家之上的共有观念和国际社会,但与天下体系理论相比,这种整体主义显然并不彻底。

赵汀阳指出,"世界"必须是一个至高而广涵的概念,它包含时间和空间两个维度,只有这样我们才能"从世界去思考"。中国传统政治哲学中常用的"天下"一词,所表达的就是这种意义上的"世界"概念。对于中国文化而言,"天下"既是一个空间概念,也是一个时间概念。作为空间意义上的"天下",指"天底下所有土地",包括人类居住的整个世界。①与之相连的是"无外"原则。既然天下包括所有人类生存的地理范围,也就表明没有任何异类能逃逸于"天下"之外;作为时间意义上的"天下",强调它的永恒性质。这就涉及体系的进程以及天下体系的运行规律。中国传统社会结构的特点体现为家国同构:由天下到国再到家,内部的运行规律是相同的,遵循"天人合一"的理念,并且家、国的价值远远高于个人,从而将个人利益消融于集体之间。在这个过程中,存在一种封闭的循环,即从"天下"到

① 赵汀阳:《天下体系——世界制度哲学导论》,南京:江苏教育出版社2005年版,第41页。

"家"体现出结构的相同,从"个人"至"天下"体现为一种理念上的同一性。①在这种结构与理念构成的循环中,人类社会不论如何变化,都能够被纳入天下体系之中。

将天下体系与英国学派的国际秩序观相比较,我们能够发现两者在以下两个方面存在着本质的差异:

其一,两者对于世界的构成有着不同的理解。虽然英国学派注意到国际政治具有主体间性的一面,但是在深入阐释国际秩序的时候,他们则以国际关系行为体个体(或是国家,或是个人)的利益来解释前者的合理性。这一点与美国主流国际关系理论相似——毕竟两者都根源于西方文化的自然法和个人权利观念。在这种观念的影响下,英国学派将国际秩序看作国际体系中的一个发展阶段,认为随着国际体系的演进,国际秩序的内涵会发生变化,秩序的维持机制也会发生相应的改变。而天下体系理论则坚持以世界为本体,认为"世界"应当被理解成物理世界(大地)、心理世界(人民的共通心意)和政治世界(世界制度)的三重统一体,而并非各种行为体和要素的简单相加,且有着特殊的内部运行规律。我们研究世界秩序时,应该超越国家视界,从世界性(worldness)而不是国际性(internationality)上理解与感知人类社会内部蕴含的发展逻辑。

其二,两者对于国际进程的解释方式不同。英国学派坚持历史主义的研究方法,以人类史为背景,用发展的态度看待国际政治,认为国际现实既是历史发展的结果,也是其中的一个过程。对于美国主流理论家们热衷于发现国际结构的运行规律的偏好,英国学派的学者不以为然,他们坚持认为国际结构从属于国际进程。对于国际现实中出现的新现象,英国学派的学者一般先试图联系历史,判断这是否只是历史事实的一个变种。如果得出否定的答案,这些学者便会退居幕后,把这些新的问题留给人类的理

---

① 赵汀阳:《天下体系——世界制度哲学导论》,南京:江苏教育出版社2005年版,第52~56页。

性与未知的影响因素,冷眼旁观它的发展走向。在天下体系理论中,赵汀阳也关注历史,因而同样重视进程因素。但是他坚持认为,历史解释对于解释历史是不够的,对于设想未来就更加不够了。虽然历史研究对于所有人文社会科学是必需的,但却决不充分,因为人们毕竟不是根据历史而是根据思想的可能性来进行思维和做出关于未来的决定的。具有完整的、全方位意义的"世界"概念,既是地理学意义上的整体,也是政治学上的整体;既是空间上的,也是时间上的。它包容一切,无远弗届,并且形成了一个封闭的循环。与这一意义饱满的厚重概念相比,英国学派笔下的"国际秩序"概念在内涵上要稀薄得多,并且只能算作一条起点已知、终点未知的线。

由此我们发现,天下体系理论一并解决了英国学派的秩序理论遭遇的两重难题:一是主体与他者的对立。在天下体系理论中,所谓的主体与他者都只是天下的组成部分,"与本土不同的他乡只是陌生的、遥远的或疏远的,但并非对立的、不可容忍的和需要征服的"①。在这种思维模式中,不同国家、民族之间的冲突只是地方之间的矛盾,而不是包括英国学派在内的西方理论所认为的民族或是文明之间的矛盾。这种关系界定模式保证了世界的整体性与文化的多样性。二是无法解释体系的发展与进程。在天下体系中,从天下到个人形成了结构与理念的合一,历史变革的动力来源于体系,也终将消散于体系。

当然,相对于英国学派的国际秩序观,天下体系理论在秩序问题的探讨上也存在着致命的缺陷,那就是它的理想主义倾向。此外,它在解释单元层面上国家与世界秩序的互动关系方面也存在特殊的困难。对于这些问题,赵汀阳是清楚的。他曾直言:天下是个乌托邦,而"不管怎样的乌托

---

① 赵汀阳:《天下体系——世界制度哲学导论》,南京:江苏教育出版社2005年版,第51页。

邦都不同程度地有它不现实的方面"[1];天下体系理论是任何可能的世界制度的形而上学,它试图用哲学来分析世界政治问题,而哲学感兴趣的不是历史事实是什么样的,而是最好的理论可能是什么样的。但无论如何,天下体系理论为我们提供了理解世界、探讨国际秩序问题的另一种路径———一种人们尚不熟悉或者说尚未充分理解,但却具有更大分析尺度和更远大的眼光的分析框架;它所体现出的包容性、前瞻性也使其具有巨大的发展潜能。

五、结语

前文的研究表明,英国学派的国际秩序观在概念界定、国际秩序维持机制的探讨等方面,均有独到的观点、鲜明的特色和重要的学理价值。但英国学派的学者们在国际秩序观方面也存在一定的差异与内在矛盾。中国哲学家赵汀阳提出的天下体系理论触及秩序问题, 所形成的基本观点与英国学派的国际秩序观存在根本差异, 但在一定程度上克服了后者的缺陷,为理解和解释国际秩序提供了新的框架。

更进一步看,无论是英国学派的国际社会理论,还是天下体系理论,抑或是美国的诸种主流理论, 它们关于国际秩序的思考都只能说是初步的,虽然各具价值,但也都不同程度地存在局限和缺失。对于国际关系学界来说,面对因传统大国相对衰落、新兴大国群体性崛起而产生的国际秩序革命性变迁的可能性态势,面对因全球化深入发展、国际关系的社会性因素凸显而导致的社会秩序受到更大关注的现实状况,如何基于丰富、系统而不是贫瘠、零散的历史经验,洞悉复杂多变的国际现实的发展趋势,批判地吸收既有的各种国际秩序观的合理成分,恰当地处理传统霸权、新

---

① 赵汀阳:《没有世界观的世界——政治哲学与文化哲学文集》(第二版),北京:中国人民大学出版社2005年版,第8页。

兴力量与国际秩序三者之间的关系，恰当地处理体系性因素与社会性因素的关系，恰当地处理个体、群体（包括民族、国家、区域）与世界的关系，建构新的具有广泛包容性和巨大影响力的秩序观，以在全球范围内实现人类期盼的持久和平、共同繁荣的和谐秩序的目标，将是未来一段时间研究的重点课题之一。

朝贡体系下古代东亚秩序形成与维系的内在逻辑

——批判地借鉴英国学派的分析方法[①]

王存刚　刘　涵

受地理环境因素的制约与地区发展长期趋势的影响,古代东亚[②]地区在发展过程中形成了一个不同于近代西欧地区的封闭、独立的国家体系——朝贡体系,并衍生出了维系该体系的相关制度。[③]19世纪初叶西方文明大规模入侵,这一独特的国家体系被强行终止,东亚国家也先后被纳入以主权为基本原则的条约体系——欧洲国际关系的扩展版——之中。但值得注意的是,该地区国家间的关系并未随着交往规则的转变而成为欧洲国际关系的翻版。这一问题成为研究者的一大困惑,并引发了多角

---

① 本文原载于《国际安全研究》2013年第4期。

② 目前学界对于"东亚"这一概念存在较大分歧。本文赞同费正清的定义:东亚由中国、朝鲜、越南、日本及小岛琉球地区组成,这些地区是由古代中国分演出来,并且是在中国文化区域内发展起来的。参见[美]费正清编:《中国的世界秩序:传统中国的对外关系》,杜继东译,北京:中国社会科学出版社2010年版,第1页。

③ Martin Wight, *Systems of States*, edited with an introduction by Hedley Bull, Leicester: Leicester University Press, 1977, p.23.

度、多层次的研究,产生了众多理论成果,但迄今尚未达成共识。①

在笔者看来,要破解这一困惑,必须回到历史进程之中,搞清楚古代东亚国家的交往模式及地区秩序得以形成与维持的内在逻辑。由此出发,笔者将综述和评估英国学派关于朝贡体系的研究成果,探讨英国学派在方法层面对本文研究主题的适应性,在批判性借鉴的基础上尝试利用该方法解释古代东亚秩序形成和维系的内在逻辑,并尝试发展既有的理论。

一、英国学派视野中的朝贡体系:主要观点与简要评价

长期以来,英国学派恪守历史主义研究路径,始终将国际社会作为研究重心,通过对欧洲国际关系历史经验的长期考察,试图解释国际社会的构成与扩展,②由此创建了一套分析国际社会的理论框架。③在该学派著作

① 相关研究成果包括:John King Fairbank and Ssu-yu Teng, On the Ch'ing's Tributary System, *Harvard Journal of Asiatic Studies*, Vol.6, No.2, 1941, pp.135–264; John King Fairbank, Tributary Trade and China's Relations with the West, *The Far Eastern Quarterly*, Vol.1, No.2, 1942, pp.129–149; John King Fairbank(ed.), *The Chinese World Order: Traditional China's Foreign Relations*, Cambridge, Mass: Harvard University Press, 1968; 喻常森:《试论朝贡制度的演变》,载《南洋问题研究》2000年第1期;[美]何伟亚:《怀柔远人:马嘎尔尼使华的中英礼仪冲突》,邓常春译,北京:社会科学文献出版社2002年版;[法]佩雷菲特:《停滞的帝国:两个世界的撞击》,王国卿等译,北京:生活·读书·新知三联书店2007年版;陈廷湘、周鼎:《天下·世界·国家——近代中国对外观念演变史论》,上海:上海三联书店2008年版;[日]滨下武志:《中国、东亚与全球经济:区域和历史的视角》,王玉茹等译,北京:社会科学文献出版社2009年版;刘禾:《帝国的话语政治:从近代中西冲突看现代世界秩序的形成》,北京:生活·读书·新知三联书店2009年版;张锋:《解构朝贡体系》,载《国际政治科学》2010年第2期;[美]康灿雄:《中国影响下的文明与国家的形成》,参见彼得·卡赞斯坦主编:《世界政治中的文明:多元多维的视角》,秦亚青等译,上海:上海人民出版社2012年版,第102~128页。

② 参见Martin Wight, *Systems of States*, edited with an introduction by Hedley Bull, Leicester: Leicester University Press, 1977;[英]赫德利·布尔:《无政府社会:世界政治秩序研究》(第二版),张小明译,北京:世界知识出版社2003年版;Hedley Bull, Adam Watson(eds,), *The Expansion of International Society*, Oxford: Clarendon Press, 1984。

③ 参见[英]赫德利·布尔:《无政府社会:世界政治秩序研究》(第二版),张小明译,北京:世界知识出版社2003年版。

中，存在于古代东亚的朝贡体系主要是被作为案例来验证国际社会理论的适用范围，但不同的学者对"国际社会理论是否能用来解释东亚朝贡体系"这一问题存在明显的争议。

以马丁·怀特（Martin Wight）和赫德利·布尔（Hedley Bull）为代表的早期英国学派学者基于对理论边界的保守，认为朝贡体系不在其理论解释范围之内。怀特曾指出，形成国家体系（system of states）有两个基本条件：一是国际交往的参与者是主权国家；二是它们承认彼此的平等地位。而朝贡体系中的东亚国家则遵循完全不同的组织原则。在该体系中，中国始终认为自己应当承担中央权威的角色，周边国家只能接受它的统治。[1]布尔继承了怀特的观点，明确指出在中国与朝贡国所构成的体系中，由于只有宗主国拥有主权，因此国家体系得以存在的基本前提条件——同时存在着两个或两个以上的主权国家——并不具备。[2]所以，布尔认为他的理论并不适于对古代东亚朝贡体系的解释。

布尔之后的其他英国学派学者并不满足其前辈的理论仅能解释近代欧洲的现象，并为此进行了拓展性研究，其中华裔学者张勇进的观点颇富代表性。张勇进曾将朝贡体系作为一种制度来解释中国与周边国家的外交关系。[3]他指出，理解国家体系的内部结构可以通过三个要素：主导国的道德诉求、体系的组织原则和程序正义所遵循的标准。体系的结构凝结了历史与文化传统，所以在这些因素中，主导国家的道德诉求起最主要的作用，它决定后两者的现实形态。[4]古代东亚的朝贡体系以中国为中心，以中

---

[1]　Martin Wight, *Systems of States*, edited with an introduction by Hedley Bull, Leicester: Leicester University Press, 1977, pp.22–23.

[2]　[英]赫德利·布尔：《无政府社会：世界政治秩序研究》（第二版），张小明译，北京：世界知识出版社2003年版，第8~9页。

[3]　Yongjin Zhang, System, Empire and State in Chinese International Relations, in Michael Cox, Tim Dunne & Ken Booth (eds.), *Empire, Systems and States: Great Transformation in International Politics*, Princeton, N. J.: Princeton University Press, 1999. pp.51–58.

[4]　Ibid., p.56.

国传统的儒家文化为哲学基础，中国作为整个体系的文明中心有责任维持体系秩序的稳定。在这样的道德诉求下，朝贡体系的组织原则是等级制的，程序正义以"礼"为标准。张勇进还指出，古代东亚的朝贡体系本身是一种松散模糊的制度安排，既不存在绝对的边界，也不存在宗主国与朝贡国之间的决然对立。评判中国与朝贡国关系远近的唯一标准，是按朝贡国接受中国文明的程度将其区分为内夷（inner barbarians）与外夷（outer barbarians）。[①]其内容包含了贸易、结盟、外交等一系列的交往方式。总体上看，张勇进试图克服英国学派的早期理论家在对待以中国为中心的东亚朝贡体系时所表现出来的西方中心主义倾向，尝试把朝贡体系纳入到自己对国家体系的研究之中。[②]

但是，张勇进的研究也存在明显的缺陷。这主要体现在以下两点：第一，假定中国传统的儒家文化对朝贡体系的结构起着主导作用。但事实上，这只是古代中国统治者一厢情愿的设想，并未得到朝贡国的普遍认同。在实践中，朝贡国之所以愿意承认中国的主导地位，是基于现实因素和自身利益的考虑。第二，认为朝贡体系包含的范围不确定，是一个模糊而有弹性的制度。之所以确立这样的认识，是因为张勇进将与朝贡制度并列的其他古代东亚的地区制度包含在了前者之中，考察范围过于宽泛。总之，由于忽略了对朝贡国行为逻辑的考察，脱离"西方中心主义"窠臼的张勇进又陷入"中国中心主义"的困境。

上述概要的分析显示，英国学派的国际社会理论在对古代东亚朝贡体系的分析方面并不成功。那么，是哪些因素限制了英国学派的解释力？我们是否还能从该理论中发现可供借鉴的因素，以发现东亚秩序形成与

---

① Yongjin Zhang, System, Empire and State in Chinese International Relations, in Michael Cox, Tim Dunne & Ken Booth (eds.), *Empire, Systems and States: Great Transformation in International Politics*, Princeton, N. J.: Princeton University Press, 1999. p.55.

② 张小明：《国际关系英国学派——历史、理论与中国观》，北京：人民出版社2012年版，第238页。

维持的内在逻辑?

二、英国学派研究方法的适用性:分析与借鉴

如前所述,英国学派长期致力于国际社会的研究,它的历史经验源于近代欧洲的国际关系,它的研究成果也被认为更适用于分析近代欧洲国际社会的现实。这一切都与传统欧洲国际关系的特点有着直接的关系。传统欧洲的国际关系是一个封闭的国际体系,构成该体系的各成员国的文明具有同质性,由此产生的种种国际制度有限而确定。观察古代东亚的国家体系,我们可以发现,这一体系由于未受区域外的强国干预,与区域外的国家联系较少,因而具有相对独立性,结构也较为简单。所以,古代东亚国家体系与近代欧洲的国际社会具有某种程度的相似性。由此,运用英国学派的分析方法解释古代东亚国际秩序具备一定的可行性。但需要说明的是,本文并非试图将英国学派的理论成果与古代东亚现实做机械的结合,而是在综述英国学派分析国际秩序的理论框架的基础上,将其理论分解为观点、理论与方法三个维度,并抽离出可资利用的合理成分。

英国学派国际秩序观的核心观点可以归纳为如下基本判断[1]:国际秩序稳定与否取决于共有文化和国际制度这两个层次的要素。共有文化包括共同准则与习惯,它们难以界定,但却始终存在于国际法和国际惯例中。正是由于共有文化的存在,独立的国家才联结为国际社会。[2]国际制度是国际秩序不可或缺的内部要素,其中最重要的是在实践中产生的行为

---

① 参见刘涵、王存刚:《论英国学派的国际秩序观——兼与天下体系理论的秩序观比较》,载《国际论坛》2011年第6期。

② Martin Wight, *Systems of States*, edited with an introduction by Hedley Bull, Leicester: Leicester University Press, 1977, pp.26–27; [英]赫德利·布尔:《无政府社会:世界政治秩序研究》(第二版),张小明译,北京:世界知识出版社2003年版,第54页。

模式,例如外交、均势等,它们凝聚了成员的共识。①至于人们通常关注的那些有形的国际制度(例如国际联盟、联合国等),在学者们眼中则没有什么价值,因为他们相信面对复杂的国际现实,任何僵化保守的制度安排都将威胁秩序的维持。联系近代欧洲的现实,其共有文化体现为对主权观念的普遍认同。在这种共识下,国际秩序是一种稳定的格局,它保证着行为体享有生存权及参与国际交往的权利。作为一种社会事实,国际秩序的存在与延续都需要有相应的维持机制,这些机制包括均势、传统外交、大国、不干涉原则四个方面。②

基于英国学派国际秩序观,我们尝试将其分离为三个维度,并分别考察它们对解释古代东亚国家体系的适用性。

第一,具体观点维度。英国学派关于国际秩序的具体观点主要基于对近代欧洲国际体系的考察。而该体系与古代东亚国际体系存在明显的差别。前者被马丁·怀特(Martin Wight)称为"国际性国家体系"(international states system),它由主权平等的国家构成,散布其中的是无政府状态理念,相应的国际制度能够大体保证成员国的基本权利,大国对地区霸权的争夺在一定程度上受到国际规则的约束。后者被怀特称为"宗主国-国家体系"(suzerain-state system),③它以等级制著称,各成员的地位明显不平等。

① 参见Butterfield, Morality and an International Order, in Brian Porter(ed.), *The Aberystwyth Papers: International Politics 1919–1969*, London: Oxford University Press, 1972, pp.342–345; Martin Wight, Western Values in International Relations, in Butterfield, Wight(eds.), *Diplomatic Investigations*, Cambridge: Harvard University Press, 1985, p.103; [英]赫德利·布尔:《无政府社会:世界政治秩序研究》(第二版),张小明译,北京:世界知识出版社2003年版,第59页。

② 参见Butterfield, The Balance of Power, in Butterfield, Wight(eds.), *Diplomatic Investigations*, Cambridge: Harvard Hiversity Press, 1985, p.146; Martin Wight, Western Values in International Relations, in Butterfield, Wight(eds.), *Diplomatic Investigations*, Cambridge: Harvard University Press, 1985, p.103; [英]赫德利·布尔:《无政府社会:世界政治秩序研究》(第二版),张小明译,北京:世界知识出版社2003年版,第80~183页。

③ 怀特关于国家体系的分类,见Martin Wight, *System of States*, Leicester: Leicester Press and London School of Economics, 1977, ch.1。

位于体系顶端的中华帝国幅员辽阔,内部制度完善,文明程度明显高于周边国家。实力悬殊的周边国家不存在争夺地区霸权的冲动,它们为了生存和发展,自愿接受并积极维护与中华帝国的朝贡关系。[①]因此,在分析古代东亚国际秩序时,我们无法借鉴英国学派的具体观点。

第二,理论框架维度。前文的归纳显示,英国学派关于国际秩序的理论框架涉及共有文化和国际制度两大要素,每一要素又可以进一步划分为若干具体方面。这一理论框架同样基于近代欧洲的实践。在共有文化方面,近代欧洲国家在三十年战争后普遍认同主权观念,在交往中承认彼此是平等的行为体;保证国家生存权被确立为国际关系的基本准则。在这些共识和准则基础上产生的国际制度相互关联,兼顾了国家间实力的差异特别是小国的基本需求。[②]但古代东亚却并不存在类似的共有文化和国际制度。即便是历史悠久的朝贡体系,也并非源于中华帝国与朝贡国的共有文化,而是在双方基于复杂利益考量而进行的重复交易过程中形成的;各种具体制度之间或不具有相关性,或相关性较弱。可见,英国学派的理论框架也不能被用来解释古代东亚秩序。

第三,分析方法维度。无论如何界定共识和制度,如何看待两者的作用,英国学派的学者在研究国际秩序问题时,坚持从历史事实出发,着力探寻共识与制度之间的关系,形成了"共识促进制度形成"的判断。上述分

---

① 费正清曾写道:"参与中国的世界秩序的异族统治者在与天子接触时,都要遵守适当的礼仪。所有这些礼仪合在一起,便形成了朝贡制度。"参见[美]费正清:《一种初步的构想》,载[美]费正清编:《中国的世界秩序:传统中国的对外关系》,杜继东译,北京:中国社会科学出版社2010年版,第9页。

② 参见Herbert Butterfield, The Balance of Power, in Butterfield, Wight(eds.), *Diplomatic Investigations*, Cambridge: Harvard University Press, 1985, p.140, p.143; Herbert Butterfield, Morality and an International Order, in Brian Porter(ed.), *The Aberystwyth Papers: International Politics 1919–1969*, London: Oxford University Press, 1972, p.342; [英]赫德利·布尔:《无政府社会——世界政治秩序研究》(第二版), 张小明译, 北京: 世界知识出版社2003年版, 第135~137、160~162、166~169、183页; John Vincent, *Nonintervention and International Order*, Princeton: Princeton University Press, 1974, pp. 330–335。

析方法及判断在特定时空范围内，在理论逻辑和历史逻辑两个方面都是成立的。从理论逻辑上讲，如果存在长期互动，某一特定地区的人们在思维习惯、行为模式和集体记忆等方面必然趋于一致，从而表现出某些共性。这些共性汇聚到一起便形成了某种文化。文化在思维方式上的外在表现就是共识，落实到实践中便化作了制度。就历史逻辑看，近代欧洲各国在长期互动中的确形成了有关国家基本权利、基本义务的共识，并承认维持秩序的稳定是保证所有国家生存的必要条件。那些发端于实践的制度尽管并非总是表现为明确的条目，但已化作普遍接受的基本规则，指导着近代欧洲国家间的交往。因此，英国学派分析国际秩序的方法是有价值的。

因果关系的基本规律告诉我们，"观念与制度的关系"在现实中也许并非只有英国学派所固守的"共识促进制度形成"这种单一向度，还可能是反向甚至是双向的。如果上述判断成立，那么我们就可以将英国学派的分析方法借鉴到对古代东亚的分析中去，而不必担心理论之于现实的水土不服。

三、朝贡体系下古代东亚秩序形成与维系的内部逻辑：以中国与朝鲜长时段朝贡关系为个案的探究

在完成了上述理论准备之后，我们将回归古代东亚国家关系实践的讨论。通过上文对英国学派国际秩序观的分析，我们意识到秩序的维持需要依靠多种制度作为支撑，而制度的形成源于共有文化的存在。但客观事实是：东亚虽不存在英国学派话语中的共有文化，但却在朝贡体系之下形成了特有的地区秩序。

在进行理论分析之前，有必要简要地梳理一下朝贡体系形成与扩展的历史。

朝贡体制是由中国西周时期的封建制度发展而来的。西周初年，周王

通过分封制度稳定了内部统治局面。而后在向外征讨的过程中,周王运用军事手段使本政权内部的分封制度外化,将周边地域以亲疏远近为标准划为五服。①秦王朝建立政权后,统治者开始以国家为单位展开与其他政权的交往。秦王朝短命而亡,继之而起的西汉政权在对外关系方面所面临的最重要的问题,就是如何处理与外部游牧民族——尤其是与匈奴——的关系。它所采取的方法是恩威并用,但在不同阶段各有侧重。在汉强匈弱的时期,汉朝统治者在处理与匈奴关系时沿袭西周的服事观和封建制度,并逐渐变和亲为朝贡制度,确立了册封、质子入朝等一系列制度安排。东汉时期,中国已发展成为东亚最为强盛的帝国,在文明发展程度上远高于当时的周边国家和部族。实力的悬殊、地理的毗连,使得后者在经济、政治、文化等方面均有求于前者,并在相互交往中自愿或被迫地遵守由前者确立的华夏礼制。朝贡体系的范围因之由匈奴、西域而扩展到日本、东南亚、南亚等地。②至此,以中华帝国为中心的朝贡体系在东亚地区初步形成;后经历代发展,至清朝前期达到全盛,相关制度安排与利益规定也详尽而严格。

朝贡体制的发展史表明,该体系自发端开始就是以中华帝国为主导的,其文化基础是中国自西周时代即已形成的一套以天子为中心的等级制的国内政治观念。在儒家文化的作用下,这套观念配合周朝形成的行政组织模式,使得国内的政治理念自然转化为以中华帝国为中心的等级制世界观。在基于这套观念而形成的等级制国际体系中,中国的皇帝居于顶端;中国则作为天下的典范,对维持秩序负有责任。③受此影响,中国对于

---

① 参见钱穆:《国史大纲》(上册),北京:商务印书馆2008年版,第36~46页。

② 参见李云泉:《朝贡制度史论——中国古代对外关系体制研究》,北京:新华出版社2004年版,第21页。

③ 参见Yongjin Zhang,System,Empire and State in Chinese International Relations,in Michael Cox,Tim Dunne & Ken Booth(eds.),*Empire,Systems and States:Great Transformation in International Politics*,Pinceton,N. J:Princeton University Press,1999,p.53.

世界的理解已无内外之区分,如果天子的至尊地位得不到外部承认,那么其国内统治的合法性也将遭到挑战。①据此,朝贡体系这一影响深远的制度得以产生。

进而言之,朝贡体系作为在中国文化语境下形成的国际制度,其目的在于维护中国治下的秩序。而在缺乏共有文化的前提下,朝贡国显然没有理由帮助维护这一制度。换句话说,我们可以理解古代中国统治者愿意维系朝贡体制的内在动力,但仍无法解释为何朝贡国愿意维系该体制。而想要得到后一问题的答案,我们需要转换研究对象,从朝贡国的立场去认识。为此,笔者选取古代朝鲜作为重点研究案例。理由是,中国与朝鲜的朝贡关系不仅存续时间长,而且更为密切,是东亚朝贡关系的典型案例。②

中国与朝鲜半岛地区的交往可以追溯到前秦时期,当时朝鲜半岛尚未形成国家,这一状况延续到秦汉以后。战国时期,朝鲜半岛部分地区被纳入中国版图。西汉时期,汉武帝在朝鲜半岛设立四郡,扩大并巩固了中国在朝鲜半岛的行政体制。③随着汉朝的崩溃,中国对朝鲜半岛的控制也逐渐衰弱,后者逐渐摆脱了中国的实际控制,形成了高句丽、百济、新罗三个政权。这一阶段可被视为中朝朝贡关系的开端。面对朝鲜半岛形成国家的事实,中国统治者不再将朝鲜半岛视为自己的属地,而是要求该地区诸政权承认中华帝国的中心地位。这种状况一直持续到唐代。当时,由于高句丽和百济表现出对中国的离心倾向,唐王朝支持长期与自己维系密切关系的新罗吞并了上述两个政权,统一了朝鲜半岛。④至此,中国与朝鲜确

① 参见赵汀阳:《天下体系——世界制度哲学导论》,南京:江苏教育出版社2005年版,第41页、第52~56页。

② 参见付百臣主编:《中朝历代朝贡制度研究》,长春:吉林人民出版社2008年版,第11~12页。

③ 杨军、王秋彬:《中国与朝鲜半岛关系史论》,北京:社会科学文献出版社2006年版,第91、92页。

④ 高明士:《天下秩序与文化圈的探索——以古代的政治与教育为中心》,上海:上海古籍出版社2008年版,第147页、第150~152页。

立了两个国家间较为稳定的宗藩关系。其后,虽然双方都经历了长期内部动乱,但这种朝贡关系却基本得以保持。①至明朝,汉族统治阶级重新统治中国,对内以恢复正统的纲常礼纪为己任,对外试图改善与周边国家的关系,其中,更将朝鲜列为15个不征国之首。②受此影响,明朝存续期间的中朝朝贡关系在制度上得以进一步完善,并且余泽绵延。即便在清朝武力征服朝鲜,迫使后者向清朝称臣纳贡后,明朝的制度也大体保留了下来。值得一提的是,在中朝长期交往的过程中,朝鲜半岛逐渐认同了中国的华夷观,继而形成了自己的"华夷观"。只不过这种"华夷观"是以朝鲜为中心,将除中国以外的相邻民族视为蛮夷。甚至在李氏朝鲜时代,朝鲜将自己视为地位仅次于中国的"小中华",开始构建自己的朝贡体系。③

在简要梳理了中朝的朝贡关系后,我们发现,排除中国政权以武力逼迫朝鲜归顺的个别情况,在更长时期内是朝鲜自愿维持与中国的朝贡关系。它之所以这样做,既有政治考量,也有经济考量。

朝鲜的政治考量之一是维护政权生存。验证这一判断的最典型案例是唐代的中朝关系。在唐代,朝鲜半岛存在新罗、百济和高句丽三个政权,其中高句丽的实力最为强大,且对另外两个政权觊觎已久。对新罗与百济来说,要维护自身生存,就需要获得半岛以外的强大力量支持。毗邻而居的唐王朝就是这样的一种力量。于是,它们分别向唐王朝派出使臣,表示归顺意愿。对于如何处理与朝鲜半岛三个政权的关系,唐朝主要基于维持

---

① 在随后的宋辽金时期,中国内部面临纷争局面。同期,朝鲜对应的是新罗末年的分裂时期与统一的后三国时期。在这一阶段,朝鲜一方面需要来自中国对其合法性的认同,另一方面却难以确定代表中国的政权,这导致中朝的朝贡关系经历了一段调整时期。直至后期金朝取得了对辽的决定性胜利后,高丽才与金朝建立了稳定的朝贡关系。参见付百臣主编:《中朝历代朝贡制度研究》,长春:吉林人民出版社2008年版,第26~28页;刘信君:《中朝与中国和东南亚藩属国朝贡制度之比较》,载《广东社会科学》2011年第1期。

② 参见付百臣主编:《中朝历代朝贡制度研究》,长春:吉林人民出版社2008年版,第101页。

③ 杨军、王秋彬:《中国与朝鲜半岛关系史论》,北京:社会科学文献出版社2006年版,第178页。

力量平衡的考虑。对于承认朝贡体系并与自己长期保持密切往来的新罗，唐朝青睐有加。对百济，虽然其同样承认朝贡体系，也与自己有所往来，但始终存有离心倾向，加之其与新罗存在深刻矛盾，并曾于贞观十六年（公元642年）与高句丽联手打压新罗，因此唐王朝采取的是孤立政策，并最终决意将其消灭。对高句丽，由于初期入朝纳贡的示好姿态，唐朝对其施以怀柔和安抚的政策；后因其桀骜不驯，多次侵扰新罗，并且将日本引入朝鲜半岛，唐朝转而对其连续征伐。最终，新罗在唐朝的帮助下消灭了其他两个政权，统一了朝鲜半岛。①上述史实表明，在古代东亚，中国与周边政权之间的巨大实力差异，一方面为等级制国家体系的生成提供了现实可能性，另一方面也使得在近代欧洲国际社会中长期存在并可被小国加以利用的均势体制难以形成。因此，一旦周边国家或政权需要寻求外部力量的支持，只能选择实力强大的中国。

朝鲜的政治考量之二是证明政权的合法性。验证这一判断的典型案例是朝鲜王朝开国国王李成桂为求得中国皇帝认可，主动与明朝建立朝贡关系。1392年，李成桂夺取政权后即宣称，"以小事大，保国之道。我国家统一依赖，事大以勤，立陵（恭愍王）于洪武二年，服事大明，其表云：'子孙万世，永为臣妾'，其诚至矣"。其后，李成桂以"权知国事"的名义，遣使入明，并以"和宁""朝鲜"两国号请后者决断。其虔诚归附之心昭然于世。②从形式上看，李成桂的上述做法符合我们通常理解的国际惯例，即一国新政权建立后，希望尽快获得国际社会的承认，以体现国际合法性，并塑造有利于自身发展的良好外部环境。但它并不符合英国学派关于国家政权国

---

① 参见杨军、王秋彬：《中国与朝鲜半岛关系史论》，北京：社会科学文献出版社2006年版，第4~8页；李德山：《唐朝对高句丽政策的形成、嬗变及其原因研究》，载《中国边疆史地研究》2004年第12期；张暾：《唐朝与高句丽、百济关系的恶化及其原因》，载《北方文物》2008年第2期。

② 参见李岩：《试论朝鲜近代对华观的嬗变》，载中国朝鲜史研究会、延边大学朝鲜·韩国研究历史研究所编：《朝鲜·韩国历史研究》（第十辑），延吉：延边大学出版社2009年版，第284~285页；简军波：《中华朝贡体系：观念结构与功能》，载《国际政治研究》2009年第1期。

际合法性的标准。按照英国学派的观点，一国政权是否具有国际合法性，在于它是否认同国际社会的共有文化，能否遵守并维持国际秩序的种种制度。很显然，这一基于近代欧洲国家间交往的标准并不能解释包括上述案例在内的古代东亚的现实。在古代东亚，既没有被普遍接受的共有文化，也不存在建立在主权原则下的国际制度。因此，中国周边国家要获得国际承认，只有通过获得中华帝国这一本地区国家体系中最强大的国家的认可来代替。

关于朝鲜积极融入朝贡体系的经济考量，可以通过考察明清时期的史实得到验证。之所以选择这一段史实，与两个因素有关：一是两个朝代相关政策的连续性。相关研究显示，"清朝对于海外国家来华朝贡贸易的政策，完全继承了明朝的相关政策"①；二是这一时期的中朝朝贡关系相对稳定，朝贡关系下的封贡贸易和边境贸易较以往均有较大发展。不过，在上述两种贸易关系中，双方态度和获益并不相同。就中国统治者而言，他们并不在意获得多少实际的经济利益，而更看重朝贡关系的存续及与之相关的政治安全利益。正是基于这一点，清朝不断减免朝鲜的岁贡数额。到雍正六年（1728年）最后一次减免，朝鲜的岁贡数额只有最初的1/10。与此同时，清朝对朝鲜的"回赐"和"赏赐"却在逐渐增加。到清朝末期，朝鲜的"贡品"与清朝的"赏赐"在价值上基本持平。②就朝鲜而言，除了上述政治考量外，经济利益也是它们保持与中国的朝贡关系所要追逐的重要目标之一，并且确实在很大程度上实现了这一目标。朝鲜之所以有如此动机，还与当时中国统治者的另一项政策有关。从明代起，中国统治者开始推行闭关政策，禁止本国民众与周边国家进行自由贸易。如此一来，包括

---

① 陈尚胜：《明与清前期海外贸易政策比较——从万明〈中国融入世界的步履〉一书谈起》，载《历史研究》2003年第6期。

② 参见刘信君：《中朝与中越朝贡制度比较研究》，载《吉林大学社会科学学报》2010年第5期；付百臣主编：《中朝历代朝贡制度研究》，长春：吉林人民出版社2008年版，第149页。

朝鲜在内的周边国家想要与中国进行贸易，便只能借助朝贡体系下的另类交易方式:朝贡国向中国进贡,中国给予朝贡者赏赐。①

以上只是将中国与朝鲜之间的朝贡关系作为个案加以考察。综观其他东亚国家与中国的朝贡关系,我们能够发现它们与中朝朝贡关系有很大的相似性,其原因在于这些朝贡关系的内在逻辑是相同的。

四、结论

在古代东亚地区长期存在的朝贡体系具有鲜明的等级制特点:居于顶端的中华帝国具有强大的综合实力,力量相对弱小的周边国家始终难以撼动其权威。这一特点决定了该体系中的国家之间不可能进行平等的交往,难以形成近代欧洲意义上的共有文化。从本质上看,朝贡体系是由中华帝国主导、并以其特有文化为基础而形成的特殊国际制度。对于该制度,古代中国的周边国家之所以并不排斥,且积极参与其中,甚至帮助维系,是因为古代东亚并不存在如近代欧洲那样成熟的国际体制。面对中国这一古代东亚的实际权力中心,周边国家要实现生存和发展两大基本目标,只有寄希望于同中国发生联系。而中国有着独立的政治体制及自给自足的经济结构,它对外部世界的需求仅限于他国承认其至高无上的地位。基于不同利益诉求,古代中国与周边国家形成了复杂的双边关系,其中每一种双边关系建立的前提都是承认中国至高无上的地位,彼此建立朝贡体系。简言之,由于缺少成熟的国际体制,古代中国对外部世界的制度要求与同期周边国家对外部世界的制度要求,都被包含在双边朝贡关系中。所有双边朝贡关系最终凝聚成一个体系——以中国为主导的朝贡体系,

---

① 付百臣主编:《中朝历代朝贡制度研究》,长春:吉林人民出版社2008年版,第139页。

参与该体系的周边国家接受并认同中国建构该体系的文化理念。①这就是朝贡体系下古代东亚秩序得以形成和维系的内在逻辑。

　　本项研究显示：等级制的古代东亚社会可以在缺乏文化共识的前提下，由中国这一地区强国主导，促成某种功能性的国际制度，以维护该地区的秩序，并在交往过程中反向促成文化层面的认同。由此可以得出如下结论：在缺乏共有文化的国际体系中，通过确立并遵守国家间交往的具体制度，也有可能形成文化层面的共识。这一结论修正了英国学派关于共有文化与国际制度关系的观点。

---

　　① 例如，在明朝灭亡后，朝鲜自认为是儒家文明的最后堡垒，想要继承明朝的朝贡体制，维持"小华"的存在。这一时期的朝鲜儒家学者甚至认为他们继承并守护着南宋的伦理遗产，且以华夷伦理解释朝鲜与满族统治者的关系，形成了"朝鲜中华主义"的理念。同样，日本也表现出这种文化层面的认同倾向。在元代和清代，中国处在蒙古和满族的统治下，这激发了日本代替中国成为东亚中心的意愿。参见简军波：《中华朝贡体系：观念结构与功能》，载《国际政治研究》2009年第1期；郑容和：《从周边视角来看朝贡关系——朝鲜王朝对朝贡体系的认识和利用》，载《国际政治研究》2006年第1期。

论中国负责任大国身份的建构

——基于结构—单元模式的研究①

王存刚　王瑞领②

　　经过四十余年的改革开放,中国的国力显著提升,在国际体系中崛起已成为不争的事实。但对中国崛起的方式、崛起中的中国的对外行为模式,国际社会特别是西方大国心存疑惑和忧虑。这种心态反映在观念层面,就是形式各异的"中国威胁论";反映在实践层面,则是一些国家明示或潜在的防范中国崛起的战略和政策。为了化解这些不利因素,中国政府自20世纪70年代末以来做出了多方面的努力,建构新的国家身份就是其中之一。20世纪90年代中期,中国政府明确地提出了"中国要做负责任的大国"这一重要理念。该理念的形成,是中国政府对1949年以来特别是改革开放以来中国外交实践的总结,是对中国国家身份的重新认识。

　　中国负责任大国的身份能否建构起来呢?现有的国家身份理论是否可以从学理上对中国负责任大国身份的建构进行有力的论证呢?这是亟待中国国际关系学界解决的重要问题。

──────────

　　①　本文原载于《世界经济与政治论坛》2008年第1期,《高等学校文科学术文摘》2008年第2期单篇转载。

　　②　王瑞领,上海对外经贸大学法学院国际关系学系讲师,天津师范大学2004级硕士研究生。

一、现有国家身份理论的不足与本文的分析模式

身份(identity)①一词本来是社会学和哲学的一个概念。20世纪90年代以来,随着建构主义学派的崛起,国际关系学者把身份的概念引入国际关系的研究中,由此出现了文化与身份回归国际关系理论的趋势。国际关系学界关于国家身份的研究分别在结构和单元两个层次上展开,各自视国际体系的结构因素和单元因素为国家身份建构的最重要因素。这两个层次的国家身份理论各有优长与不足。本文将分别作以简要分析。

(一)结构层次的国家身份理论

以温特(Alexander Wendt)为代表的结构层次的国家身份理论认为,国际体系结构是国家身份建构的最重要因素。②

温特在其早期的文章中曾指出,施动者和结构不是相互独立的,而是相互建构的关系,并以辩证统一的方式结合在一起。③而在1999年出版的

① 对于identity的中文译法,国内学术界存在两种不同的意见:王逸舟、李少军、阎学通等人将它翻译成"认同";秦亚青将它翻译成"身份"。刘丰和张睿壮认为,identity"包含特征、身份和认同等多重意思,特征是人或事物的属性,借以认定其所属或类别;'身份'一词在中文里有更多外在(客体对主体)认定的成分,它是一种社会性标识;而'认同'有更多内在(主体对主体本身)认定的成分,具有主体性"。参见刘丰、张睿壮:《关于几个重要国际关系术语中文译法的讨论》,载《世界经济与政治》2004年第10期。笔者认为,尽管"身份"的译法也未全面地反映identity的全部内涵,但却要优于"认同"。因为在建构主义国际关系理论中,identity表示的是个体与他者之间的所属关系,是一种状态,译为"身份"更好些。而identification暗含的是一种行为,译为"认同"更恰当。这样也可以使两者有所区别,免得混为一谈。

② 除温特之外,从结构层次上探讨国家身份形成的学者还有玛莎·费丽莫(Martha Finnemore),参见[美]玛莎·费丽莫:《国际社会中的国家利益》,袁正清译,杭州:浙江人民出版社2001年版。

③ Alexander Wendt, The Agent—Structure Problem in International Relations Theory, *International Organization*, Vol.41, No.3, 1987, pp.335–370.

《国际政治的社会理论》一书中,温特为了创立一个和华尔兹(Kenneth Waltz)理论相竞争的体系理论,遵循了被称为奥卡姆剃刀(Occam's razor)的所谓简化原则,删除了对国家身份形成具有重要影响的国内因素或单元层次因素,强调从体系的结构层次探讨国家身份的形成,而弱化了施动者建构结构的纬度。这样一来,国家身份与结构之间就由原来双向互构的关系几乎变成了单向建构的关系。因此,温特所创设的理论实质上是从结构层次上探讨国际体系性质的体系理论,而不是国家身份理论。齐菲斯(Maja Zehfuss)甚至认为,温特的理论是没有政治内容的身份/认同理论,[①]因为根据德里达的理论,中心不能决定自己,只能由他者决定,而我们知道,国内政治和社会进程是国家主体性和身份构成的第一因素,因此,如果把国内因素略去不谈,虽仍是理性主义理论,但已经不能说明身份建构的主要来源。实际上,温特本人也承认:"一个完整的国家身份理论应该包括大量国内因素的成分。"[②]

应当承认,通过结构层次构建起来的体系理论,其变量关系是清晰的,内容是简约的,架构是优美的。然而,我们判断各种理论形态质量高低的标准,不仅仅在于理论所包含的概念是否明晰而易操作,命题、假设是否有意义,各种判断之间是否能够自洽,内部逻辑是否严整;也不仅仅在于理论是否简洁、优美,从而符合科学哲学对理论形态的一般要求,而在于理论与现实的结合能力,即解释、说明现实的能力,特别是指导人们在实践中取得成功的能力。这种立足于欧美特殊文化背景和历史经验的体系理论是不能解释中国特殊历史经验的,尤其是不能解释改革开放以来

---

① Maja Zehfuss, *Constructivism in International Relation: The Politics of Reality*, Cambridge: Cambridge University Press, 2002. 转引自秦亚青:《译者前言:国际关系理论的争鸣、融和与创新》,载[美]彼得·卡赞斯坦、罗伯特·基欧汉、斯蒂芬·克拉斯纳主编:《世界政治理论的探索与争鸣》,秦亚青等译,上海:上海人民出版社2006年版,第13页。

② [美]亚历山大·温特:《国际政治的社会理论》,秦亚青译,上海:上海人民出版社2000年版,第33页。

中国的历史经验。这是因为,中国——一个社会主义大国,其地位上升是近代以来世界历史演进过程中的特殊现象。如果忽略当代中国的战略文化及其在特殊时空下形成的国内结构,就难以充分解释中国负责任大国的国家身份为什么能够建构起来;也就难以令人信服地解释中国为什么一定能够实现和平崛起,而不是重蹈历史上大国崛起的覆辙。

(二)单元层次的国家身份理论

这类理论的研究重心是探讨单元层次因素是怎样建构国家身份的。[①]

例如,江忆恩(Alastair Iain Johnston)的《文化现实主义》一书就是根据中国国内文化来研究中国的战略文化,进而研究中国的冲突与合作行为的。他以中国明朝为研究对象,运用的是符号分析(symbolic)法和认知绘图(cognitive mapping)法。在对这一时期的文献进行分析后,江忆恩指出,中国存在两种不同的战略文化:一是象征性或理想化的战略文化,即孔孟范式(Confucian-Mencian Paradigm);另一种是实际的战略文化,即强现实政治战略文化(parabellum strategic-culture)。在中国历史上占主导地位的战略文化则属于强现实政治类型。[②]江忆恩认为,有什么样的战略文化就有什么样的战略行为;与强现实政治战略文化对应的是冲突型战略偏好,与弱理想政治战略文化对应的则是合作型战略偏好。据此,江忆恩得出结论:在历史上,中国的对外行为表现出明显的进攻性或先发制人的战略偏好。

单元层次的国家身份理论虽然在一定程度上弥补了结构层次的国家

---

① 从单元层次上探讨国家身份形成的学者主要有彼得·J.卡赞斯坦和江忆恩。参见[美]彼得·J.卡赞斯坦:《文化规范与国家安全——战后日本警察与自卫队》,李小华译,北京:新华出版社2002年版;Alastair Iain Johnston, *Cultural Realism: Strategic Culture and Grand Strategy in Chinese History*, Princeton: Princeton University Press, 1995。

② 李晓燕:《江忆恩与战略文化理论》,载秦亚青主编:《文化与国际社会——建构主义国际关系理论研究》,北京:世界知识出版社2006年版,第157~158页。

身份理论的不足,理论解释力较后者有所增强。但从实践层面看,该层次理论的不足也是显而易见的。其理由是,如果中国强现实政治类型的战略文化长期趋于稳衡状态,那么与之相适应的则是长期趋于进攻性或先发制人的战略偏好。然而,这与改革开放以来中国趋向于合作的战略行为是矛盾的。江忆恩的战略文化理论不能说明为什么在不同时期中国的战略行为会有如此大的差别,也不能说明中国自身的文化结构与同一时期的国际体系文化结构有何关系,更不能说明中国战略文化的变化对国家身份的建构有什么样的作用。

总之,单元层次的理论实质上是外交政策理论,而不是国际政治理论,它解释的是特定国家行为的动因,因而不具有普遍性的解释力。单元层次的理论最大的缺陷,就是没有考虑或较少考虑国际体系的结构因素对国际体系的构成单元——国家——的限制作用。

既然现有国家身份理论无法提供合理解释,那么我们就需要借鉴已有研究成果,提出一种新的理论模式。

(三)国家身份理论的结构—单元模式

结构分析和单元分析都是体系分析的组成部分。上文的讨论表明,学者们往往游走于两者之间,没有把结构和单元统一于体系的整体框架下进行思考。这样做的后果是,把本来紧密联系着的现实社会世界人为地分割成多个相互分离的领域,使得整体与局部不能有效地实现沟通。对此,布赞和利特尔(Richard Little)曾经严肃地批评道:"人们所熟知的分析者只见树木(构成单位)不见森林(体系)的呼声,表明问题在于分析者如此深深地陷入局部细节的泥沼,以至于对正在外部注视着他们的更为基本的模式浑然不知。但是,这种难题必须与同样难以对付的困难对等起来,在光谱的另一端,是分析者只见森林不见树木。在这里,体系的整体性

（totality）是清晰的，但却是以牺牲细节为代价的。"①

华尔兹指出，要建立国际政治的体系理论，只有体系层次的研究才能完成。②笔者虽然不反对华尔兹的观点，但认为应对华尔兹的研究计划进行改造。这是因为，秉持"整体大于局部之和"的哲学观念，笃信科学哲学的标准，追求美感的理论嗜好，使华尔兹在构造自己的理论时把体系与结构合并了起来，于是"体系理论"变成了"结构理论"。晚近的国际政治学者，如基欧汉、温特等，深受华尔兹的影响，也从结构层次上去构建体系理论。然而，笔者认为，体系既然是由结构和互动的单元组成，体系理论就应该在体系的整体框架下对结构层次和单元层次进行同样严格的分析。

笔者将要执行的就是这样一种经过改造的研究计划，并且在此基础上提出了国家身份理论的结构—单元模式。该模式放宽了国家是一元行为体和自主行为体的假定，借鉴了现有国家身份理论的三个主要观点：①一个完整的国家身份理论应该包括大量国内因素的成分；②国家身份与结构之间是双向互构而不是单向建构的关系；③文化和规范对国家身份的建构具有重要作用。因此，该模式是从体系层次上建构起来的体系理论。

在将这一模式用于考察改革开放以来的中国国家身份时，笔者认为，建构负责任大国的国家身份意味着中国在发展过程中将选择走和平发展而不是走强行崛起的道路。和平发展是指国家在发展过程中不会改变国际体系的观念结构，不会改变国际制度体系，并将使用和平方式作为解决国际冲突的手段。而在特殊时空下形成的国内结构和战略文化是社会主义中国走和平发展道路的有力保证。因此可以假定，与中国负责任大国身

---

① ［英］巴里·布赞、理查德·利特尔：《世界历史中的国际体系——国际关系研究的再建构》，刘德斌主译，北京：高等教育出版社2004年版，第31页。

② ［美］肯尼思·华尔兹：《国际政治理论》，信强译，苏长和校，上海：上海人民出版社2003年版，第80~104页。

份建构的相关因素有：国际体系观念结构、国际制度、战略文化和国内结构。①图1表示了这一模式：

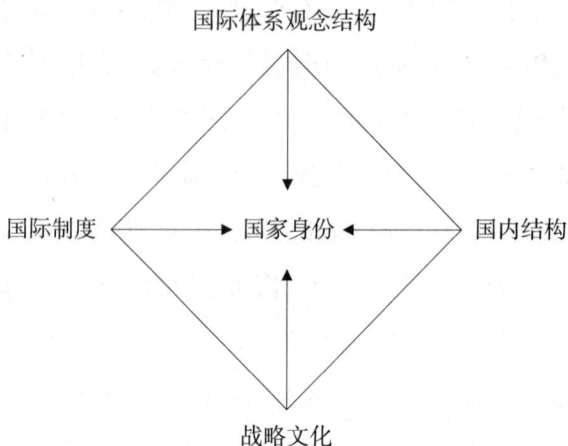

国际体系观念结构

国际制度 ⟷ 国家身份 ⟷ 国内结构

战略文化

图1　国家身份建构的相关因素

笔者以下将根据上述国家身份的理论模式，推断出几个需要进行测试的理论假设，并分别在结构层次和单元层次上去验证中国负责任大国身份的建构。

二、结构层次的中国负责任大国身份的建构

（一）国际体系观念结构与国家身份

按照建构主义的观点，观念不仅具有因果作用，而且还具有建构作用。观念建构行为体身份,并塑造行为体的利益,不过,建构主义所说的观

---

① 秦亚青在研究无政府性与国际暴力程度的关系时，也试图把结构和单元层面因素结合起来，从4个方面做过探讨。参见秦亚青：《无政府文化与国际暴力——大国的强行崛起与和平发展》,载秦亚青：《权力·制度·文化:国际关系理论与方法研究文集》,北京:北京大学出版社2005年版,第194~199页。

念不是私有观念,而是共有观念(shared ideas),也就是文化。文化(或共有观念)可以在三个等级上实现内化。文化越是得以内化,就越会起到"作用",它所建构的结构也就越"厚重"。因此,当一种观念成为共有观念的时候,它能产生巨大的力量。

笔者接受"共有观念能产生巨大的力量"这一论断,并假设:在当今世界,和平、发展已成为国际社会的主导观念,①这些观念被国际行为体习得、内化后,将对国家身份具有塑造作用。那么,和平、发展这些国际社会的主导观念在多大程度上已被世界各国所认同? 中国是怎样习得、内化这些观念的? 这些观念被中国习得、内化后又是怎样塑造中国国家身份的呢? 笔者以下将围绕这些问题展开论述。

《联合国宪章》开篇指出:"我联合国人民,同兹决心,欲免后世再遭今代人类两度身历惨不堪言之战祸……。"②而维持国际和平与安全也是《联合国宪章》的一项宗旨。实现这一宗旨已成为联合国的重要使命。自1948年首次部署维持和平人员以来,迄今联合国共部署了有数十万人参与的61项维和行动,耗资410多亿美元。目前,联合国正在实施的维和行动就有15项。③这些维和行动对于避免有关冲突进一步升级,维护全球和地区的稳定起到了一定的作用,因而得到了全世界绝大多数国家——包括冲突当事国——的赞赏和支持。中国作为世界主要大国特别是联合国安理会常任理事国,十分重视并积极参与联合国在维和领域的工作,以自己的实际行动为世界的和平做出了贡献。从1989年首次参加联合国维和行动以来,迄今中国已先后16次参与联合国的维和行动,派出维和人员7000余人

---

① 实际上,在联合国倡导的理念中,除了和平与发展之外,合作、平等及尊重人的权利等都将对国际社会中行为体的行为产生影响。

② 方连庆等主编:《现代国际关系史资料选辑》(下册),北京:北京大学出版社1987年版,第409页。

③ 《中国与联合国维和行动》,http://www.fmprc.gov.cn/chn/wjb/zzjg/gjs/gjzzyhy/1115/t310892.htm。

次,①是安理会五个常任理事国中最多的。②中国政府还明确把维护世界和平作为对外政策的基本宗旨。这一切都说明,和平的理念已被中国所认同。

《联合国宪章》还指出,所有社会和国家需要发展经济,提高人民的生活水平和社会福利。基于此,推动经济和社会发展已逐渐成为联合国的重要理念,并为国际社会所普遍接受。自20世纪中叶以来,联合国各专门机构在促进发展方面做了大量工作,取得了为世人称道的成就。例如,世界粮食计划署每年向80个国家的大约8300万人提供粮食;联合国开发计划署在世界各地设有一百三十多个办事处;世界银行在2004年财政年度向将近100个发展中国家提供了二百多亿美元的发展援助。据统计,联合国系统每年出资近六十亿美元用于发展方面的业务活动。③中国作为世界上人口最多的发展中国家,自改革开放以来,在经济和社会发展方面取得了巨大的成就,这也是对世界发展的重要贡献。与此同时,中国明确意识到了自己的发展可能给国际社会带来的负面影响,并为此采取了一系列重要举措,包括向不发达国家提供低息贷款,减免它们的债务,增加对落后国家的援助,等等。资料显示,从2000年至今,中国已减免了44个不发达国家二百多亿元人民币的债务。另外,中国政府已经宣布将在今后3年向不发达国家提供100亿美元的优惠贷款和优惠出口买方信贷,帮助它们加强基础设施建设。④

----

① 《中国与联合国维和行动》,http://www.fmprc.gov.cn/chn/wjb/zzjg/ gjs/gjzzyhy/1115/t310892.htm。

② 《李肇星就中国外交工作和国际问题回答中外记者提问》,http://www.fmprc.gov.cn/chn/ziliao/wzzt/wjbzlzxjzzdh2007/。

③ 郑启荣、孙洁琬:《和谐世界理念与联合国宪章精神》,载《外交评论》2006年第4期。

④ 《温家宝从十个方面阐述中国在世界上发挥的负责任的作用》,载《资料信息》2006年第6期。

通过上面的分析，不难得出以下结论：和平、发展已经成为联合国的重要理念，这些观念被国际行为体广泛接受并对其行为产生了重大影响。中国作为实力和地位不断上升的社会主义大国，如果抱持着这些理念在国际社会中与其他行为体进行交往，将有利于把自己塑造成一个可预期、建设性的负责任大国。

（二）国际制度与国家身份

按照基欧汉的观点，国际制度（international institution）主要包括三种形式：一是具有明确规则的正式的政府间组织或非政府组织。二是政府之间协商而达成的，适用于特定问题领域的国际机制（international regime）。三是国际惯例。[①]由此，我们不难发现，国际制度对国际行为体的影响是显而易见的。如果从建构主义的视角看，国际制度的作用主要体现在建立国际规范、建构国家身份两大方面。而规范（norms）——对于某一给定身份行为体适当行为的集体预期，则包括规则性规范（regulatory norms）或限制性规则（regulative rules）和构成性规范（constitutive norms）、构成性规则（constitutive rules）两种类型。前者塑造行为体的利益，限制它们的行为；后者建构行为体的身份，也塑造行为体的利益。[②]基于此，本文假设：处于实力和国际地位不断上升阶段的社会主义中国，可以通过逐步融入国际社

---

① Robert O. Keohane, *International Institutions and State Power: Essays in International Relation Theory*, Boulder: Westview Press, 1989, pp.3-4. 当然，对"国际制度"这一概念的内涵，学术界是有不同认识的。详见苏长和：《全球公共问题与国际合作：一种制度的分析》，上海：上海人民出版社2000年版，第78~87页。

② ［美］彼得·J. 卡赞斯坦：《文化规范与国家安全——战后日本警察与自卫队》，李小华译，北京：新华出版社2002年版，第21页；［美］约翰·杰拉德·鲁杰：《什么因素将世界维系在一起？新功利主义与社会建构主义的挑战》，载［美］彼得·卡赞斯坦、罗伯特·基欧汉、斯蒂芬·克拉斯纳主编：《世界政治理论的探索与争鸣》，秦亚青等译，上海：上海人民出版社2006年版，第272页；魏玲：《卡赞斯坦与地区主义理论》，载秦亚青主编：《文化与国际社会——建构主义国际关系理论研究》，北京：世界知识出版社2006年版，第110~111页。

会的方式,建构起负责任大国的国家身份。

改革开放以来,中国国家身份的这一转化主要体现在以下四个方面。

第一,中国通过参与国际经济组织,不仅获得了国际自由贸易体制的好处,而且使自身与国际社会产生了高度的利益认同。①据统计,1978年中国进出口总额仅为206.4亿美元,占该年全世界进出口总额的2.9%,位居世界第32位。而在2001年——中国加入世界组织(WTO)的第一年,中国进出口总额就上升到5096.5亿美元,成为世界第六大贸易国。②另外,中国加入世界组织的头三年,进出口总额三年翻一番;中国的世界贸易地位从2001年的第六位提高到2004年的第3位。③在此过程中,中国进一步深刻地认识到,自身的发展离不开世界,因此主张"顺应经济全球化的发展趋势,坚持在更大范围、更广领域和更高层次上参与国际经济技术合作,积极推动经济全球化向有利于各国共同繁荣的方向发展"④。

第二,中国在参与国际制度的过程中,不断内化、习得国际制度的规则和规范,并以自身的实际行动赢得了国际社会其他行为体的赞赏。⑤例如,2001年加入世界贸易组织后,为履行"入世"承诺,中国对主要的知识产权法律做了修改,使其与世贸组织的有关协议相一致。中国还积极开放国内市场,降低关税。中国的上述行动被认为"是迄今为止支持现有自由

---

① 秦亚青曾经把现状性国家与国际社会的认同划分为三个等级,即强制性认同、利益性认同和观念性认同。参见秦亚青:《权力·制度·文化:国际关系理论与方法研究文集》,北京:北京大学出版社2005年版,第350页。本文认为,改革开放以来的中国与国际社会的认同主要表现在利益性认同和观念性认同两个方面。

②③ 《历年我国进出口总额占世界进出口总额的比重和位次》,http://zys.mofcom.gov.cn/aarticle/b/200702/20070204371916.html。

④ 《中国的和平发展道路》(白皮书),http:news.xinhuanet.com/politics/2005-12/22/content_3954937_3.htm。

⑤ 这种既无外力强制,也没有利益驱动的认同,完全是行为体对国际社会制度和规范内化的结果,即秦亚青所说的观念性认同。

贸易体系的明确行动"①。在国际安全领域,中国签署了《不扩散核武器条约》和《全面禁止核试验条约》,支持《禁止生物武器公约》和《禁止化学武器公约》的实施,制定了全面的防扩散出口管制法律体系;"虽未加入《渥太华禁雷公约》,但认同其人道主义宗旨和目标,不断加强与公约缔约国之间的沟通和交流"②。在人权领域,中国逐渐与国际人权标准接轨,是"国际人权体制的积极参与者"③。

第三,中国参与国际组织和国际条约的数目逐渐增多。20世纪60年代中期,因多方面的原因,中国被完全孤立于国际组织之外。而到20世纪90年代中期,中国参加了约80%的国际组织。④中国参加的国际组织数目也远远超过了世界平均水平,进入高度参与国际组织的行列。在加入国际多边公约方面,1949年到1979年的30年中,中国加入的多边国际条约只有34个;在1979年至2004年的25年间,中国共加入了233个。⑤

第四,在参与国际制度的过程中,中国的观念发生了变化。以中国对多边外交的认识为例。在中华人民共和国成立后的相当长时期内,基于历史和现实的原因,在中国总体外交中,双边外交是主体,多边外交数量有限且影响较小。在1971年恢复在联合国的合法席位后的一段时间里,中国只是局部地参与联合国及其他一些国际组织的活动。20世纪80年代以来,随着对外开放的扩大,对外部世界的依存程度不断加深,参加的国际制度

---

① Alastair Iain Johnston, Is China a Status Quo Power?, *International Security*, Vol.27, No.4, 2003, pp.5–56.转引自门洪华:《构建中国大战略的框架:国家实力、战略观念与国家体制》,北京:北京大学出版社2005年版,第260页。

② 王逸舟:《中国外交三十年:对进步与不足的若干思考》,载《外交评论》2007年第5期。

③ [美]安德鲁·内森:《中国与国际人权体制》,载[美]伊丽莎白·埃克诺米、米歇尔·奥克森伯格主编:《中国参与世界》,华宏勋、闫循华等译,北京:新华出版社2001年版,第141页。转引自朱立群:《观念转变、领导能力与中国外交的变化》,载《国际政治研究》2007年第1期。

④ [美]江忆恩:《中国和国际制度:来自中国之外的视角》,载王逸舟主编:《磨合中的建构——中国与国际组织关系的多视角透视》,北京:中国发展出版社2003年版,第347页。

⑤ 《中国参加的多边条约一览表》,http://www.fmprc.gov.cn/chn/wjb/zzjg/tyfls/tfsckzlk/zgcjddb-ty/t70814.htm。

越来越多,中国对多边外交的认识逐渐发生了变化,态度上越来越积极。中共十四大报告提出,中国"支持联合国及其安理会在维护世界和平,推进裁军进程,促进全球发展,以及解决国际争端等方面发挥积极的作用"[①]。中共十五大和十六大则提出,"要积极参加多边外交活动,充分发挥我国在联合国和其他国际组织中的作用"[②]。通过比较可以看出:中国对多边外交的认识,在范围上从联合国扩展到其他类型的国际组织和更为广泛的多边外交领域;在方式上由支持联合国及其安理会在一些具体领域发挥积极作用,转变为充分发挥中国在联合国和其他多边组织中的作用。

总之,在参与国际社会的过程中,中国的观念在不断地发生变化,并开始了国家身份再建构的过程:从一个孤立于国际体系之外的国家转变为体系内的负责任大国。

三、单元层次的中国负责任大国身份的塑造

(一)战略文化与国家身份

所谓战略文化,是指一整套宏观战略观念系统。[③]战略文化的内容包括:关于战争在人类事务中的作用(即战争是反常现象还是不可避免的);关于对手及其造成的威胁的性质(零和还是非零和);关于使用武力的效用(即使用武力是否可以有效保护自我利益和解决国际事件)。[④]如果认为

---

① 《十四大以来重要文献选编》(上),北京:人民出版社1996年版,第36页。

② 《十五大以来重要文献选编》(上),北京:人民出版社2000年版,第44页;《十六大以来党和国家重要文献选编》(上),北京:人民出版社2005年版,第38页。

③ Alastair Iain Johnston, *Cultural Realism:Strategic Culture and Grand Strategy in Chinese History*, Princeton University Press, 1995, p.IX. 转引自秦亚青:《权力·制度·文化:国际关系理论与方法研究文集》,北京:北京大学出版社2005年版,第196页。

④ Alastair Iain Johnston, Thinking about Strategic Culture, *International Security*, Vol.19, No. 4, 1995, pp.46-47.

战争在人类事务中是不可避免的,冲突具有零和性质,使用武力可以有效保护自我利益和解决国际冲突,则国家的战略文化属于冲突型战略文化,反之则属于合作型战略文化。[①]江忆恩指出,战略文化决定国家对于战争与和平、冲突与合作等国家关系主题的认识,塑造国家的身份认同和战略偏好,进而决定国家的战略选择。[②]

本文假设:改革开放以来中国的主导战略文化是合作型战略文化,这一战略文化塑造了中国负责任大国的身份。由于战略文化的基本内容要被国家决策者所认同,因此在中国共产党和中国政府所发布的重要文献和文件中,关于对外政策的内容某种程度上反映了中国的战略选择趋向,因为"言语即行动",言语可以建构身份,从而塑造国家利益。本文以下将通过解读改革开放以来中国共产党和中国政府的重要文献,概括出当代中国战略文化的基本内容,进而分析这一战略文化对中国国家身份的影响。

早在20世纪70年代末,中国改革开放的总设计师邓小平就提出了战争可以延缓的想法。[③]1985年,邓小平在中央军委扩大会议上指出:"在较长时间内不发生大规模的世界战争,维护世界和平是有希望的。"[④]到1987年,邓小平明确指出:"争取比较长时期的和平是可能的,战争是可以避免的。"[⑤]邓小平的上述观点为中国共产党和中国政府所接受。1982年召开的

[①]　江忆恩将战略文化分为强现实政治(hard realpolitik)和弱理想政治(soft idealpolitik)两种战略文化;秦亚青把战略文化分为冲突型和合作型两种;本文在这里借鉴秦亚青的用法。关于战略文化分类的介绍,可分别参见:Alastair Iain Johnston,Thinking about Strategic Culture,*International Security*,Vol.19,No.4,1995,pp.46~47;秦亚青:《国家身份、战略文化和安全利益——关于中国与国际社会关系的三个假设》,载《世界经济与政治》2003年第1期。

[②]　李晓燕:《战略文化与国家行为——江忆恩战略文化理论述评》,载《世界经济与政治》2006年第7期,第33~34页。

[③]　《邓小平文选》(第二卷),北京:人民出版社1994年版,第77页。

[④]　《邓小平文选》(第三卷),北京:人民出版社1993年版,第126页。

[⑤]　同上,第233页。

中共十二大即明确提出了"世界和平是可能的"这一重要判断。①1987年召开的中共十三大承继了这一判断。在此期间发表的数份中央政府的工作报告也以这一判断作为中国看待国际形势的基调。这表明中国已经改变了过去那种认为战争不可避免的观念，也说明中国在战略文化的相关内容上的看法已发生了重大转变。中国的战略文化已经开始向合作型战略文化转向。

冷战结束以后，中国共产党第三代领导人及新一届中央领导集体更加明确地接受和平、发展这些国际社会的主导理念。江泽民在中共十五大的政治报告中指出："当前国际形势总体上继续趋向缓和。和平与发展是当今时代的主题。"②关于国家间争端和分歧的解决方式，江泽民指出："国与国之间应该通过协商和平解决彼此的纠纷和争端，不应诉诸武力或以武力相威胁。""对彼此之间的分歧，要坚持对话，不搞对抗，从双方长远利益以及世界和平与发展的大局出发，妥善加以解决。"③在中共十六大的政治报告中，江泽民重申了"和平与发展仍是当今时代的主题"这一判断，提出了以"互信、互利、平等、协作"为核心的新安全观，同时认为"世界各种文明和社会制度，应长期共存，在竞争比较中取长补短，在求同存异中共同发展"④。2005年9月，胡锦涛在联合国成立60周年首脑会议上，郑重地向国际社会提出构建和谐世界的理念。⑤2005年12月，中国国务院新闻办发表了《中国的和平发展道路》白皮书。2007年11月，胡锦涛在中共十七大的政治报告中，从政治、经济、文化、安全、环保五个方面更为系统地阐述了

① 《十一届三中全会以来党的历次全国代表大会中央全会重要文献选编》（上），北京：中央文献出版社1997年版，第211页。

② 《十五大以来重要文献选编》（上），北京：人民出版社2000年版，第41~42页。

③ 同上，第42~44页。

④ 《十六大以来党和国家重要文献选编》（上），北京：人民出版社2005年版，第37~38页。

⑤ 《胡锦涛在联合国成立60周年首脑会议上的讲话》，http://www.fmprc.gov.cn/chn/wjb/zzjg/gjs/gjzzyhy/1115/1122/t212365.htm。

如何构建一个"持久和平与共同繁荣"的和谐世界的问题。和谐世界的理念顺应了和平与发展的时代潮流,指明了世界未来发展的方向,是一个具有宽广的世界眼光和深邃的历史眼光的新理念。

上面概要的叙述表明,在以下三个问题上,改革开放以来的中国共产党历任领导人存在着基本的共识。首先,关于时代主题,都认为和平与发展是当今时代的主题,世界大战可以避免;其次,关于对手的性质,都认为应通过合作的方式,求同存异,共同应对面临的威胁和挑战;关于使用武力的效用,都主张国家之间应该通过对话解决争端,反对诉诸武力或以武力相威胁。因此,战争的可避免性,对手的可合作性,武力效用的明显降低已经成为改革开放以来中国新型战略文化的基本内容。这一趋向于合作的战略文化与当今国际体系文化结构的基本精神是一致的,并且也是国际体系文化结构的重要组成部分。而秉持这一战略文化的中国在国际社会中的实践,不仅可以破除种种不利于社会主义大国实力地位上升的陈旧理念,而且可以破解和平融入国际社会所面临的诸多难题,从而顺利地实现和平崛起。总之,中国新型战略文化有利于塑造中国负责任的大国身份,两者之间存在着正相关关系。

(二)国内结构与国家身份

国内结构是与国内政治相关的重要概念, 是影响外交政策的重要变量。[①]笔者认为,中国的国内结构包括以下三重关系,这三重关系对中国国家身份的建构都会产生重大影响。

---

①　西方学者古勒维奇(Peter Gourevitch)、考太尔(Andrew Cortell)、戴维斯(James Davis)和里斯-卡彭(Thomas Risse-Kappen)曾按照国家—社会的关系对国内结构进行过划分。详见苏长和:《跨国关系与国内政治——比较政治与国际政治经济学视野下的国际关系研究》,载《美国研究》2003年第4期。

1. 中国共产党与领导阶级以外的其他阶级的关系及各阶层的关系

首先,从中国共产党与领导阶级之外的其他阶级的关系上看。中国共产党是中国的执政党,它以工人阶级为基础,其最高理想和最终目标是实现共产主义。这一切决定了中国共产党与工人阶级以外的其他阶级关系的基本格局。改革开放以前,由于中国共产党长期坚持以阶级斗争为纲,这一格局存在着内在的紧张和冲突。与之相对应,中国的对外行为呈现出比较激进的特点,由此导致中国相对于国际体系产生的身份困境问题始终得不到解决。改革开放以后,由于中国共产党把党和国家的工作重心转移到了经济建设上,以建设富强民主文明和谐的社会主义现代化国家作为自己的奋斗目标,因此需要最大限度地调动国内各方面的积极因素。为此,就需要调整中国共产党与工人阶级以外的其他阶级的关系,使其朝着协调、稳定的方向发展。实践表明,中国共产党的确是按照这一思路行动的。而这就为中国政府解决身份困境问题提供了可靠的国内条件。

其次,从中国社会各阶层的关系看。改革开放以前,中国社会各阶层之间的关系结构比较简单。改革开放以来,伴随着社会转型,中国阶层状况发生了重大变化:传统的干部、工人、农民的简单结构被打破,原有的阶层不断分化,新的社会阶层先后出现,社会阶层的结构日益复杂。在此过程中,各阶层成员程度不等地意识到了本阶层共同利益之所在,并实施了目的各异、形式不同的政治参与行为,以有效地维护自己的利益。这种状况对政治领域的各个方面产生了程度不同的影响。基于此,中国共产党在制订各项政策(包括对外政策)时,不能不考虑各个阶层的利益诉求并加以有效的整合。而这显然也有助于推动中国合作型战略文化的形成。

2. 政府与社会的关系

在新中国成立后的相当长一段时间里,中国对外政策的制定是以政府(主要是中央政府)为主导的,社会力量对政府外交决策的影响微乎其微。然而,伴随着改革开放进程、社会的深刻转型和科学技术(特别是信息技术)的发展,一方面,公众的民主意识显著增强,政治需求不断上升;另一方面,信息传播的手段迅猛扩展。①两者的共同作用导致公众舆论对政府对外决策的影响力逐渐增大。因此,决策者在制定对外决策时,不能不考虑公众舆论。尤其当某个问题成为公众关注的焦点,公众意见达成共识时,这种舆论将会对政府决策形成一定的约束力。以环保问题为例,20世纪90年代中期,中国人民大学哲学系环境问题研究课题组进行的关于环境问题的调查显示:有63%的中国人认为中国的环境问题已经影响到生活质量;有42%的人认为环境可能比经济发展更重要;有56%的人相信各级政府应该对环境破坏及其治理负首要责任。②由此可见,中国公众已经有了明确的环保意识。而20世纪90年代以后,中国政府采取的一系列有利于全球生态环境保护的行动,如宣布停止核试验,签署《全面禁止核试验条约》,倡导彻底销毁生化武器,签署防止气候变暖的《京都议定书》等,都可以看作中国政府对国内公众态度的一种回应,也反映了公众舆论对政府决策的制约作用。

3. 中央与地方的关系

改革开放以前,中国政府的外交政策完全由中央政府控制,地方因素基本被排除在外。改革开放以来,"中国的地方政府从内向被动的地方行为者发展为外向的国际事务参与者"③。各级地方政府开展越来越广泛的对外交流,从而日益影响国家的对外决策和对外行为。

第一,各级地方政府都把发展对外经贸关系作为自己的一项重要任务。以最早实行对外开放的广东省为例,在1985年到2001年的16年中,该

---

① 王逸舟:《公民社会与政府外交》,载王逸舟:《全球政治与中国外交》,北京:世界知识出版社2003年版,第158~167页。

② 刘大椿等主编:《环境问题:从中日比较与合作的观点看》,北京:中国人民大学出版社1995年版,第85~92页。转引自王逸舟:《全球政治与中国外交》,北京:世界知识出版社2003年版,第161页。

③ 陈志敏:《次国家政府与对外事务》,北京:长征出版社2001年版,第317页。

省每年的出口总额从不到30亿美元增加到954多亿美元,年度实际利用外资金额也从9.19亿美元上升到157.55亿美元。[①]这从一个侧面说明中国地方政府在发展对外经济交往中获得了更大的自主权。这种状况的进一步扩展将有利于提高中国对外开放的水平,也有利于进一步增强中国与世界各国的相互依存度。

第二,各级地方政府的国际友好城市网络不断扩大。据统计,自1973年开展友好城市活动以来,到2005年,中国与五大洲一百多个国家建立了1315对友好城市关系。[②]友好城市的建立说明中国地方政府已经把其他国家的人民当作"朋友"身份来处理相互关系。这一态势延展到国家关系上,无疑有利于中国与有关国家之间友好关系的发展。

通过在单元层次上分析国内结构与中国国家身份的关系,笔者认为,作为执政党的中国共产党把经济建设作为党和国家的工作重心,是中国负责任大国身份得以建构的政治保证和国内基础;而改革开放以来中国观念的深刻变化,则是中国负责任大国身份得以建构的社会性力量。

四、结语

本文在批判现有的国家身份理论的基础上提出的国家身份理论的结构—单元模式,顺应了冷战结束以后国际关系研究中分析层次回落的趋势,改造了华尔兹体系分析的研究计划,既考察了国际体系的结构因素对国家身份的建构,又考虑了国际体系的构成单元对国家身份的塑造。因此,它既是从体系层次上构建起来的体系理论,也是构建一种新的国家身

---

① 文中1985年的数据可参见上海统计局编:《上海市对外经济统计年鉴》,1996年,第168~170页。转引自陈志敏:《次国家政府与对外事务》,北京:长征出版社2001年版,第320页。2001年的数据来自《广东省统计局关于2001年国民经济和社会发展的统计公报》,http://www.stats.gov.cn/was40/gjtjj_detail.jsp?channelid=4362&record=266。

② 《重庆友好工作》,http://fao.cq.gov.cn/dwjwyy/280.htm。

份理论模式的尝试。

在运用这一模式去解释"中国负责任大国身份建构"这一重大问题的过程中，笔者认为，和平、发展这些国际体系层次的文化结构，有助于塑造中国合作型的战略文化。而抱持这一战略文化的中国在国际社会中的实践，可以破除不利于社会主义大国地位上升的陈旧理念，可以破解中国在和平融入国际社会的过程中可能面临的诸多难题，从而顺利实现和平崛起。同时，中国参与国际社会的实践一方面使中国与国际社会产生了高度的认同，一方面也引起了中国观念的变化。而这些变化的国内基础是执政的中国共产党把经济建设作为党和国家的工作重心。因此，笔者最终得出的结论是，中国负责任大国身份是可以建构起来的。

国家身份理论的结构—单元模式，解释了国际地位上升中的社会主义大国中国的国家身份建构这一局部范畴的社会现象。而如何运用这一模式去解释国际系统内的霸权国的国家身份的建构，以及国际系统内的区域强国的国家身份的建构，并进而生成具有通则性意义的国家身份理论，将是国家身份研究的新课题。

大数据与中国外交决策机制创新

——基于组织决策理论的视角①

王存刚　赵　阳②

伴随着国际体系转型的日益深入、中国国际地位的大幅提升以及国内改革进入深水期，中国外交所面临的内外环境已经发生复杂深刻的变化，外交决策的任务更加繁重，创新外交决策机制、切实提高外交决策效率颇具必要性和紧迫性。在2013年10月召开的首次周边外交工作座谈会上，习近平主席指出，要推进外交工作改革创新，加强外交活动的策划设计，力求取得最大效果。③在2014年11月召开的中央外事工作会议上，习近平主席再次指出，全面推进新形势下的对外工作，必须改革完善对外工作机制，强化对各领域各部门各地方对外工作的统筹协调，为开创对外工作新局面提供坚强保证。④由此可以看出，包括外交决策机制在内的外交体制创新已经进入中国最高领导层的视野。

近年来，学界尤其是国内学者开始重视中国外交决策机制的创新研究，其中外交决策中的跨部门协调、外交部在决策机制中的地位以及外交

　　①　本文为天津市哲学社会科学规划项目"公众参与对中国外交政策的影响及应对措施研究"（项目号为TJZZ13–008）的中期成果，本文原载于《外交评论》2015年第4期。

　　②　赵阳，任职于哈啰出行研究院，天津师范大学2013级硕士研究生。

　　③　《为我国发展争取良好周边环境推动我国发展更多惠及周边国家》，载《光明日报》，2013年10月26日第1版。

　　④　《中央外事工作会议在京举行》，载《光明日报》，2014年11月30日第1版。

决策与外交学术研究间的沟通障碍等问题最受关注。宫力等学者认为,要加强对外交决策的专门研究,探索适合中国国情的外交决策机制、决策方法,要深化集体决策、分工负责模式,推动跨行业外交决策机制建设,打破体制内各部门之间的横向壁垒,倡导多部门的协同合作,整合外交人力资源和信息资源;要加强外交决策外部资源体系建设,加快建立制度化的外交决策监督机制;要充分完善外交决策咨询体制,实现国内发展咨询体系与外交咨询体系的对接。①阎学通等基于外交制度改革视角,提出了建立持续性的改革机制和政策评估机制,简化决策程序,建立鼓励创新的激励机制,进行专业化与社会化相结合的改革等多项建议。②方长平认为,很有必要建立一套包括政治、利益和道义三个维度在内的外交评估体系。③初晓波从危机管理决策的角度指出,"外交危机预测、预演的引入和机制化,尝试运用危机决策模拟系统,应该成为今后的一个创新和努力方向"④。而在赵可金看来,中国外交应该大力推进网络化和虚拟化建设,以提高外交现代化的水平。⑤叶晓林强调,要展开对中国外交决策支持系统结构的研究。⑥陆钢则提出建立中国外交决策模块数据库的构想,并探讨了大数据时代外交决策的技术变革问题。⑦总体而言,学界对于中国外交决策机制缺陷的分析较为深入,但在对该机制进行改革和完善的路径选择方面却是新见不多,尚需选择新的视角、运用新的方法深化相关研究。

---

① 宫力、门洪华、孙东方:《中国外交决策机制变迁研究(1949—2009年)》,载《世界经济与政治》2009年第11期。

② 清华大学当代国际关系研究院外交改革课题组:《打造中国外交改革创新的机制》,载《国际政治科学》2014年第4期。

③ 方长平:《新中国外交60年:成就、挑战与反思》,载《教学与研究》2009年第10期。

④ 初晓波:《浅析冷战后中国的外交危机管理决策》,载《外交评论》2010年第4期。

⑤ 赵可金:《网络外交的兴起:机制与趋势》,载《世界经济与政治》2011年第5期。

⑥ 叶晓林:《中国外交决策支持系统结构研究》,武汉大学,2005年博士研究生毕业论文。

⑦ 陆钢:《外交决策智能化探索》,载《华东师范大学学报》(哲学社科版)1998年第5期;《大数据时代下的外交决策研究》,载《社会科学》2014年第7期。

笔者首先将运用组织决策理论分析中国外交决策机制存在的缺失，继而阐述大数据对决策思维和决策方法的深刻影响，并在此基础上提出中国外交决策机制创新的大数据方案。在研究过程中，我们将采用诠释和比较两种方法，着眼于解决中国外交决策各阶段的突出问题，重视现实性和可操作性，以期保证机制整体运行的绩效和流畅度。

一、组织决策理论视角下中国外交决策机制的缺失

中国外交决策机制一直被学界视为具有高度政治敏感性和国家机密色彩的"黑箱"。由于获取决策过程的原始资料较为困难，因此很难建立相应的理论框架加以分析。但研究工作又需要有适当的理论框架，以识别并解释重要现实问题，探求相关规律，预测其未来发展。有鉴于此，笔者选取赫伯特·西蒙（Herbert A. Simon）的组织决策理论，用以透视中国外交决策机制的缺失，并在此基础上探讨相关的创新问题。

（一）赫伯特·西蒙的组织决策理论

西蒙从认知科学角度将具体决策过程划分为四个阶段。一是"信息活动"（intelligence activity）阶段，包括探查决策环境、收集决策信息、界定决策问题及确定决策目标等环节。二是"设计活动"（design activity）阶段，包括确定参与决策的主体及其相互关系，厘清需要考虑的决策因素，拟定备选方案。三是"选择活动"（choice activity），即决策者从各种备选方案中选出最恰当的行动方案。四是"执行和监控活动"（implementation & monitoring activity），即将决策付诸实践，并及时记录和反馈政策实施效果。在具体实践中，上述每一阶段相互联系、交错重叠。在进行某一特定决策时，每个阶段本身都是一个完整的决策制定过程，此外，上述四个阶段的重要程度存在差异。因此，在每一阶段的时间分配上也应有所差别，决策者应

将主要的时间和精力用于信息收集和方案设计，而用较少时间进行方案选择和执行反馈。①

西蒙的组织决策过程理论具有坚实的学理基础。首先，它提供了一个具有普遍性且符合科学化要求的理论框架。在该理论视阈下，决策并非单一呆板的线性过程，而是目标明确的结构化程序。决策过程的四个阶段既分工明确又联系密切，且基本囊括了科学决策的应有成分。其次，在"有限理性说"的基础上提出"令人满意"的原则。西蒙不接受之前学界甚为流行的"完全理性说"，认为以该学说为基础的最优决策理论具有以下缺陷：有限的知识储备和信息加工能力使决策者无法同时考虑各种备选方案，决策效率消耗在反复的选择中，很难贯彻"最优化"原则。因此，应以建立在"有限理性说"基础上的"令人满意"原则加以取代：只要在方案制定和选择过程中找到符合或者超过既定目标的方案即可。再次，西蒙提出了"决策要素"概念。他指出，"就决策导向最终目标的选取而言，我们把决策称为'价值判断'；就决策包含最终目标的实现而言，我们把它称作'事实判断'"②。与之相对应，事实要素是对环境及环境的作用方式的某种描述，价值要素是决策者的价值判断和偏好的表示。在实际决策过程中，决策者需要时时考量两种要素，而非简单机械地套用既有决策程序。

尽管西蒙的组织决策理论存在决策模型较为单一、没有为非程序问题准备解决方案等缺陷，但从总体上看，依旧具有较强的解释力和适用性。它为我们打开中国外交决策的"黑箱"提供了较好的理论视角。藉此观察中国外交决策过程可以发现，其每一个阶段都或多或少存在着"短板"。

---

① See Herbert A. Simon, *The New Science of Management Decision*, New Jersey: Prentice-Hall, Inc., 1977; Herbert A. Simon, *Administrative Behavior—A Study of Decision-Making Processes in Administrative Organization*, Free Press, 1997.

② ［美］赫伯特·A. 西蒙：《管理行为：管理组织决策过程的研究》，杨砾等译，北京：北京经济学院出版社1988年版，第6页。

（二）中国外交决策机制的"短板"

1. 信息收集阶段

中国外交决策的信息收集体系由五大系统组成：一是外交部属下的外事信息收集系统，包括国际问题研究院、驻外使领馆和使团；二是政府其他部门所属的政策研究机构和学术研究机构系统；三是军方和国安情报系统；四是新闻媒体系统；五是高校专业研究机构系统。[①]这一体系按渠道化采集模式构建，基本涵盖了外交决策涉及的诸领域和多方信息源。

目前，中国外交决策信息收集体系存在三大问题：一是信息的稀缺和过载并存。国际关系的复杂性、国家战略和政策的机密性、国家间互信的稀缺性及信息搜集技术的不同步性，导致任何国家的外交决策均面临信息稀缺的难题。但对于中国这样的发展中社会主义国家来说，国家属性和技术能力的双重约束可能使这方面的问题更为严重。互联网的发展与广泛运用虽然促成了信息数据在全球范围的高速流动，但也导致了令人头疼的信息过载问题。"（信息）过载强迫我们选择信息进行考虑，却隐藏了真正信号使其变得模糊。"[②]因此，如何充分运用高新技术手段，增加信息收集、筛选、归类和分析的途径，以获取全面、高效和可靠的决策信息，直接影响中国外交决策的质量。二是缺乏全权负责的信息集中处理和快速传导机构。由条块分割造成的体制机制壁垒，使得各系统角色定位不够明确，权责界限不够清晰，加之缺少相应的协调机构，导致信息收集低水平重复，信息收集的对象、口径、方式得不到及时有效地筛选与整合，无法保证信息的权威、准确、迅速。三是预警系统不够健全。因而，无法有效测度

---

① 参见赵可金：《当代中国外交制度的转型与定位》，北京：时事出版社2012年版，第317~318页。

② Bruce Russet, Harvey Starr & David Kinsella, *World Politics: The Menu for Choice*(7th), Jointly published by Peking University and Thomson Learning, 2003, p.171.

某一警素的现状和未来,准确预报不正常状态的时空范围和危害程度,及时提出相应的防范措施,将可能危机中国国家利益的外部因素消灭在萌芽状态。①

2. 方案设计阶段

这一阶段存在的问题主要有两个方面。一是决策主体遭遇网络公众舆论的"新常态",有效管控政府与网民之间关系的能力有待加强。近年来,以互联网为代表的新型传播媒介迅速发展。其开放性、分散性、交互式、反权威、反中心控制等特点,"扫清了公民信息获取与意见表达的诸多羁绊,大大降低了公民参与公共事务的成本,使公众舆论对一国外交政策的制定与实施的影响日益增大"②;其催生的网络公众舆论具有较高的刺激反应强度和规模效应,而中国拥有世界上规模最大的网民群体;③中国国际地位和影响力的快速提升,与外部世界依存度的不断增加,激起了国内公众关注和参与外交事务的巨大热情。但绝大多数网民尚缺乏足够的专业知识和信息甄别能力,仅仅满足于信息的"点击"和"转发"。部分网民在讨论与中国有关的国际事务特别是那些有损于中国国家利益和国际形象的事件时,往往表现出鲜明的非理性特点:"大多数人带有情绪主义的倾向,更为冲动和自我,他们不需要过多思考政策的可行性、后果和理由就表达自己的观点。"④而互联网具有的开放性、分散性及交互式特性,使

---

① 参见叶晓林:《中国外交决策支持系统结构研究》,武汉大学,2005年博士研究生学位论文。

② 参见檀有志:《网络外交:美国公共外交的一件新武器》,载《国际论坛》2010年第1期;王存刚:《公众对中国外交的参与及其影响——基于2003年的三个案例的研究》,载《外交评论》2013年第3期。

③ 截至2014年12月,中国网民规模达6.49亿,互联网普及率达到47.9%。其中,54.5%的网民对互联网上的信息表示信任,60.0%的网民对于在互联网上分享行为持积极态度,43.8%的网民表示喜欢在互联网上发表评论,53.1%的网民认为自身比较或非常依赖互联网。详见中国互联网络信息中心(CNNIC):《第35次中国互联网络发展状况统计报告》,http://www.cnnic.cn/hlwfzyj/hlwxzbg/201502/P020150203551802054676.pdf。

④ 王辑思、谢淑丽:《中国公众舆论与政府对外政策距离加大》,载《环球时报》,2004年1月16日第5版。

网民外交理性薄弱的规模效应进一步显现。当外交决策的结果与网络公众舆论存在较大偏差时,外交决策的合法性便会受到质疑,决策者对外交议程的控制力也会遭到削弱。

二是组织结构协调上存在"上下通畅,左右拥堵"的"顽疾"。中国外交决策机制的组织结构具有鲜明的科层特点。在国家层面,中央政治局及其常委会是外交决策的权力中心,拥有在政策方向和重大外交事件决策上的绝对权威。国务院各部委则依分工负责具体领域外交政策的制定与执行,并按照归口管理原则对上级负责。这一决策机制一定程度上保证了政令在上下级之间的通畅,但在同一层级的各部门之间却不时出现"左右拥堵"的现象:由于各部门管理权限明确,利益相对固化,加之行政地位平级,因此在处理问题较大、涉及领域较多的对外事务时,往往难以形成统一意见,简单决策也需要交由最高领导层定夺,从而增加了决策的时间成本。近年来,随着中国对外交往的广度和深度不断扩大,政治磋商、经贸往来、军事交流、文化合作等活动日益频繁,国家对外交往机制日益呈现多领域、多形式和多层次的特点。对此,除中国外交职能部门做出因应式调整、开始筹建专业机构以对口负责相应领域外①,一些事务性、例行性和常态性的外交政策决策权陆续由最高决策层下放。许多重要外事决策往往由外交部、商务部、文化部等部委甚至司局级单位拟定政策,经讨论达成共识后形成部委的意见和政策,并付诸实施。②

外交领域的"放手让权"虽然极大调动了各部委的积极性,但也带来了如何恰当分配外交资源的新问题。而"一个国家对外联系越多,参与外交决策的机构也就越多,利益可能受到决策结果影响的国内机构也在增

---

① 比如,外交部增设了军控司、对外安全事务司、边界与海洋事务司,国务院其他各部委均设立了国际合作司或处。

② George Yang, Mechanism of Foreign Policy-making and Implementation in the Ministry of Foreign Affairs, in Carol Lee Hamrin, Suisheng Zhao, *Decision-Making in Deng's China: Perspective From Insiders*, New York: M. E. Sharpe, 1995, p.98.

加。这些发展需要中央领导层花费更多的精力来调解不同的利益并寻求协调、调解政府的不同部门和社会机构"①。目前,中国外交决策横向协调机制有外交部与中共中央外事办公室分工协作、涉外事务部门间联席会议、部际协调会议三种主要形式。②中央国家安全委员会的成立虽然释放出了整合上述机制的明确信号,但"由于历史的原因,中国政府机构内部比较善于进行垂直领导,部门之间的横向协调相对较弱"③,相关部门在协同开展工作时,仍然难以完全克服部门间的利益冲突和工作隔阂。而"国家外交能力强弱的一个重要标准在于一国执行对外政策时,国内各个部门所能达到的配合程度"④。因此,面对中国外交决策的议题范围逐渐宽泛、议题交集日趋扩大、决策所需专业知识更加复杂多元的"新常态",政府部门如果各自为政,不从全局出发考虑问题、设计政策备选方案,势必导致最高领导层协调的时间成本增加,从而错过决策的最佳时机。

3. 政策选择阶段

总体上看,中国外交决策的制度化和科学化水平近年来不断提高,但在决策方法和决策工具的选择和使用上仍存在两大问题。

一是决策方法较为单一。中国外交决策以定性方法为主,高度依赖决策者或有关专家的智慧,强调发挥个人经验、知识和判断力的作用。这种方法虽然具有反应速度快、决策成本低等优点,但对决策者自身能力的要求却是严苛的。面对复杂多变的国内外局势和各种全球性问题的巨大挑战,这种过分依赖领导人和政治精英的聪明才智的决策方法并非时时事

① David M. Lampton, *The Making of Chinese Foreign and Security Policy in the Era of Reform, 1978-2000*, Stanford: Stanford University Press, 2001, p.16.

② 王逸舟、谭秀英主编:《中国外交六十年(1949—2000)》,北京:中国社会科学出版社2009年版,第100页。

③ 杨洁勉:《后冷战时期的中美关系——外交政策比较研究》,上海:上海人民出版社2000年版,第307页。

④ 苏长和:《中国外交能力分析——以统筹国内国际两个大局为视角》,载《外交评论》2008年第4期。

事均能奏效。①尤其在危机决策的极端情况下，时间和精神两种压力交织，必要的研究和论证的过程不得不被大幅压缩甚至完全取消，决策者的行事风格往往偏于保守，他们通常依据历史惯例甚至直觉判断进行决策，存在墨守成规或主观主义的风险。

二是决策方案选择存在难题。决策方案选择一般遵循如下步骤："确定问题→列出各种对策→分析各对策的利弊得失→根据一定的价值标准排列出理想目标之优先次序→按照理想标准列出各种对策的优先次序→最终抉择。"②外交决策方案选择同样遵循这一步骤。在此过程中，决策者既面临如何解决自身主观因素干扰过多的老问题，也面临着如何化解参与外交决策的行为体增多而带来的新难题。近年来，参与中国外交决策的行为体日益增多，③更多声音和诉求进入中国外交决策过程，这有助于实

---

① 这方面最新的案例是中国如何应对乌克兰危机。2013年11月，时任乌克兰总统的亚努科维奇决定中止与欧洲联盟签署政治和自由贸易协议，并试图强化与俄罗斯的关系，乌克兰的亲欧派遂掀起大规模抗议活动。12月初，亚努科维奇如期访华，并受到中方热情接待。中乌两国发表《关于进一步深化战略伙伴关系的联合声明》。该声明第二部分有如下两条重要内容：一是"双方强调，在涉及国家主权、统一和领土完整的问题上相互坚定支持是两国战略伙伴关系的重要内容。双方相互坚定支持对方根据本国国情选择的发展道路，支持对方为维护国家独立、主权和领土完整，保障政治社会稳定，发展民族经济所做的努力"。二是"中方根据联合国安理会第984号决议和1994年12月4日中国政府关于向乌克兰提供安全保证的声明，承诺无条件不对作为无核武器国家的乌克兰使用或威胁使用核武器，并在乌克兰遭到使用核武器的侵略或受到此种侵略威胁的情况下，向乌克兰提供相应安全保证"。(《中华人民共和国和乌克兰关于进一步深化战略伙伴关系的联合声明》，http://www.fmpre.gov.en/mfa_chn/zil-iao_61130/1179_611310/tl106143.shtml。)此外，中方还向乌方承诺提供数量可观的贷款。联合声明第一条内容曾在以往中乌双边文件中出现过，但此次的分量明显加重；第二条内容则是首次出现。虽然我们无法确认决策者的考量到底是什么，外交情报收集系统发挥了怎样的作用，但至少可以形成以下判断：有关方面确信亚努科维奇不会倒台，且将继续"东靠"俄罗斯；中国对他提供支持，符合中、乌、俄三方的利益。但其后的形势发展却与中国的意愿相左：乌克兰国内政治动荡进一步加剧；亚努科维奇被议会罢免，并在俄罗斯的帮助下仓皇出逃，乌克兰政权发生更迭；乌克兰新政府完全倒向西方；俄罗斯宣布"收回"克里米亚。

② 参见俞可平：《权利政治与公益政治——当代西方政治哲学评析》，北京：社会科学文献出版社2005年版，第67页。

③ 参见王存刚：《当今中国的外交政策：谁在制定？谁在影响——基于国内行为体的视角》，载《外交评论》2012年第2期。

现决策的民主化和科学化。但因"中国外交决策层还缺乏科学的评估、选择与合法化的机制,由此也就无法确定究竟听谁的好"[①]。面对智库、企业界乃至公民个人对外交事务的日益高涨的建言热情和日益增多的政策预案,决策者经常面临方案选择的困难。一般来说,外交决策应当遵循经济原则,即用最少的国家资源实现最大的国家利益。但由于诸多决策方案在理念、视角和具体措施上的不同,如果没有相关技术支撑,决策者通常很难对其效果做出科学评估。一旦难以判断决策方案的优劣,决策者更多或优先考虑的可能是政治正确性和可操作性问题。在这种情况下,政治偏好和主观判断往往优先于利弊衡量。

4. 政策执行和反馈阶段

在信息化时代,如何运用高新技术手段使外交行为更适当、更有效,是各国外交决策者都必须高度重视和认真解决的大问题。由于多方面的原因,目前中国外交部门和外交人员的信息素养[②]总体偏低。具体到中国外交决策的执行和评估环节,主要存在两大问题。

一是用于政策宣示的信息工具总体上不够先进。中国外交常用的信息工具包括电视、广播、报纸等传统信息工具和网络信息平台等新型信息工具。为了克服传统信息工具传播渠道狭窄、影响力持续性较差等弱点,中国外交部门近年来强化了新型信息工具的使用,大力发展媒体外交、网络外交等新型外交形式,建立了一些网络信息平台,但有影响的外交网络信息平台数量较少。不少外文网站内容单一,风格总体上较为刻板,以政策宣传、新闻通报等较为严肃的政治话题为主;网站信息多是文本形式,

---

[①] 赵可金:《当代中国外交制度的转型与定位》,北京:时事出版社2012年版,第350页。

[②] 信息素养(information literacy)这一概念最早由美国信息产业协会主席保罗·泽考斯基(Paul Zurkowski)提出。一般来说,信息素养涵盖文化底蕴、信息意识和信息技能三大方面,具体表现为是否具备信息认知、信息获取、信息分析、信息加工、信息创造和信息协作等六个方面的能力。详见Paul G. Zurkowski, *The Information Service Environment Relationships and Priorities*, US National Commission on Libraries and Information Science, 1974.

视频、音频数量偏少,在线体验等辅助应用缺乏。这种忽视受众群体的年龄、教育水平、职业取向等方面的差别,以灌输为特点的传播方式通常难以达到预期的传播效果,导致中国在国际话语权争夺中常常落于下风。

二是政策实施效果评估不够及时、充分。及时记录和反馈政策的实施状况,有助于阶段性地总结决策效果并开展后续工作。但在中国外交决策实践中,这一环节有时会被忽略,政策成功的经验未能得到有效借鉴,政策失误的原因也未能得到及时总结,由此导致根据政策执行效果的反馈给予快速回应的能力不足,处于"制定—执行—制定"的简单循环中。一旦外交政策在执行过程中出现偏差,既定目标未能实现,往往不能及时予以弥补,从而使国家利益受到损害。

中国外交决策体制存在的上述缺失,迫切需要我们基于新的时代特点,从新的视角出发,找出适当的解决方法。

二、大数据对决策思维和决策方法的影响

当今人类社会已经进入大数据①时代。这是一个以数据为魂,以技术为基,强调数据的分析存储、价值提炼、智能处理和可视化展示的信息时代。它对包括外交决策在内的整个人类社会生活产生了多方面的深刻影响。

(一)大数据的三个维度

一是物质维度,即大数据的物质本原。研究表明,大数据具有4"V"②特

---

① 对于如何定义"大数据",迄今尚未达成共识。本文认为,所谓大数据,是指在互联网、物联网等现代网络渠道累积产生的复杂海量数据。

② H. Barwick, The 'four Vs' of Big Pata, http://www.computerworld.com.au/artical/396198/iii3_four_vs_big_data/.

点：一是Volume（大量），即数据量巨大，规模已从TB级别跃升到PB级别。二是Variety（多样），即数据类型繁多，结构化数据与非结构化数据并存。数据不再单纯以标准化的结构化编码数据进行存储，还存在网络日志、视频、图片、地理位置信息等非结构化数据。三是Velocity（高速），即数据处理速度快，交互响应迅速，各种数据基本上可以做到实时在线的处理、传送和存储。四是Value（价值），海量数据中无用信息较多，有价值信息较少，数据的价值密度低。

二是技术维度，即借助相关技术工具对大数据进行提取、整合和分析，以挖掘数据的内在价值，发现有用信息的过程。首先，可以利用云计算、数据仓库、数据挖掘等技术手段完成对数据的初步筛选，打破人为割裂、各成体系的数据分布格局，连通"数据孤岛"。继而，再运用语义分析技术、图文转换技术、模式识别技术、行为分析算法、机器学习和数据可视化等手段，对数据的潜在价值进行升华、应用和展示。

三是思维维度，即大数据思维。数据处理技术的发展，使得人们可以驾驭所有数据，而不是仅仅抽取小样本；可以挖掘更具混杂性的数据，而不用苛求数据的精准性；只需知道"是什么"的相关关系，而无须深究"为什么"的因果关系。①

在上述三个维度中，思维维度最重要。首先，大数据能够在相当大程度将隐藏于客观世界中的种种变量关系呈现出来，使人们可以在存在统计意义相关的不同数据间尝试展开逻辑建构。这与传统的抽样调查方法有着很大不同。后者通常基于有限的抽样数据进行分析，所得到的结论具有很大的片面性。而在大数据时代，大样本数据即约等于全样本数据。当规模达到一定阈值后，数据自己会发声，并且展现出在小数据条件下无从显现的性质。这就使得人们不再痴迷于数据的准确性，转而更为务实地满

① 参见［英］维克托·迈尔-舍恩伯格、肯尼思·库克耶：《大数据时代：生活、工作与思维的大变革》，盛杨燕等译，杭州：浙江人民出版社2013年版。

足于在大量模糊数据中掌握所需信息。况且数据过滤梳理的速度远远落后于数据产生的速度,确保数据的精准性已无太大意义,人们只需把握事物大体的发展方向即可。

其次,相关关系分析成为大数据时代的代表性方法。在小数据条件下,人们认知世界普遍具有因果关系偏好,这是一种基于有限数据样本而不得不对客观世界进行简化的结果。而在大数据时代,与空间分布和时间延续结合的相关关系,可能比传统的因果关系更能精准地解读世界。[①]对于开放复杂的巨系统,传统的因果分析难以奏效。这一方面是因为数据结构和数据关系错综复杂,很难在变量间建立函数关系,并藉此探讨因果关系,寻找因果关系的时间成本高昂;另一方面是因为大数据处理的是流式数据,价值密度低,由于数据规模不断变化,变量间的因果关系具有时效性,往往存在此一时、彼一时的情况,探寻因果关系往往得不偿失。[②]鉴于因果关系本质上是一种相互纠缠的相关性,[③]因此在寻找同一个事件中出现的不同项的相关性时,如果两项或多项变量之间存在关联,那么其中一项的属性就可以依据其他属性进行预测。分析相关关系是为了间接地认识因果关系,这是一种用相关分析从看似杂乱无章的数据中挖掘出有价值信息的能力。

物质、技术和思维三个维度之间是层层递进的逻辑关系,大数据思维处于最高层次,物质和技术两个维度则是思维在实践中的具体表现。以下,我们将讨论大数据的三个维度对决策思维和决策方法的影响。

---

① 参见徐磊:《大数据基础上的社会认知》,载《中国电子科学研究院学报》2013年第1期。

② 参见朱建平:《大数据时代下数据分析理念的辨析》,载《统计研究》2014年第2期。

③ 参见李国杰、程学旗:《大数据研究:未来科技及经济社会发展的重大战略领域——大数据的研究现状与科学思考》,载《中国科学院院刊》2012年第6期。

(二)大数据对决策思维的影响

传统的决策思维是根据问题来解决问题，即确定与决策议题相关的各个变量要素后再分类加以解决，以求得因果解释为目的。这本质上是一种命题式(propositional)思维，是假设导向(hypothesis-driven)的。而在大数据时代，决策思维强调决策者着眼于决策的可分析性，针对决策问题展开系统化的诊断与重构，对潜在问题和重点对象做长期的观察和准备，提前预判突发性问题，促成一种数据导向(data-driven)、探索导向(discovery-driven)的决策思维方式。它具有以下新特点：一是"拆而后建"，即按一定方法和程序分解物质对象的构成要素，再以数字符号为表现形式进行重构。二是"建而后联"，即在明晰变量后再创造性地将各种看似无关的变量联系起来，观察变量间的逻辑互动关系特别是相关关系。三是"联而后精"，即通过对问题的逐级分解、辨析和论证，在纷繁错杂的变量关系中找寻核心链条，挖掘海量数据中隐藏的内涵价值和多类数据交叉的聚合价值。四是"精益求精"，即在完成决策后，通过文本分析和舆论观测，实时反馈决策实施效果；通过知识管理，检视决策水平，累积决策经验，以不断提高决策能力。

(三)大数据对决策方法的影响

长期以来，公共决策主要采用定性方法，即遵循规范、思辨的原则，依据形式逻辑对现象进行分析和归纳。对定量方法的研究和使用则相对薄弱。但在社会科学中，"科学"一词经常有意无意地指向用数字说话的量化分析。①定量决策方法通过运用数学工具建立反映各种因素及其关系的数

---

① 参见卢凌宇、胡美：《国际关系定量分析：科学还是反科学？》，载《欧洲研究》2013年第6期。

学模型,并对这种模型进行计算和求解,以选择最佳决策方案,从而使决策真正建立在严密的科学论证基础上。

作为一种符号表达形式,社会科学研究中的数据是对经验世界丰富内涵的高度抽象和一般化。[1]开展定量决策的前提是获取决策所需的数据。对于大多数研究者来说,收集新数据是一项极为艰巨的任务:既需要大量的时间和精力,更需要设计出一套客观并可复制的数据收集程序和方法,以使数据在信度和效度上达到科学研究的水平。[2]有鉴于此,开展研究时"也许最重要的是要仔细评估已有的多种数据,并决定使用与你的研究目的最相关的那一种"[3]。在数据收集不便的情况下,可以将现有的相关领域的数据库作为主要数据源。但过分依赖这种更新相对迟缓的数据库,并试图在既有研究成果中沿袭已经被筛选处理过的数据源,无疑加大了数据老化过时和利用二手数据造成错误传播的可能性。大数据有助于扭转这一局面,并改善定量决策方法的操作环境和作用效果。在大数据时代,数据资料呈指数级增长,数据短缺现象有望得到彻底改善。各国政治精英的活动近况、各种政治话题与经济走势、舆论导向和民意倾向,以至于历史、军事、人文等方面的资讯信息,均能得到全面地收集和及时地解读。在统计学方法的指导下,通过对海量数据做统计性的搜索、比较、聚类和分类,定量决策方法将产生更为精确客观的成果。

总之,大数据的三个维度蕴藏着巨大的势能,它对决策思维和决策方

---

① 参见阎光才:《教育及社会科学研究中的数据——兼议当前的大数据热潮》,载《北京大学教育评论》2013年第4期。

② Gary King, Robetr O. Keohaneand & Sidney Verba, *Designing SocialInquiry*, Princeton: Princeton University Press, 1994, p.27. 转引自刘丰、陈冲:《国际关系研究的定量数据库及其应用》,载《世界经济与政治》2011年第5期。

③ Paul R. Hensel, Review of Available Data Sets, in Robert A. Denemark(ed.), *The International Studies Encyclopedia*, Oxford: Blackwell Publishing, 2010. Blackwell Reference Online, http://www.isaeompendi—um.com/subscriber/tocnode?id=g9781444336597_chunk_g978144433659717_ss1-12. 转引自刘丰、陈冲:《国际关系研究的定量数据库及其应用》,载《世界经济与政治》2011年第5期。

法具有多方面的积极影响。这也为我们思考中国外交决策创新提供了重要启示。[①]

三、中国外交决策机制创新的大数据方案

为设计这一方案，需要将大数据的三个维度与决策思维和决策方法相结合，深入剖析两者之间的辩证关系，在大数据所搭建起的理论空间中重新审视外交决策机制的"短板"，思考大数据与外交决策每一阶段中各要素之间的组合方式，并辅之以其他领域的成功经验。这样，大数据的社会政治效应及其与中国外交决策机制创新耦合的具体思路才能得到恰当的阐发。

（一）信息收集阶段的创新

1. 使用高性能、智能化的信息检索工具完成海量数据的主题性挖掘

对海量的分散信息进行全面收集和恰当整合，对非结构化数据进行有效管理，已经超出传统技术能力之所及。因此，现有的信息管理部门无法提供用于实时决策所需的连续信息流。[②]要从纷繁复杂的海量数据中完成主题性挖掘，就必须借助高性能、智能化的信息检索工具，"搜索引擎技术、超文本全文检索技术、多媒体检索技术和人工智能技术将进一步整合，基于用户检索行为分析而提供的人性化信息检索服务与信息推送，将大幅提高信息检索的效率，提高信息检索的查全率和查准率"。中国外交信息收集体系可以利用数据挖掘、机器学习等技术手段，在一定程度上实

---

① 有学者指出，"通信与网络技术的发展将继续导致中国外交制度与功能的革新，增加外交工作的领域与范围，且提升外交工作的价值和意义"。王逸舟、谭秀英主编：《中国外交六十年（1949—2000）》，北京：中国社会科学出版社2009年版，第112页。

② D. Barton, D. Court, Making Advanced Analytics Work for You, *Harvard Business Review*, October, 2012, pp.79–83.

现信息的定向、定位和定点的抓取,为外交决策者提供兼具时效性和准确性的第一手资料。

2. 利用大数据处理技术建立预测性模型

为做到未雨绸缪,中国外交决策需要建立用于优化决策方案的预测性模型(Predictive Model)[1],即通常所说的预警系统,以"探测国际上那些表现隐蔽、分散各处、貌似孤立但实质上相互关联、对国家安全可能会造成伤害的事件,提醒外交决策者引起足够的重视,尽早采取防卫措施"[2]。而"新的电子文本(中文学术期刊、新闻媒体报道、国际组织的公开声明等)为使用以计算机为基础的文本分析(CATA)技术提供了方便,它可以从大量文本中筛选出那些可能揭示潜在世界观、因果声明(cause-effect statements)、政策偏好的或是可能成为与他国合作利益下降的早期预警机制的话语格式"[3]。也就是说,利用大数据处理技术,以更加科学、系统、主动和周密的方式监控国家间关系中的各种变化和可能走向,能够由因及果、由此及彼,预测国家间关系未来可能出现的问题、争议乃至危机,从而为处理中国的对外关系赢得时间,争得主动。

(二)方案设计阶段的创新

1. 将网络舆论妥帖地纳入外交决策过程之中

如前所述,网络舆论内嵌多重利益和多元价值,其流向和势能是一种重要的社会风向标,也是考量执法合法性和政策有效性的重要指标。大数据已经营造出各方面信息数据被充分披露和广泛关注的技术环境。作为

---

[1] 关于预测性模型的详细论述,参见O'Relily, *Big Data Now: Current Perspectives from O'Reilly Radar*, O'Reilly Media, 2012, p.35。

[2] 陆钢:《外交决策智能化探索》,载《华东师范大学学报》(哲学社科版)1998年第5期。

[3] [美]江忆恩:《中国外交政策研究:理论趋势及方法辨析》,郎平译,载《世界经济与政治》2006年第8期。

公共权力代表，政府在外交决策过程中应当在吸纳网络公众舆论的理念和形式上全面创新，以发现和利用其支持国家政治体制、维护和拓展国家利益的正面价值。为此，外交信息收集部门应当完成两项任务：一是利用大数据分析技术，获取公众对外交政策的认可程度和真实想法；二是即时监测和记录网络空间中的非常态数据动向，增强对网络公众舆论的预警能力。可以运用语言分析方法，将一定的形式逻辑表达式输入内容分析软件，利用机器学习来取代人工分析，在一个文本内部或不同文本之间，检查词的共现（co-concurrence）、重点和含义的自发性群组（emergent clusters），[1]并借助可视化工具直观立体地展现公众舆论的分布状况和指向，从而为科学决策与风险评估等提供信息依据。[2]通过上述方式，既可以扩大公众对中国外交事务的表达权和参与权，把积极、理性和健康的声音纳入外交决策过程，从而展现社会主义民主的优越性，最大限度地凝聚和体现民意，夯实外交决策的合法性基础，也有利于缓冲和疏导内外部压力，引导公众爱国、向上的主流意识，管控各种不和谐的支流，防范可能发生的风险。

2. 打造多功能的外交决策数据仓库

政府各部门之间分工和协调的基本要义，在于合法与合理地分配权责，实现部门间信息和资源的互通互联，最终达到有效整合部门功能、协力解决政府所面临的复杂问题的目标。多部门协调决策的组织架构和运行规范，需要沿着资源集约化与信息流动化的路径，寻求更大的运作空间和更好的发展机遇。以往由于组织结构的局限性，中国政府各领域的数据布局较为分散，无法实现有效的统筹和集合，由此导致各种数据库对外交

---

① ［美］江忆恩：《中国外交政策研究：理论趋势及方法辨析》，郎平译，载《世界经济与政治》2006年第8期。

② 这方面已有实例。在2014年两会期间，央视联合百度大数据发布"两会大数据"，通过统计分析网民在互联网上留下的海量信息，制作出需求图谱，反映了民众对于两会议题的关注程度。

决策的支持度不尽人意。在大数据时代,相关技术的运用开启了行政组织虚拟化的进程,有助于打破同层级的部门隔阂与纵向的权力集中模式,确立扁平化、网络化的信息、资源的流动与组合方式。借助数据流在部门、领域和区域之间的穿透性,可以将经济、社会、文化、安全等部门在各分管领域日常收集的宏观数据与外交决策信息收集体系相结合,以国内决策资源和国际情报信息为基底,打造一个主题导向的、集成的、相对稳定的、反映时间变化的外交决策数据仓库(data warehouse)。[1]这样做,不仅能够实现对国内国际两个大局的数字化把握,也可以将多个异构的数据源有效集成后按照主题进行重组。通过聚类系统把不同来源、格式、特点和性质的数据在逻辑或物理上有机地集中,再用静态分类法分成带有"特征矢量"的子集,实现数据价值的相互组合,串联起来以往被人为分割的"数据孤岛",构建一个既能影响彼此价值,又存在共创价值的结构。而多种专题(panels)数据间的相互联结,能够化零为整,实现单一专题数据不能完成的目标。[2]

(三)政策选择阶段的创新

1. 确立定性和定量相结合的综合决策模式

传统的定性决策方法受主观因素影响较大,且很容易出现"人存政举、人亡政息"的现象;而定量决策方法强调对决策问题的定量化,借助现代科技手段和数学模型,以反映决策相关因素及其互动关系变化,并进行分析、评估、计算和求解,最终得出最佳决策方案。中国外交决策议题日趋复杂化的总体态势,要求决策者必须在牢记理性决策原则的基础上,充分吸纳定量决策方法的优长,着力提升运用逻辑概念、数量方法及信息技术

---

① William H. Inmon, *Building the Data Warehouse*(4th), Wiley Publishing Inc., 2005.

② 参见耿直:《大数据时代统计学面临的机遇与挑战》,载《统计研究》2014年第1期。

进行决策的能力,进一步淡化领导人个人风格的影响,形成定性和定量相结合的综合决策模式。为此,要特别重视发挥大数据的作用,摆脱定量决策方法在面对非计量因素比重较大的国际事务领域无能为力的窘境。①应当充分认识到,在由数据组成的全球政治社会网络中,国家、党派、团体、个人无所遁形,行为和事件的互联互通无远弗届,任何行为体的行动轨迹都能以数据形式被记录、被发现、被传播。传统数据研究无法做到的事,传统研究范式苦苦纠结的许多难点,都在大数据面前迎刃而解。规避显然不明智,积极应对方为上策。

2. 利用模拟仿真实验室对外交决策方案进行全方位模拟

决策工具的科学化和现代化是正确决策的重要保证。由于外交决策的“试错”成本极高,因此利用模拟仿真实验室对决策方案进行全方位模拟,就是一种成本较低的预先发现问题、及时解决问题和避免决策失误的重要手段。通过数字虚拟的方式,将备选决策方案的相关数据进行模拟情景构建和逻辑推演分析,就可以预演决策方案在现实世界的过程、程序、条件等内容,达到“眼见为实”的效果。具体来说,就是首先设定一个基准函数,作为衡量各种方案相对优劣的量度,并根据现实要素搭建仿真模型;其次,将决策方案抽象为数学表达式或流程图,并将其输入计算机模拟仿真系统,观察决策方案中各种变量的演化及其效果,从而评判决策方案的可行性和有效性,以完成对决策方案的排序。应用大数据仿真系统进行实体运行和模拟结果,可以优化和调整重大外交决策的设计,为科学合理地评估决策方案创造条件。

---

① 有学者指出,“国际关系领域中的很多数据都涉及宏观加总数据和欠发达国家的数据,数据缺失、测量误差及概念化困难等问题极为常见”。这也是定量决策方法在大多数时间不受重视的原因之一。参见庞珣:《国际关系研究的定量方法:定义、规则与操作》,载《世界经济与政治》2014年第4期。

（四）决策执行和反馈阶段的创新

1. 进一步提升外交机构特别是外交人员的信息素养

决策者应将提升外交机构特别是外交人员的信息素养列入重要议事日程，着力培养既精通当代外交事务又熟稔网络技术的"多面手"。外交部应成立专门的外交事务技术培训机构，选聘数据科学家、国际传播学专家、网络舆情分析师、社交媒体管理人员等相关领域的行家里手充任培训人员，向外交官们传授网络信息知识、技术及相关管理经验。

2. 利用大数据方法收集和评估网络公众舆情

外交目标能否实现，既取决于决策者是否正确阐释了政策意图，也取决于他们是否以准确的舆情信息作为政策制定的基础。当今中国旨在"寻求建立对一个国家的政策、行动和政治经济体系受欢迎的印象"[1]，因此及时了解公众特别是国外公众对我国外交政策的感受、态度和反应十分必要。目前，发达的社交媒体是公众表达对外交事务的态度、意见和建议最常用的平台之一。尽管由此形成的网络公众舆情构成十分复杂，其中既有公众个体直接的意见表达和纯粹的情绪发泄，也有某些利益集团偏执的政治态度和狭隘的利益诉求的展现，甚至夹杂着敌对分子的蓄意攻击和恶性炒作，但无论如何，它在总体上较为直观地展现了公众对我国外交政策的真实想法和认可程度。从技术层面看，收集网络公众舆情还具有周期短、成本低、易操作等优势。因此，在发布和实施一项外交政策后，决策者可以将大数据技术与社会计算[2]的相关原理结合起来，利用大数据语义分析技术和行为分析算法，及时收集和评估网络公众舆情，有的放矢地调整

---

[1] Eytan Gilboa, Mass Communication and Diplomacy: A Theoretical Framework, *Communication Theory*, Vol.10, No.3, 2000, p.291.

[2] 关于"社会计算"的界定，参见张建设：《大数据：战略论的终结与社会化决策的兴起》，载《企业管理》2012年第10期。

中国外交政策的方向和具体内容，以更好地实现既定的外交政策目标。

（五）有效化解大数据应用于中国外交决策机制创新中的问题

1. 尽快出台大数据国家战略①

目前，大数据所蕴含的战略价值已经引起各大国的高度重视，相关战略规划和配套法规竞相出台。②但迄今为止，我国尚未公布大数据国家战略，与之相配套的制度安排、法律规范更是付之阙如，由体制壁垒所造成的"信息孤岛"继续阻碍着数据开放和共享。这对于包括外交决策在内的公共事务决策均产生了程度不等的影响。因此，应当加快大数据治理的顶层设计，早日出台相关的国家战略，并辅之以相应的行政体制改革，以加速"数据→知识→决策→行动"的转化进程。

2. 健全外交决策大数据的综合安全保障体系

大数据应用在展现诱人前景的同时，也屡屡发生重大泄露事件。权威报告显示，92%的数据攻击手段可归结为人为失误、犯罪软件、内部人员/权限滥用、物理失窃/丢失、Web应用攻击、DOS拒绝服务攻击、网络间谍、POS入侵、支付卡信息窃取等九种类型。③就中国而言，由于超过80%的关键部门都绑定在相同的控制系统下，高度依赖国外组件，且管理者和具体

---

① 大数据国家战略现已出台，但文章发表时，大数据国家战略尚未出台。

② 美国是大数据研发与利用的领跑者。2012年3月，美国政府发布《大数据研究和发展倡议》，明确将大数据研究上升为国家战略。此后英、法等发达国家也相继出台本国大数据国家战略。Big Data Research and Development Initiative, http://www.whitehouse.gov/sites/default/files/micmsites/ostp/big_ data_press_release_final_2.pdf; Seizing the data opportunity: A strategy for UK data capability, http://www.gov.uk/government/uploads/system/uploads/attachment_data/file/254136/bis-13-1250-strategy-for-uk-data-capability-v4.pdf; French Government support for Big Data, http://www.invest-in-france.org/us/news/french-government-support-for-big-data.html.

③ Fahmida Y. Rashid, Verizon Publishes Vastly Expanded 2014 Data Breach Investigations, Report, http://www.securityweek.com/verizon-publishes-vastly-expanded-2014-data-breach-investigations-report.

使用者安全意识普遍较低,因此极易受到攻击。[①]外交决策属于国家机密领域,与国家利益的维护和拓展息息相关,因此需要对相关大数据库采取特殊保护措施,健全外交决策大数据综合安全保障体系,维护我国的网络空间主权和国家利益。[②]

3. 大力发展针对大数据的技术"降噪"手段

在大数据时代,数据在量上的急速膨胀并不意味着质的同步提升,表现出数据丰富但有用信息匮乏的特点。数据"噪声"无处不在,有用信息往往被摊薄、隐藏和分散,有用价值通常需要采用技术手段进行"降噪"后方能实现。就外交决策而言,如果不能对来源广泛、形式和内容复杂、数量巨大的大数据情报进行高效的预处理,及时发掘有价值的信息,决策者就非常有可能迷失在数据的汪洋大海之中。一旦出现这种情况,海量数据库存反而成为沉重的负资产。为此,中国应当大力发展拥有自主知识产权的技术"降噪"手段,努力改善大数据价值密度较低的状况,不断提升大数据对外交决策的支持效度。

四、结论

面对当今复杂多变的国际形势、中国与国际社会的互联互动空前紧密的状况及中国外交需要完成的繁重任务,中国外交决策机制创新很有必要性和紧迫性。应当在全面把握新形势、新任务、新目标的基础上,全面审视、深入剖析当今中国外交决策机制存在的缺失,并积极运用新理念、新技术对其进行创新,为实现外交工作的基本目标提供切实有力的保证。

---

① CSFI:全球网络空间情报高层报告,引自安全牛网,http://www.aqniu.com/security-reports/6205.html。

② 2015年,《中华人民共和国国家安全法》正式颁布。该法明确了"网络空间主权"概念,并对维护国家网络安全作出了具体规定。

本研究显示,由网络社会和信息技术发展催生的"大数据"具有物质、技术和思维三个维度,蕴含着巨大的势能,并已对决策思维和决策方法产生了积极影响,也为中国外交决策创新提供了重要启示和可能性。中国外交决策者应当审时度势,抓住大数据时代的契机,将大数据国家战略的基础与外交决策机制创新进行充分耦合,在决策过程的每一个阶段均进行不同形式和不同内容的创新,同时有效化解大数据在使用过程中存在的各种难题,提升大数据使用的绩效,进一步增强对外交事务的反应能力、协调能力和处理能力,展现更为积极、主动的大国外交特色。

新型跨国暴力冲突结构、武装无人机与国际战争规范的进化①

王存刚　　张蛟龙②

一、引信

自主权国家诞生以来,跨国暴力冲突即国际战争持续不断地发生。进入21世纪以来,由于诸多因素的共同作用,国际战争即跨国暴力冲突的形式和特点与以往相比发生了很大变化。以最大限度地减少己方士兵的伤亡为目标、以精确打击敌人为主要作战手段并且高度依赖情报信息的现代国际战争出现,并日益成为国际战争的主要形式。在这一大背景下,军用武装无人机(Unmanned Combat Aerial Vehicles or Drones,下文简称为"武

①　本文原载于《世界经济与政治论坛》2015年第1期。
②　张蛟龙,中国国际问题研究院国际战略所助理研究员,天津师范大学2013级硕士研究生。

装无人机")①因其多方面的优点而在现代国际战争中发挥着重要作用,产生了多方面的影响。从战争史的角度看,武装无人机在跨国暴力冲突中的使用可以说是一场武器革命,它引领着作战方式、作战思维和军事指挥组织结构等方面的变化,②进而不可避免地会对国际战争规范(包括战争伦理与战争法)③产生影响。

　　讨论武装无人机的使用是否会对国际战争规范产生影响,首先需要面对的两个问题是:投入使用这种武器的跨国暴力冲突结构是什么? 谁在使用武装无人机? 就前者而言,是指所谓的跨国"反恐战争",即国家行为体对活动于该国境外的恐怖组织这类非国家行为体的战争行为。④就后者而言,涉及的是国家行为体。国家行为体使用武装无人机可以分为两类:一类是在国家间的暴力冲突中使用。不过,由于迄今为止大国之间并未发生重大而显著的无人机战争实践, 即使是在大国与小国之间发生的常规

---

　　① 对于何谓 "武装无人机",美国国防部给出了如下定义:An aircraft or balloon that does not carry a human operator and is capable of flight under remote control or autonomous programming. Also called UA.(JP 3–52) 见:JOINT CHIEFS OF STAFF,JOINT PUB. 1 02,DEPARTMENT OF DEFENSE DICTIONARY OF MILITARY AND ASSOCIATED TERMS(2010). 应当说明的是,武装无人机与机器人是完全不同的。机器人是一种完全的自动化装置设备。武装无人机的"无人"系统指的是操作员在战争之前或战争之中远离战场遥控指挥。它大概有三类:一是完全自动化的(在战前就预先程序化了);二是半自动化,在战争的关键时刻包括武器的发射时,它要求地面指令的输入;三是完全地面控制的。军用无人机英文中称为drones或"UAV"。有关军用无人机最近的发展概况,参见陈黎:《军用无人机技术的发展现状及未来趋势》,北京:航空科学技术出版社2013年版,第2页。

　　② See Jack M. Beard,Law and War in the Virtue Era,*American Journal of International Law*,Vol. 103,No.3,2009,pp.409–445.

　　③ 在以往的文献中,"战争伦理"和"战争法"两者之间既存在着某种对应关系,但也存在着某种区分和不一致。为讨论方便,本文统一使用"战争规范"来替代两者,只是在需要特别指明的时候才加以区分。

　　④ 武装无人机并非只是现在才被投入战争实践的,其实早在越南战争期间美国就使用了无人机,但当时的无人机只具有传统的侦查和收集情报的能力。而文中所指的是具侦查和打击一体的无人机,这种无人机在"反恐战争"中被频繁使用。参见温羡峤、李英:《从美国无人机的发展来看无人机在未来战争中的应用前景》,载《现代防御技术》2003年第5期。

战争中,无人机也只是作为地面部队的辅助手段加以使用,所引起的国际战争规范争议相对较小,因此这类问题不是本文的讨论重点。另一类是国家行为体使用武装无人机对存在于其他国家境内的目标(人员、装备和设施)进行军事打击,但并不派遣地面部队参与此种军事行动。这类跨国暴力冲突引发的国际战争规范争议最大。由于目前在跨国暴力冲突中能够和实际使用无人机的仅有美国、英国和以色列三个国家,其中美国使用武装无人机的频率最高,因此围绕该主题的讨论大多是在美国开展"反恐行动"的现实背景下展开的。从已有文献看,过往的讨论主要从国际法的角度展开,论证思路要么是"以法论法",要么是"从规范到规范"。具体地说,就是归纳武装无人机攻击所引起的国际法争议,分析这种军事手段的使用对现存国际法或国际规范的核心原则所产生的各种挑战,提出化解争议和挑战的国际法措施。其核心假设,要么是强调原有规范的适用性,要么是重新解释原有规范的核心概念,要么是提出新的规范。①在笔者看来,

---

① 参见 Eyal Benvenisti, The Legal Battle to Define the Law on Transnational Asymmetric Warfare, *Duke Journal of Comparative & International Law*, Vol.20, No.3, 2010, pp.339–359; Michael W. Lewis, Written Ttestimony on Hearing on Rise of The Drones Ⅱ: Examining The Legality of Unmanned Targeting, United States House of Representatives Committee on Oversight and Government Reform Subcommittee on National Security and Foreign Affairs, April 28, 2010; M.W. Aslam, A Critical Evaluation of American Drone Strikes in Pakistan: Legality, Legitimacy and Prudence, *Critical Studies on Terrorism*, Vol.4, No.3, 2011, pp.313–329; Christian Enemark, Drones over Pakistan: Secrecy, Ethics, and Counterinsurgency, *Asian Security*, Vol.7, No.3, 2011, pp.218–237; Ikander Ahmed Shah, War on Terrorism: Self Defense, Operation Enduring Freedom, and the Legality of U.S. Drone Attacks in Pakistan, *Washington University Global Studies Law Review*, Vol.9, No.1, 2010, pp.113–127; Mary Ellen O'Connell, Lawful Use of Combat Drones, Written Testimony on Hearing on Rise of The Drones Ⅱ: Examining The Legality of Unmanned Targeting, United States House of Representatives Committee on Oversight and Government Reform Subcommittee on National Security and Foreign Affairs, April 28, 2010; Ryan J. Vogel, Drone Warfare and The Law of Armed Conflict, *Denver Journal of International Law & Policy*, Vol.39, No.1, 2010, pp.101–132; Laurie R. Blank, After "Top Gun": How Drone Strikes Impact the Law of War, *Journal of International Law*, Vol.33, No.3, 2012, pp.675–718; Thomas W. Smith, The New Law of War: Legitimizing Hi-Tech and Infrastructural Violence, *International Studies Quarterly*, Vol.46, No.3, 2002, pp.355–374; Milena Sterio, The United State's Use of Drones(接下页)

已有的研究虽然找到了武装无人机的使用所引发的国际战争规范争议的关键点，但过于拘泥于国际法范畴，往往只是看到了问题的表面或真实问题的某些侧面，并没有全面地勾勒出国际战争规范面临的挑战，并找到其发生进化的根本原因，因而无法准确地回答"无人机究竟多大程度上对战争规范可能发生的进化产生了作用"的问题。

笔者认为，冷战结束以来，由于各种非国家行为体——特别危害极大、影响广泛的恐怖组织——对现有的国际秩序构成严重挑战，因此国际社会在安全领域的主要关切已经从内容相对简单的传统安全问题转变为内容极为庞杂的非传统安全问题，其中恐怖主义威胁是一个十分重要的

（接上页）in the War on Terror: the (il)legality of Targeted Killings under International Law, *Case Western Reserve Journal of International Law*, Vol.45, 2012, pp.197–214; Noam Lubell, Nathan Derejko, A Global Battlefield? Drones and the Geographical Scope of Armed Conflict, *Journal of International Criminal Justice*, Vol.11, No.1, 2013, pp.1–23; Alan Backstrom and Ian Henderson, New Capabilities in Warfare: an Overview of Contemporary Technological Developments and the Associated Legal and Engineering Issues in Article 36 Weapons Reviews, *International Review of the Red Cross*, Vol.94, No.886, 2012, pp.483–514; Ian Henderson, Civilian Intelligence Agencies and the Use of Armed Drones, *Yearbook of International Humanitarian Law*, Vol.13, No.4, 2010, pp.133–173; Kenneth Anderson, Written Testimony on Hearing on Rise of The Drones: Examining The Legality of Unmanned Targeting, United States House of Representatives Committee on Oversight and Government Reform Subcommittee on National Security and Foreign Affairs, March 18, 2010; David W. Glazier, Written Testimony on Hearing on Rise of The Drones II: Examining The Legality of Unmanned Targeting, United States House of Representatives Committee on Oversight and Government Reform Subcommittee on National Security and Foreign Affairs, April 28, 2010; Stuart Casey-Maslen, Pandora's Box? Drone Strikes under Jus ad Bellum, Jus in Bello, and International Human Rights Law, *International Review of the Red Cross*, Vol.94, No.886, 2012, pp.597–625; Rosa Brooks, Drones and the International Rule of Law, *Ethics & International Affairs*, Vol.28, No.1, 2014, pp.83–103; 黄云松、蔡瑞艳：《无人机攻击面临的国际法挑战——以美国在巴基斯坦的无人机攻击为例》，载《南亚研究》2012年第1期；朱路：《无人机攻击问题国际人道法研究》，载《南京理工大学学报》（社会科学版）2013年第26卷第6期；梁亚滨：《武装无人机的运用与扩散及其国际政治影响——兼论中国的应对之策》，载《长江论坛》2013年第4期；梁亚滨：《武装无人机的应用：挑战与影响》，载《外交评论》2014年第1期；梁亚滨：《武装无人机引发治理和伦理难题》，载《人民日报》2014年6月17日；钱铖、石斌：《"雄蜂"的阴影——美国无人机作战对当代战争伦理的挑战》，载《世界经济与政治》2013年第8期。

关注点。①伴随着打击恐怖主义行动的进程,跨国暴力冲突结构发生了一定的变化:②以往常见的国家间暴力冲突虽时有发生,但数量明显递减;而国家行为体与恐怖组织这类非国家行为体之间的暴力冲突的数量显著增加,已经成为国际冲突的重要形式,并对既有的国际战争规范构成挑战。本文的核心观点是:存在于国家行为体与恐怖组织这类非国家行为体之间的跨国暴力冲突结构具有典型的不对称性,它对既有国际战争规范产生了多方面的直接影响,是引发国际战争规范进化的主要原因;武装无人机的使用虽然也对国际战争规范产生了影响,但是次要的、第二位的。

二、冷战结束后跨国暴力冲突结构的变化

任何一种跨国暴力冲突结构都受到某些特定的构成性因素的影响。这些因素包括:冲突各方的综合实力特别是军事实力的对比,冲突中使用的武器装备和战略、战术手段,冲突波及的范围,等等。随着武器技术的进步,特别是热核武器的发展和巨大破坏力,传统的跨国暴力冲突即国际战争的数量逐渐减少,大国之间无战争已经是客观事实。③因此,国家间暴力冲突即跨国暴力冲突虽未被彻底消除,但已不是国际战争的主要形式和国家实现对外政策目标的主要手段,威慑和制衡成为国家行为体发展和使用军事力量的主要目的。④然而现代技术的快速进步和广泛扩散,使得

①　可见朱锋:《"非传统安全"解析》,载《中国社会科学》2004年第4期。

②　为讨论方便,下文将把具有某种特征的冲突形式界定为一种特有的冲突结构。

③　杨原认为,"自1945年以来大国相互间的战争变得异常稀少和困难,这一现象意味着大国所面临的生存安全威胁已不再像现实主义所强调的那样紧迫和致命"。参见杨原:《武力威胁还是利益交换——大国无战争时代提高国际影响力的核心路径》,载《外交评论》2011年第4期。库迪(C. A. J. Coady)指出,在20世纪最后15年和21世纪开始的这段时间里,国家与国家之间的战争与冲突已经急剧下降。参见C. A. J. Coady, *Morality and Political Violence*, Cambridge: Cambridge University Press, 2008, p.4.

④　[英]巴里·布赞:《时代进化中的大国关系》,节大磊译,载《国际政治研究》2014第1期。

数量越来越多、规模越来越小的团体乃至个人有可能获得大规模杀伤性武器,从而对世界的整体和平和人类社会的综合安全构成严重威胁;在这类团体和个人中,恐怖组织和恐怖分子最为典型。由于恐怖组织和恐怖分子在使用暴力方面日益呈现出无节制的特点, 国家似乎进入了一种更加不安全或者说是无限不安全的状态。为了应对在安全领域所面临的这种新挑战,最大限度地减少士兵和平民的伤亡,最大限度地降低政治和军事风险,国家日益倾向于使用更加精确、有效和区分性的尖端武器,去打击那些恐怖组织和恐怖分子。武装无人机就是这类尖端武器的典型代表。由于国家行为体与恐怖组织这类非国家行为体的冲突持续存在, 并有愈演愈烈之势,因此在国家之间的传统跨国暴力冲突结构继续存在的情况下,国家行为体与恐怖主义组织之间的新型跨国暴力冲突结构日益引起广泛关注。

与传统国际暴力冲突结构相比, 涉及无人机的新型跨国暴力冲突结构具有以下新特点:

第一,冲突双方为不同类型的国际行为体。其中一方为国家行为体,并且一般是国际关系中的大国——至少是地区强国;另一方则为非国家行为体,并且主要是恐怖组织或恐怖分子。

第二, 尽管一国与活动于他国境内的恐怖组织或恐怖分子发生了跨国暴力冲突,但并未与该组织或个人所在国的政府发生暴力冲突。

第三,尽管这种暴力冲突具有跨国性,但国家行为体一方并未派出地面武装力量赴他国境内作战。

第四,暴力冲突具有系统的不对称性。[①]首先是冲突双方的法律地位

---

① 非对称暴力冲突并不是一个新现象。在历史上发生的难以计数的冲突中,极少出现完全势均力敌的情形,自古以来敌对双方均试图通过努力发展针对对方的非对称能力来获胜。不对称暴力冲突可能在不同的层面上产生,并且采取不同的形式。比如在行动层面(包括诡计、隐秘行动、背信弃义、恐怖主义等)、军事策略层面(游击战、大规模报复、闪电战等)和政治层面上(道德或宗教战争、文化冲突)。不同的形式包括力量、手段、方法、组织、价值和时间上的不对称。(接下页)

不对称。国家行为体在国际法中具有完全的法律地位，而恐怖组织则没有。其次是冲突双方的军事实力不对称。一般而言，国家行为体拥有压倒性的军事、政治和经济实力，恐怖组织尽管拥有相当的破坏力，但军事、政治和经济实力相对弱小也是公认的事实。再次是冲突双方的法律地位不对称。国家行为体在国际法中具有完全的法律地位，而恐怖组织则没有。再次是在适用战争法等规范中的利益不对称。传统的战争规范依赖于冲突双方对互惠的期待，但却禁止冲突各方以"互惠性"为由拒绝履行相关义务。不过，在这种不对称的跨国暴力冲突中，冲突双方对互惠的期待基本破灭。复次是冲突双方的合法性不对称。"发动战争是国家的主权权利"这一思想深嵌于当代战争伦理之中，几乎载人所有与战争有关的国际条约。国家原则上承认彼此间的平等性和相似性，并且这种承认是当代有关战争的国际法的基础；但国家行为体和恐怖组织这类非国家行为体在组织结构、功能上完全相异，毫无平等性和相似性可言。最后是冲突双方作战动机的不对称。在传统跨国暴力冲突中，各方均以获得具体军事利益为目的，而在新型跨国暴力冲突中，恐怖组织以制造社会恐慌、获取政治利益为目的，它往往逼迫相关国家修改或放弃某项政策；国家一方也不是为了降服恐怖分子，而是使之彻底瓦解，胜利或失败已没有多大意义。

三、武装无人机的使用对新型跨国暴力冲突结构的影响

冷战后形成的新型跨国暴力冲突结构，由于国家行为体一方拥有并

（接上页）参见 Toni Pfanner, Asymmetrical Warfare from the Perspective of Humanitarian Law and Humanitarian Action, *International Review of the Red Cross*, Vol.87, No.857, 2005, pp.149–174. Mack Aandrew, Why Big Nations Lose Small Wars: the Politics of Asymmetric Conflict, *World Politics*, Vol.27, No.2, 1975, p.175. 也有学者认为，"非对称"已经被建构为一种具有规范意义的术语，暗含了对国家一方的同情和国家行为体与非国家行为体之间的差异。见 Yves Winter, The Asymmetric War Discourse and its Moral Economies: Acritique, *International Theory*, Vol.3, No.3, 2011, pp.488–514.

使用武装无人机,从而强化了某些特点。这与武装无人机在暴力冲突中的特殊优势有关,包括:随时提供近乎实时的视频资料,从而大大改进对作战区域整体态势的感知,准确发现目标并迅速发起攻击的能力,降低作战区域平民伤亡的风险并保证己方士兵零伤亡,[①]等等。

武装无人机的特殊优势对跨国暴力冲突结构的影响主要体现在以下三个方面:

(一)它使国家行为体拥有了对非传统安全威胁做出"相称"应对的能力[②]

与国家行为体倾向于克制地使用暴力不同,恐怖组织这类非国家行为体具有毫无节制地使用暴力的巨大冲动。那些所谓的"非职业化战士"[③]对长期以来垄断暴力使用权的国家构成越来越大的威胁,日益成为职业军队不敢小视的对手。此外,恐怖组织的生存力极强,[④]组织和发动暴力袭击的"成本"较低,且其成员可以比较自由地在世界各地流动,从而增加了主权国家动用职业军队对其进行精确打击的难度。而武装无人机的出现和使用,扩大了国家在应对恐怖组织威胁方面的适当手段,提高了国家在这方面反应的灵活性。

---

① 武装无人机的战术军事优势主要体现在从发现目标到迅速发射精确制导导弹实施致命武力打击的反应速度。这种优势使得武装无人机尤其适用于一些活动性较强的目标。美国等拥有武装无人机的国家就是利用这一点来执行所谓的"定点清除"(targeted killing)的任务。See Report of the Special Rapporteur on the Promotion and Protection of Human Rights and Fundamental Freedoms while Countering Terrorism;Ben Emmerson,UN Doc. A/68/389,para25.

② Daniel Brunstetter,Megan Braun,The Implications of Drones on the Just War Tradition,*Ethics & International Affairs*,Vol.25,No.3,2011,p.339.

③ 如何在战争法中界定恐怖组织中的作战人员,目前仍存有很大争议。

④ 乔良、王湘穗:《超限战》,北京:中国社会出版社2005年版,第308页。

(二)强化了暴力冲突结构的不对称性

武装无人机的最大特点是所谓的"隔离因素",即操作员距离作战区域万里之遥,只有武装无人机处于战场之中。这就使得拥有武装无人机的国家行为体一方的人员处于绝对安全地位。加之武装无人机的强大战场感知能力和迅速识别目标并发起攻击的能力,从而使得没有武装无人机的恐怖组织处于更加不利的地位,进一步加剧了冲突双方在军事实力和攻击手段上的不对称。

(三)延长和再造了新型跨国暴力冲突结构

一般来说,手段与目的相辅相成。没有脱离目的的手段,也不存在脱离手段的目的。只有通过某种手段,才能实现某些目的。在国家行为体与恐怖组织这类非国家行为体所构成的非对称跨国暴力冲突结构中,国家的主要目的是打击恐怖主义,武装无人机则是一种灵活且相称的手段,两者辩证地统一于非对称的冲突结构中。然而正如以色列哲学家梅兹(Yehude Melzer)所说,在战争中有一种调整目的从而使其适应手段的不可抗拒的倾向,换言之,就是为了满足使用的军事力量和技术的需要,可以调整最初确定的有限目标。[①]在这种情况下,手段不受目的的"控制",并扩大了原初的目的。基于这一假设我们可以发现,相比其他武器,武装无人机杀人更加容易,因而是一种非常危险、具有诱惑性的军事技术。它可以使敌人处于更加危险的境地,而己方的士兵却不需要冒任何风险。这样,武装无人机的应用一方面提高了国家以正当理由相称、区别性地行动能

---

① [美]迈克尔·沃尔泽:《正义与非正义战争》,任辉献译,南京:江苏人民出版社2008年版,第134页。

力,但另一方面却很可能会产生适得其反的后果。①说得更加直白一点,就是这种技术手段太好了,以至于适用于其的国际规范可能需要渐进松动。②

　　由于武装无人机所具有的显著优点而容易遭到滥用,进而超出原初的目的,因此在实践中,除非受到对正义考虑的限制,否则使用目的的膨胀也许就是不可避免的。正如美国学者沃尔泽指出的那样,"战争的目标是较好的和平状态",不是不受伤害,而是比较不易受到伤害;不是安全,而是比较安全,正义战争是有限的战争。③但是美国等拥有武装无人机的国家为了追求自身的绝对安全,鉴于无人机提供了一种适用于这种目的的手段,因而不必派遣地面部队赴他国打击恐怖分子的现实,在全球范围内展开所谓的"反恐战争"。④而当无人机的优点被滥用时,就不可避免地扩大了原初的目的,使得国家行为体与恐怖组织这类非国家行为体之间的跨国暴力冲突愈演愈烈,陷入"以暴制暴,越反越恐"的恶性循环,加大了那些被打击的恐怖分子所在国的民众所承受的生命、财产及社会、心理等各个方面的痛苦,加剧了当地政府统治的脆弱性,严重削弱相关国家的自主能力。这种冲突结构的持续再造,对全球和地区的和平与安全构成了

---

　　①　Daniel Brunstetter, Megan Braun, The Implications of Drones on the Just War Tradition, *Ethics & International Affairs*, Vol.25, No.3, 2011, p.346.

　　②　Michael Walzer, Targeted Killing and Drone Warfare, http://www.dissentmagazine.org/online_articles/targeted-killing-and-drone-warfare。

　　③　[美]迈克尔·沃尔泽:《正义与非正义战争》,任辉献译,南京:江苏人民出版社2008年版,第136页。

　　④　布什政府认为美国正在进行的是全球反恐战争(global war on terror),而奥巴马政府则认为美国正在与基地组织、塔利班及其相关力量(al Qaeda, the Taliban, and associated forces,)处于武装冲突之中,但是受到强烈质疑的是所谓的"相关力量"(associated forces),如何界定这种关系?因此,尽管奥巴马政府缩小了打击的地理范围,但实际上打击的对象与范围并没有变化。参见Koh H., Legal Adviser, U.S. Department of State, Speech at the Annual Meeting of the American Society of International Law, Mar.25, 2010, p.7, available at http://www.state.gov/s/l/releases/remarks/139119.htm; Targeting Operations with Drone Technology:Humanitarian Law Implications, *Human Rights Institute*, Columbia Law School, March 25, 2011, p.4。

严重威胁。

总之,武装无人机本身所具有的特殊优势,使得国家对其的使用被认为是更加符合战争法、战争伦理的价值和观念,从而使得在国家行为体与恐怖组织这类非国家之间形成的新型跨国暴力冲突结构中,冲突的手段与冲突的目的形成新的关系:手段所具有的优点使其易于脱离目的而遭到滥用,并且反过来再造冲突的结构。新型跨国暴力冲突结构的形成及其与传统跨国冲突结构迥异的特点,引出了是否需要调整战争规范的问题。这是因为,既有的国际战争规范产生了传统跨国暴力冲突的背景下,调节的是国家行为体之间的关系, 它能否调节国家行为体和非国家行为体之间的跨国暴力冲突,需要重新加以思考。

四、武装无人机的使用对国际战争规范的挑战

武装无人机的使用,既对以"反恐"为背景的新型跨国暴力冲突结构产生了影响,也对既有的国际战争规范构成某种挑战。这在交战正义和开战正义两个层面均有所体现。

(一)就武装无人机而言,挑战主要是在交战正义层面上

从法律逻辑上讲,只要使用武装无人机的国家行为体遵守了国际战争法——主要是作为特别法的《国际人道法》(International Humanitarian Law, IHL)和作为补充适用的《国际人权法》(International Human Right Law,IHRL)中的必要性、相称性原则及其他规范,就能确保无人机攻击的合法性。但在这种情况下,仍有四个根本性问题尚待解答:谁可以成为被打击目标?在什么地方它们可以成为目标?谁可以被允许遥控武装无人机?谁可以确定何

种目标在法律上是合适的？①这些问题的答案取决于新型跨国暴力冲突结构，因为只有它才能定义"平民""战士"等关键概念，而这种定义又直接影响到武装无人机是否遵守了交战正义中的区分性、相称性规范的判定。

(二)恐怖组织和恐怖分子对交战正义与开战正义的挑战

具体包括：恐怖组织是否以及在多大程度上能够发动针对国家行为体的国际法意义上的武装攻击？恐怖组织的这种武装行为能否触发国家行为体行使自卫权？国家行为体在面对恐怖主义威胁时如何解释自卫权（self-defense）、预先自卫权（pre-emptive self-defense）和预防性自卫权preventive self-defense）？国家行为体在打击恐怖主义行动中如何遵守国际战争法中的区分性、相称性规范等？

(三)武装无人机与"武力争斗"(hostility)的自主性和判断力的问题

作为一种被认为是国家行为体应对恐怖主义威胁及解决与之相关的跨国暴力冲突的"相称"手段，武装无人机的使用涉及国际战争法中的攻击的准确性、隔离因素、责任判定与追究，以及自主性武器在战争中的应用等。而这些均属于"武力争斗"的自主性和判断力的问题。

基于上述情况，可以断定：尽管武装无人机的使用对作为规制跨国暴力冲突的国际战争规范构成挑战，但并非根本性的。因此，它并不是此类规范进化的主要动因。要发现国际战争规范进化的根本原因，我们或许需要回到跨国暴力冲突结构本身。这是因为，跨国暴力冲突结构作为一种客观事实，反映国际安全领域的变化，反映不同的国际行为体在世界政治进

---

① Michael W. Lewis, Written Testimony on Hearing on Rise of The Drones Ⅱ:Examining the Legality of Unmanned Targeting, United States House of Representatives Committee on Oversight and Government Reform Subcommittee on National Security and Foreign Affairs, April 28, 2010.

化中的作用。而正是这两方面的情况,才从根本上导致国际战争法的核心概念含义上的变化。这些核心概念大体上分布在两个层面:一是开战正义层面,如自卫(self-defense)、迫切性(im-minence)、武装攻击(armed at-tack);二是交战正义层面,如战士(combatant)、平民(civilian)、武装冲突(armed conflict)、敌对行为或武力争斗(hostilities)。还有一些核心概念散布于两个层次上,但含义却不尽相同,如必要性(necessity)和相称性(pro-portionality)。①

五、新型暴力冲突结构需要新的国际战争规范

既有的国际战争规范是用来约束和调整国家行为体之间的暴力冲突即传统跨国暴力冲突结构的,它以最低限度内的对称性为前提。由于新型跨国暴力冲突结构涉及恐怖组织和恐怖分子这类特殊的非国家行为体,具有显著的不对称性,因而能否适应原有的国际战争规范,显然是存有疑问的。②尽管现有的战争法有针对国家行为体与非国家行为体之间暴力冲突的规范,即《第二附加议定书》,并且无论什么样的冲突类型都受制于日内瓦公约共同第三条,③但《第二附加议定书》只规定了15个实体条款,与

---

① 至于这些概念的含义是如何发生变化的,不是本文讨论的主题。

② 有学者已经做过类似的分析。见钱铖、石斌:《"雄蜂"的阴影——美国无人机作战对当代战争伦理的挑战》,载《世界经济与政治》2013年第8期。

③ 《日内瓦公约》之共同第三条:在一缔约国领土内发生的非国际性武装冲突之场合,冲突之最低限度应遵守下列规定:(一)不实际参加战事之人员,包括放下武器之武装部队人员及因病、伤、拘留,或其他失去之战斗力人员在内,在一切情况下应予以人道待遇,不得基于种族、肤色、宗教或信仰、性别、出身或财力或其他类似标准而有所歧视。因此,对于上述人员,不论何时何地,不得有下列行为:甲、对生命与人身施以暴力,特别如各种谋杀、残伤肢体、虐待及酷刑;乙、作为人质;丙、损害个人尊严,特别如侮辱与降低身份的待遇;丁、未经具有文明人类所认为必须之司法保障的正规组织之法庭之宣判,而遽行判罪及执行死刑。(二)伤者、病者应予收集与照顾。公正的人道团体,如红十字国际委员会,得向冲突之各方提供服务。冲突之各方应进而努力,以特别协定之方式,使本公约之其它规定得以全部或部分发生效力。上述规定之适用不影响冲突各方之法律地位。

《第一附加议定书》的八十多条相比,在具体规则和定义方面存有很多模糊地带。①由于新型跨国暴力冲突结构的特点与《第二附加定义书》中主要考虑一国政府与反政府武装团体之间的暴力冲突结构有很大不同, 加之对一些关键术语缺乏清晰的界定, 因此该条约对当下以武装无人机为手段的新型暴力冲突结构的规范作用有限。

(一)从"开战正义"(jus ad bellum)遭遇"使用武力的正义"(jus ad vim)的挑战

既有的正义战争的标准包括正当理由、合法权威、正当目的、成功的可能性、相称性和最后手段等。②但这些标准主要是对国家行为体之间的跨国冲突结构而言的, 对于由国家行为体与非国家行为体构成的新型跨国暴力冲突结构来说,原有的标准已经无法适用。因此,有学者根据跨国暴力冲突结构的变化和现实政治的需要, 提出了一种适应于这类非对称暴力冲突的开战正义层面的分析框架。沃尔泽就认为,新型暴力冲突处于一个战争与和平之间的灰色区域,即介于一场"真正的战争"(actual war)和"警察行动"(police work)之间,因此国际的应对方式应当介于战争和执法之间。所谓"非战争武力"(force short of war)对于这类冲突而言是相称的,无人机打击就是这类非战争武力的典型代表。

由此,沃尔泽提出了"使用武力的正义"这一相对于"开战正义"更为宽泛的概念来规范在这类冲突中武力使用的合法性。③布鲁斯特尔(Daniel Brunstetter)和布罗(Megan Braun)则进一步丰富了"使用武力的正

---

① 例如,对此类冲突结构中非国家行为体的成员如何进行法律定义,是看做战士,还是视为受保护的平民,平民在何种情况下丧失免于攻击的保护,等等。再者,条约并没有考虑到当今这种"跨国性反恐战争"成为跨国暴力冲突的主要形式的事实。

② 参见张书元、石斌:《沃尔泽的正义战争论评述》,载《美国研究》2007年第3期。

③ Michael Walzer, On Fighting Terrorism Justly, *International Relations*, Vol.21, No.4, 2007, pp. 480–484.

义"的内容。他们阐述了现有"开战正义"标准的不足,重新定义了相关标准,并添加了"升级的可能性"(probability of escalation),形成了所谓的"使用武力的正义"的六个标准,分别是:正当理由的宽泛解释和最后手段(the permissive nature of just cause and understanding last resort);决策前的相称性和冲突升级的可能性的估算 (proportionality and the probability of escalation);以正确的意图和合法性授权的方式最大化他人的权利(maximizing the rights of the other through right intention and legitimate authority)。①

　　仔细推敲可以发现,这几个标准实际上是有利于维护美国等国家无人机打击合法性的。例如,把"冲突升级"看作一个标准是没有什么意义的。因为在这种非对称性极其明显的跨国冲突中,只有强大一方才能提高冲突的级别,所以该标准对强大一方基本没有什么约束效果,反倒是增加了它的道德权威。对"正当理由"的宽泛解释也是非常危险的。在"开战正义"中,唯一的正当理由就是自卫,如果宽泛地解释自卫权,那就为使用武力打开了方便之门。对"最后手段"的重新定义,认为使用无人机这种武器可以提高战争伦理中"最后手段"(last resort)的门槛,避免了派遣地面部队和大规模的轰炸这样的军事行动,②避免了冲突的升级。③而在非对称的暴力冲突结构中,国家发动无人机攻击本身的合法性就已经受到强烈质疑,如果发动大规模战争则其正当性和合法性更会受到国际社会的强烈谴责,而且这种战争既没有"必要性",也没有"相称性"。如果对"最后手段"进行这样的解释,或许只能意味着,在采取某种武力方式前应尽可能

---

　　① Daniel Brunstetter, Megan Braun, The Implications of Drones on the Just War Tradition, *Ethics & International Affairs*, Vol.25, No.3, 2011, pp.337–358; Daniel Brunstetter, Megan Braun, From Jus ad Bellum to Jus ad Vim: Recalibrating our Understanding of the Moral Use of Force, *Ethics & International Affairs*, Vol.27, No.1, 2013, pp.87–106.

　　② Daniel Brunstetter, Megan Braun, The Implications of Drones on the Just War Tradition; *Ethics & International Affairs*, Vol.25, No.3, 2011, p.339.

　　③ Daniel Brunstetter, Megan Braun, From Jus ad Bellum to Jus ad Vim: Recalibrating our Understanding of the Moral Use of Force, *Ethics & Intermational Affairs*, Vol.27, No.1, pp.97–98.

地尝试暴力程度更低的替代方式，[1]以免引起国际社会的谴责。

由此不难看出，沃尔泽等人提出的"使用武力的正义"概念主要是服从于现实政治的需要，国家利益仍然是他们重新"诠释"战争伦理相关问题的出发点和最终归宿，功利主义仍然是"创新"战争伦理的基本价值取向。[2]需要指出的是，这些在原有国际战争规范基础上提出的新框架，是基于新型的跨国暴力冲突结构，而不是传统跨国暴力冲突结构，尽管武装无人机的使用是构成这种冲突结构必不可少的一部分。

(二)交战正义核心原则的系统挑战

传统的交战正义的规范性在于约束发生在国家之间的传统军事冲突。这类冲突应用相似的原则和相似的战争手段进行。从战争法的发展来看，其核心点是非作战人员的安全保障和消除战士不必要的痛苦，也就是所谓的人道原则。正如前文所指出的，以非对称性为主要特点的新型跨国暴力冲突结构与传统跨国暴力冲突结构不同，它对交战正义中区分性、相称性、军事必要性、相互性等交战正义的核心原则提出了挑战。

1. 非对称性容易导致系统性地违反区分原则与相称原则

作为一种高科技精确打击武器，武装无人机加剧了冲突双方在军事实力上的不对称。为避免遭到处于绝对强势地位之敌人的攻击，或尽量拉平双方的军事实力，弱势一方尤其倾向于对区分原则加以利用和有目的的操控，[3]其结果就是冲突双方严重违反了战争法的区分原则和相称原则。

---

① 参见钱铖、石斌：《"雄蜂"的阴影——美国无人机作战对当代战争伦理的挑战》，载《世界经济与政治》2013年第8期。

② 参见李效东、李瑞景：《西方战争伦理的理论体系及当代论争》，载《世界经济与政治》2011年第7期。

③ 参见史伟光、蒋少散：《信息化战争中若干伦理问题论析》，载《南京政治学院学报》2011年第1期；Eyal Benvenisti, The Legal Battle to Define the Law on Transnational Asymmetric Warfare, *Duke Journal of Comparative & International Law*, Vol.20, No.3, 2010, pp.339–359。

这是因为,当面对一个占据绝对技术优势的敌人时,弱势一方从一开始就不拥有任何在军事上获胜的机会。由于无法找到其强势对手的军事弱点,弱势一方可能会强烈地感受到必须寻求实施战争法规则所禁止的战争手段和方法,以抵消其强势对手的优势。如果根本无法找出强敌的弱点,弱势一方最终可能别无选择地将矛头指向强势对手的软肋,直接攻击平民或民用物体,从而彻底违反战争法的区分原则。当面临此种滥用区分原则的行为时,强势一方可能感到有必要逐步降低相称性原则的限制。①在由国家与恐怖组织组成的新型暴力冲突中,双方在各方面的不对称性尤其是实力的不对称性,使得恐怖组织经常隐藏于平民或民用物体之中,出现"白天是农民,晚上是战士"的情形。在这种情况下,一些国家认为,由于恐怖分子利用交战正义中旨在保护平民及其他非作战人员的区分原则,因而使得对恐怖分子的打击无法奏效,于是他们或是降低了相称性原则所设置的障碍,或是放松了相称性原则中的标准。例如,美国政府为了使其在巴基斯坦等国发动的针对恐怖分子的无人机打击符合相称原则,采用了一种极富争议的统计平民伤亡的方法,即在攻击区域内把所有适合服兵役的男性都当作战士看待。②也就是说,美国政府不是依据战争法而是自行定义了"战士"的含义,这就使得相称性原则在保护平民等非作战人员方面毫无意义。所以,使用武装无人机造成大量平民的附带伤害,除了情报来源不准确、决策失误等因素外,主要是由于新型暴力冲突结构的不对称性导致冲突双方系统性地违反区分原则和相称原则。

2. 非对称性导致"军事必要性"几乎失去了原有的规范作用

"军事必要性"构成了战争法中比例等式的元素,扩张或过分强调军

---

① Robin Geiβ, Asymmetric Conflict Structure, *International Review of the Red Cross*, Vol.88, No. 864, 2006, pp.764–766.

② Michael Walzer, Targeted Killing and Drone Warfare, http://www.dissentmagazine.org/online_articles/targeted–killing–and–drone–warfare.

事必要性的概念,将会对比例原则的保护范围造成损害。①如果对"军事必要性"这一概念进行宽泛的解释,那么有关在暴力冲突中限制使用武力的标准就会遭到削弱。②在非对称的新型暴力冲突结构中,限制使用武力的标准遭到了削弱。因为这种冲突类型打破了传统暴力冲突中战场的时间与空间边界,所以要想准确描述、辨别和确定"一次完整的军事攻击行动"是有一定难度的。例如,究竟是把一次武装无人机攻击算一次军事攻击行动,还是把某一个阶段所发起的武装无人机攻击合起来算一次军事攻击行动,就存在很大的争议。另外,随着冲突双方的非对称性逐渐扩大,政治、军事目标与军事必要性之间的区分变得更加模糊。在新型暴力冲突结构中,恐怖组织并非以在军事上击败国家为目的,而是以制造社会恐慌为着眼点,逼迫特定国家的政府调整或放弃某项政策,以实现某种政治诉求。而国家行为体一方则倾向于采用更具有全面和综合性的战略,将政治与军事行动不可分割地结合起来,想从根本上瓦解甚至清除恐怖组织,而不是仅仅满足于军事上的胜利。因此,在这种冲突结构中,"胜利"和"战败"等概念本身变得日益模糊。新型跨国暴力冲突结构已经超出了传统上对"军事必要性"概念所做的狭窄界定。但是突破"军事必要性"概念的狭隘性,意味着要削弱长期以来所达成的人道保护措施,而这些保护措施恰恰直接来源于"军事必要性"这一概念本身,并将相称原则的重心从人道考虑偏移至军事必要性之上。③因此,如果在新型跨国暴力冲突结构中适用原有的"军事必要性"概念,那将导致国家行为体拥有一种几乎无法加以控制的自由裁量权,从而背离在此类情境下对使用武力加以规范的初衷。

① Robin Geiβ,Asymmetric Conflict Structure,*International Reciew of the Red Cross*,Vol.88,No.864,p.769.

② Thomas W. Smith,The New Law of War:Legitimizing Hi-Tech and Infrastructural Violence,*International Studies Quarterly*,Vol.46,No.3,2002,pp.355-374.

③ Robin Geiβ,Asymmetric Conflict Structure,*International Reciew of the Red Cross*,Vol.88,No.864,p.770.

3. 非对称性弱化了相互性，从总体上削弱了冲突各方对交战正义规范的遵守

传统交战正义的法规产生于国家行为体之间的协议，反映的是国家之间的共同关切和利益，通过各自承诺和互惠的威胁来执行。但在新型跨国暴力冲突结构中，相互性变得非常脆弱。首先，实力强大的国家一方由于无人机的"隔离因素"及其强大的战场感知能力和迅速识别目标并发起攻击的能力，可以使攻击与防卫几近完美；而恐怖组织一方却没有类似的应对手段，不能对国家一方造成相称的威慑。这种加剧的不对称性会导致国家一方更容易或更倾向于诉诸使用无人机这种致命性措施，而不是其他非致命措施（如抓捕、缴械等），这并不符合国际社会制定战争规范的人道目的。其次，在这种由于无人机的使用而加剧的非对称冲突结构中，处于弱势的恐怖组织可能滥用旨在保护平民等非作战人员的交战规则，如区分性原则，而国家一方则认为，为了有效打击目标必须降低相称性所设置的标准，这就使冲突双方遵守交战规则的动机——相互性——变得十分微弱，出现"恶性循环"的现象。因此，在这种非对称战争中，双方并不能够依赖相互性这种长久以来确保遵守法律的机制；相反，为了各自的目的，双方都有很强的违反动机，都在以相反的方式淡化自己的义务。在这种情况下，有学者提出了一种新的确保双方遵守交战规则的机制。他们认为，随着无人机等高科技武器投入使用和全球信息的快速流动，各国法院、外国政府、国际组织和国际特别法庭，人道主义非政府组织，国内和全球公民社会等所谓的第三方（武装冲突双方之外的第三方），对战场中违背相关规则行为的监督、评判能力在提高，"这种不断加强的介入逐渐强化了它们自己在这种冲突结构中的法律权威"[①]。目前，在新型跨国暴力冲突结构中，第三方介入机制不断得到加强。这体现了全球规范和法律制定

[①] 详见Eyal Benvenisti, The Legal Battle to Define the Law on Transnational Asymmetric Warfare, *Duke Journal of Comparative & International Law*, Vol.20, No.3, 2010, pp.339–359。

主体的多元化，表明各种非国家行为体参与国际事务越来越活跃。

六、结论

冷战结束以来，跨国暴力冲突结构发生了新变化。发生在国家之间的暴力冲突结构逐渐式微，国家与恐怖组织这类非国家行为体之间的跨国暴力冲突结构凸现。这种新型跨国暴力冲突结构具有一系列不同于传统跨国暴力冲突结构的特点，其中不对称性最为显著；国家行为体在打击恐怖组织的行动中使用武装无人机的行为，进一步加剧了新型跨国暴力结构的不对称性。这些事实对既有的国际战争规范构成挑战。武装无人机作为一种军事手段，尽管对国际战争规范产生了影响，但作用始终是间接的、第二位的；唯有跨国暴力冲突结构的变化，才是引发既有国际战争规范进化的主要原因。

新型跨国暴力冲突结构及武装无人机对原有战争规范产生了挑战，但并不意味着原有的跨国暴力冲突结构已经消失，原有国际战争规范毫无存在的必要。其根本原因，在于国际体系无政府状态的特征并没有发生根本变化，国家之间仍有可能发生暴力冲突。既然国家之间的暴力冲突结构不能排除，那么原有的国际战争规范将会继续存在。调节新型跨国暴力冲突的战争规范，短期内尚不能取代原有规范，而只能起补充和替代的作用。

下篇　学与做

建构主义安全研究理论范式刍议①

宋晓敏②

20世纪90年代,建构主义开始登上国际政治理论的舞台,并逐渐发展成为国际政治理论的主流范式之一。

一、建构主义安全研究范式的理论渊源和逻辑前提

作为国际政治理论研究领域的一支新军,建构主义以批判和重建为武器,对现实主义和自由主义两大主流范式发起了挑战。在从欧洲的政治社会学(尤其是吉登斯的"结构化理论"、涂尔干的"社会事实"论、韦伯的政治社会学、米德的符号互动理论)那里汲取丰富的学养后,对自由主义和现实主义的核心范畴与论断提出了质疑并构建了自己的理论范式。

作为国际政治安全研究领域的批判理论,建构主义范式对两大主流范式先验的逻辑前提出了批评和质疑:权力竞争不是必然,国际社会的"无政府状态"不是先验存在的,安全研究应以分析国际无政府状态为出发点。

---

① 本文原载于《人民论坛》2012年第14期。

② 宋晓敏,唐山师范学院社会科学部副教授,天津师范大学2008级博士研究生。

"无政府状态是国家自己造就的"①成为建构主义安全研究的基本前提。

建构主义安全研究范式的一个基本判断是：国家本身的物质实力并不必然构成安全的威胁，安全是国际行为体之间基于规范、观念、制度基础上互动的结果。规则、制度、价值作为国际社会的规范对国家利益构成影响，这种影响不是外在的，而是被内化到行为体中，它不只是限制了国家的行为，还塑造和改变着国家的行为与利益偏好。人们会习以为常地认为国际政治是由社会构成的，国际关系也是社会体系，具有与自然界根本不同的社会属性，包括反思性、历史性、意图性、意向性、非因果性和立体间性等。

二、建构主义安全研究范式的核心范畴与理论框架

建构主义范式是安全研究领域的一次重大革新。它在安全的主体、实现的方式和目标等方面都提出了富有创见的论断。建构、认同、互动等话语是建构主义安全研究的核心范畴。作为国际关系批判理论的一种形式，建构主义旨在对传统的安全战略研究做出回应。它反对传统安全理论所采取的解决难题的研究取向，挑战了处于霸权地位的话语和盛行的全球安全认识，因而被称为"批评性安全研究"。建构主义提出并回答了三个富有针对性的问题：什么是安全？在盛行的秩序中谁受到保护，谁以及什么是他们因受到保护而需要加以反对的？谁的安全应该与我们的安全有关，通过何种方法和战略获得这种安全？在建构主义看来，安全的现实——威胁、指涉对象、安全措施——都是通过我们思考它们的方式变成可能的；也正因为安全现实的社会建构本质，安全研究必须采取不同于"战略研究"将安全视作自然界的一部分来研究的方法。理查德·琼斯认为，"批评

---

① Walt, Anarchy is What States Make of It: the Construction of Power Politics, *International Organization*, Vol.469, No.2, 1992, p.391.

性安全研究”的目的在于社会变革的政治实践："只有政治实践可以使世界秩序走向和平、安全和正义。批评性安全研究虽然不能替代政治实践，推动解放来为人们提供真正的安全，但它可以作为一个强有力的声音，指导那些政治实践。"①

建构主义安全研究把重心从对主权国家的关注转向对人的关怀，把人而不是国家作为安全的主体。根据这一认识，安全不再局限于特定的主权国家，而是包括所有人的社会关系和社会。这就意味着不能把安全的观念放在传统的"以国家为中心的自身利益"之上。"真正的安全只有通过人民和集体才能够获得"，安全基于相互依赖的社会关系，只有其他人安全了自己才能安全。正是从对安全概念本身的批评分析出发，建构主义抨击了传统的安全假设，尤其是现实主义关于通过暴力手段实现国家安全的假设。

建构主义还讨论了安全与解放的关系问题。它认为，安全意味着无威胁，而解放是让人民无论是作为个体还是组织，摆脱那些对身体的束缚，包括战争与战争的威胁、贫困、缺乏教育、政治压迫等。"安全与解放是一个问题的两个方面。解放，没有强权或指令，才是真正的安全。所以，解放才是安全。"②

在本体论上，建构主义与自由主义持相反的立场。自由主义范式坚持微观经济学和方法论个体主义，从行为体（个人、国家）的理性出发，强调个体最大限度地追求自私利益。经济学中的个人和市场的关系，就是国际政治中的民族国家与无政府状态的关系。由于结构的最高原则"无政府状态"是既定的，结构对个体的制约只是国际物质结构对行为体的外在制约。"建构主义从整体主义出发，主要关注共同知识的社会性和结构性。理

---

① ［英］巴瑞·布赞等：《新安全论》，朱宁译，杭州：浙江人民出版社 2003 年版，第 275 页。

② Ken Booth, Security and Emancipation, *Review of International Studies*, Vol.17, No.4, 1991, pp.313–326.

念主义社会理论包含了一个最基本假设，社会的深层结构是由观念而不是物质力量构成的。虽然大部分主流国际关系理论研究属于物质主义范畴，大部分现代社会理论在这种意义上却属于理念主义范畴。"①"建构主义把国际关系中的共同知识或社会共同拥有的知识界定为文化，泛指国际规范、国际话语和意识形态等，它是经过国家间长期互动固化的认同符号和共同观念，本身就具结构性，就是一种国际观念结构。"②

建构主义由此得出一个论断：国家认同需要加以维护，国家利益本身就是共同文化基础之上互动的结果。因为认同本身就是利益所在。实在论认为，实际存在物不依人的认识而独立存在，认识的意义在于一定限度内与存在相符合，按照存在的本来面目去理解它；而科学实在论则将实在论贯彻到一个更彻底的程度，主张世界独立于个体观察者的心灵与语言之外，一个成熟的理论能够较真实地指涉这个世界，而不管这个世界能否被直接观察到。也就是说，在国际政治中研究国家安全，实际上是在研究何为危险或威胁来源的问题。

可以说，建构主义研究范式不是从抽象的人性出发，而是从人的具体实践出发，从人的现实本质出发，赋予国家、国际体系以社会性和实践性，从而使国际政治回归人的本质。

三、建构主义对安全研究的学理贡献和不足

建构主义运用还原论对现实主义和自由主义安全研究范式的核心范畴，如无政府状态、权力、国家利益等，提出了系统的批评。作为人的解放和国家解放的理论，建构主义实现了安全研究的一次深刻革命。这种批判

---

① ［美］亚历山大·温特：《国际政治的社会理论》，秦亚青译，上海：上海人民出版社2000年版，第29页。

② 郭树勇：《建构主义与国际政治》，北京：长征出版社2001年版，第104页。

和反思无论是对于学科本身还是对整个人类社会而言，其影响都是深远的。

首先，从学科发展的角度看，建构主义从本体论、认识论、方法论和价值论等方面对自由主义和现实主义两大主流范式的话语霸权和垄断地位提出了有力的批评。它使主流范式不得不修正和补充自己的理论。这对整个国际政治学学科的发展意义重大。

其次，建构主义以"社会"和"建构"作为基本范畴对应权力均衡和制度机制规范下的合作，冲击了现实主义范式的物质主义话语，掀起了安全研究领域的一次全面解放运动——向人性和人的解放回归。建构主义不仅关注国家的安全，更关注个体的人的安全。它对以国家和权力为中心的现实主义范式提出了批评，对现代化和全球化进程中弱势群体的利益和个人的权利给予了更多的关注。

最后，建构主义用"实践"沟通了结构和单元，联结了安全和人的关系。实践是人的实践，具有鲜明的社会性。换言之，人的实践是一种社会实践。社会实践的拓展丰富了"主体间性"的意义，它使人与人之间、人与社会之间的互动变得更加频繁，从而使人作为个体增加了对安全的担忧。随着经济全球化的发展和人权意识的普及，个人的安全和福祉在与国家安全的关系更加密切的同时，二者间的矛盾也愈来愈尖锐。在此背景下，建构主义认识到，国际体系永远处在进化和变革之中，所以只有赋予国家以人格甚至人性，使无政府状态的国际体系转变为充满互动的"社会"，才有可能实现国家和个人的彻底解放，实现国际社会的真正安全。从这个意义上说，建构主义是一次理论的重大革新。

尽管建构主义对人类智识的贡献巨大，但它并非完美无缺。自建构主义产生以来，对它的批评声音就未曾间断过。有学者认为，建构主义中的批判理论停留在法兰克福学派和法国后现代哲学的批判与结构中，居于哲学批判的象牙塔顶，没有深入到国际政治现实中，颂扬实践概念的批判理论缺乏的正是实践精神。因此，建构主义无力撼动自由主义与现实主义的话语霸权,无力保护被剥夺和被边缘化的弱势主体的权利,它的安全互动、竞争、伙伴、朋友模式大多停留在一厢情愿和"民主和平论"的狭隘界限内。

从某种意义上讲,国际政治中的权力安全和文化安全是殊途同归,文化和身份认同的背后,是基于权力之上的利益角逐。即便是地区一体化和安全共同体的实践,也仅仅在西方发达国家之间取得了成功。所以建构主义的安全研究仍未脱离西方话语霸权和利益中心的窠臼。

赫伯特·巴特菲尔德的国际秩序观研究①

刘　涵

赫伯特·巴特菲尔德(Herbert Butterfield,1900—1979)是西方史学界的一位重要人物,在国际关系理论方面也有颇多建树。作为英国学派的奠基者,他发起成立了英国国际政治理论委员会,明确了英国学派的历史主义研究传统,并且对"安全困境""无政府状态"等国际政治领域的核心假设做了深入探讨。然而长期以来,学界主要关注其史学思想,忽略了其国际关系思想的价值。直至20世纪80年代这位大师去世之后,他的思想才被人们"重新发现"。②

国际秩序是巴特菲尔德国际关系思想关注的焦点。巴特菲尔德认为,现实国际社会中的种种矛盾、动荡与国际秩序的缺失密切相关。他指出导致国际秩序难以维系的根源在于人性,这是导致国家间陷入安全困境的根本原因。他强调安全困境是人类的恒久难题,无法从根本上加以解决,但可以通过有效的国际秩序进行缓解。基于对历史的思考,巴特菲尔德就国际体系的失序问题给出了自己的救赎之道。

---

①　本文原载于《哈尔滨市委党校学报》2014年第2期。

②　陈志瑞、周桂银、石斌主编:《开放的国际社会:国际关系研究的英国学派》,北京:北京大学出版社2006年版,第117页。

一、巴特菲尔德国际秩序观的理论渊源

(一)坚定的宗教信仰

青年时代的巴特菲尔德曾一度醉心于宗教事业，虽然最终没有成为神职人员，但对教义的研习和传授却使神学理论家圣·奥古斯丁的思想深深根植于其心灵深处，且终其一生而从未动摇。①这一点也体现在他对国际政治现实问题的思考上。阅读巴特菲尔德的著作，我们可以明显感觉到文字背后隐藏着一种宗教的意蕴。他接受了奥古斯丁的"上帝之城"与"人类之城"等思想，认为人类本身确有原罪；个人的"适度"贪心投射到一个更大的群体中，便会造成并且加剧国家间交往的压力与紧张关系(安全困境的内在逻辑)。这种状况威胁着国际秩序的建立与维持。②

宗教信仰还对巴特菲尔德的思维方式及所建构的理论的形态产生了深刻的影响。虽然巴特菲尔德认同霍布斯对于权力的态度，认为正是国家对于权力的贪婪造成了国家间的紧张状态，但他并没有像爱德华·卡尔、汉斯·摩根索等学者那样沿着现实主义的道路走到尽头，从而陷入悲观、宿命的结论之中。究其原因，或许与巴特菲尔德毕生坚持的信仰有关。尽管他也提出人性的缺陷、安全困境等一些令人沮丧的判断，但认为这些都与上帝有关，也是人凭借自身力量无法解决的，不应当对人类事务抱持完美主义的态度。可以说，正是宗教信仰保证了巴氏在绝对的现实主义峭壁与虚无主义的深涧之间始终坚持着中间道路。

---

① [美]肯尼思·W. 汤普森：《国际思想大师：20世纪主要理论家与世界危机》，耿协峰译，北京：北京大学出版社2003年版，第5页。

② 同上，第17页。

(二)所处时代的因素

20世纪50年代,国际关系中存在深刻的危机,并严重地威胁着现存的国际秩序。巴特菲尔德敏锐地意识到了这一点,其研究重心开始由历史转向对哲学和国际关系的研究。他认为,二战之后在西方世界流行的种种错误思潮和理念,根源于人类固有的傲慢与偏执,以及在现实生活中人们对他者的蔑视和由此带来的不安全感。冷战初期以美、苏为首的两大阵营的对峙便是这种错误理念的现实体现,而且这种错误的观念进一步加剧了国际关系的危机。更危险的是,核武器的出现使这种危机带有了一种不可逆转的悲剧色彩。①为此,巴特菲尔德致力于国际政治的研究,试图寻找到缓解安全困境的策略,以重新构筑战后的国际秩序。

(三)西方的思想传统

巴特菲尔德的国际秩序思想暗含着西方思想传统中根深蒂固的自然权利观。在他的有关国际秩序的论述中,始终隐含着这样一种先验的判断,即国际关系的应然状态是各国间存在一定的共识,坚守一条底线,维持基本的秩序。他认为秩序的维持保证了国家(不论大小)的共存,符合各个国家的切身利益,相对于罗马帝国式的国际体系,前者的益处不言自明。但需要进一步追问的是,为什么各国愿意维持这样的秩序,接受规范的束缚,而不愿意改变现状?答案或许在于巴特菲尔德所认同的西方自然权利观,并将其从个人推至国家。从思想演进的轨迹看,西方的自然权利观源于自然法,它强调人的自由与平等,认为两者根植于自然权威的永恒法则。自然法使人"能够抛开历史传统、现存秩序和既成事实的束缚,为人

---

① Herbert Butterfield, *Morality and an International Order*, in Brian Porter(ed.), *The Aberystwyth Papers：International Politics 1919–1969*, Oxford University Press, 1972, pp.354–357.

的权利找到新的根据或终极的根据"①。按照这一逻辑,巴特菲尔德认为国家间的共存也应该是一种需要为之努力的目标。由此我们便不难理解,为何巴特菲尔德力图通过均势、古典外交等机制来建立一个有利于体系内所有国家生存的秩序了。

此外,在巴特菲尔德的著作中,我们还可以发现霍布斯的思想对他的影响。他接受了霍布斯对于人性的判断,承认人性的缺陷及其对权力的追求。以此为基础,巴特菲尔德提出了"安全困境"这一重要概念,并将权力带来的恐惧称之为"霍布斯式的恐惧"(Hobbesian fear)。②当然,巴特菲尔德仅仅吸收了霍布斯理论中的部分元素,目的在于引出他所强调的安全困境的心理因素,随后两者便分道扬镳,展现出了不同的理论形态。

二、巴特菲尔德国际秩序观的基本内容

(一)对国际秩序的界定

相对于同时期的尼布尔、摩根索等美国学者所建构的理论而言,巴特菲尔德的国际关系思想显得不那么系统,也缺乏一般理论所应有的精准与严密。这或许与他的学术背景和研究兴趣有关。巴特菲尔德以历史研究见长,但高度关注现实问题。这样的背景和兴趣既使其思想具有厚重的历史感和强烈的现实感,也很容易导致他疏于对概念的界定,从而使自身所建构的理论显得不够严谨。这一点尤其体现在巴特菲尔德对"国际秩序"这一核心概念的使用上。对于这样一个重要概念,他并未给出明确的含义,而是时而将它视为一种和谐的国际关系状态,时而又将它与"国际体

---

① 丛日云:《西方政治文化传统》,大连:大连出版社1996年版,第206页。

② Herbert Butterfield, *History and Human Relations*, London: Colins, 1951, pp.20-21.

系""均势"等概念混用。①

虽然巴特菲尔德笔下的"国际秩序"一词涵盖范围较广,但与"国际体系""均势"等还是存在一定区别。总体而言,它体现为一种有序的状态,一种体系内各国追求的目标。对此,以研究巴特菲尔德国际关系思想而蜚声学界的阿尔伯特·科尔进行了如下归纳:"在巴特菲尔德看来,所谓国际秩序应该是这样的国际关系体系,其中暴力冲突受规则的约束,从而保证体系内任何一个成员国独立自主。这样的国际关系体系是一种符合道义的,有价值的目标。"②

(二)国际秩序的维系

前文曾提到,巴特菲尔德认为安全困境根源于人性,无法从根本上得到解决,只能通过一些机制加以限制,从而使国际秩序得以维持。为此,他提出了如下三种机制:均势、传统外交和国际制度。

1. 均势

关于均势,巴特菲尔德认为,这是一种维持秩序的有效机制。他指出,只要一个国家不是以自我为中心的,它就应该将国际秩序,也就是均势作为追求的目标。至于均势如何发挥作用,这涉及如下三个方面:其一,国际体系中应存在几个势均力敌的大国,"大国之间有权彼此控制,以防任何一国成为威胁"。其二,体系中小国的存在也有重要的意义。事实上,在均势体系中,小国的作用要胜过大国,当其盟友过分强大的时候,它们会改变联盟策略,转而与对方结盟。同时,巴特菲尔德也强调,只有靠均势体系,才能确保小国的生存和独立自主。其三,体系内各国之间存在一定的

---

① Herbert Butterfield, Morality and an International Order, in Brian Porter(ed.), *The Aberystwyth Papers: International Politics 1919–1969*, Oxford University Press, 1972, pp.337–338.

② Albert Coll, *The Wisdom of Statecraft: Sir Herbert Butterfield and the Philosophy of International Politics*, Duck University Press, 1985, p.5.

共识。均势体系要长久维持下去,各国就必须发现利益的契合点,相信均势体系下的国际秩序优于罗马帝国时代的国际格局,而且为了体系的长远利益,处理国际关系应坚持审慎的原则。

在《均势》一文中,巴特菲尔德归纳了均势的历史演变过程和均势思想的发展。他认为直至 18 世纪均势思想才真正成熟,并完美地体现在国际关系现实中。在他看来,一种成熟的均势体系要有一种基本的文化认同,在此基础上各国保持各自的特色。这样既保证了体系的合法性,也保持了均势得以维持的动力。另外,体系中的成员国应意识到,秩序的维持关系到体系的存续及各个国家的长远利益。因而,国家对于权力应时刻保持审慎的态度。最后,巴特菲尔德还强调,成员国应该永远忠于体系层次,任何次体系层次的联盟或是以意识形态划分势力范围的行为都将破坏均势的格局。①他指出,僵化(对于均势来说)是极大的威胁,(因为)根深蒂固的成见时刻威胁着体系。

2. 传统外交

关于传统外交,巴特菲尔德认为它是维持秩序必不可少的手段。一战后,随着民主思想的传播,传统外交也被认为是一种迂腐、陈旧、甚至是有罪过的落后制度。取而代之的是更符合大众口味的"新外交"。它所提倡的原则与传统外交形成了鲜明对比。传统外交以均势保证秩序,整个体系基本上由大国主宰,灵活地处理具体事务,以维持一种动态的和平局面;而新外交反对均势,试图以一种绝对公正的标准,建立一个国家不分大小一律平等的新体制,以求达到永久和平。②这在巴特菲尔德看来是荒谬的。他指出,这种所谓的时代变革远远比不上 18 世纪外交家需要面对的新挑

---

① Herbert Butterfield, Morality and an International Order, in Brian Porter(ed.), *The Aberystwyth Papers: International Politics 1919-1969*, Oxford University Press, 1972, pp.347-348.

② Ibid., p.342.

战。一战后之所以兴起这样的浪潮，应归咎于政治家对大众的诌媚及当代人对历史智慧的忽视。巴特菲尔德指出，传统外交所具有的秘密性、灵活性、专业性能够保证国际体系的稳定。具体而言，一方面它体现了权力在国际交往中的作用，另一方面审慎的原则要求成员国不可标榜权力，应寻求整个体系能够接受的结果。而新外交所鼓吹的平等、正义、永久和平等口号只会导致僵化的国际体系，对秩序构成挑战。

3. 国际制度

关于国际制度，巴特菲尔德尤其强调成员观念认同的重要性。实际上，在他的国际关系思想的诸多方面，我们都能看到共有观念的影子，包括上文提及的均势对体系的意义、成员国愿意遵守审慎的原则及对于体系的忠诚，等等。换句话说，正是由于存在如此多的共识，才能支撑起18世纪那样的均势体系的完美时代。至于人们通常关注的那些有形的国际制度，在巴特菲尔德看来似乎不那么有价值。巴特菲尔德始终坚持这一判断：体系的维系有赖于共识的形成，形式上的制度不过是这种共识的外在表现。而新外交尝试以这种外在形式（国际组织）规范内在共识，以期建立永久和平。这样做是本末倒置，是一种乌托邦主义的表现。

综上所述，我们可以发现巴特菲尔德提出的三种维系国际秩序的机制之间的内在逻辑：维持动态的均势是实现秩序的核心机理，传统外交凭借秘密性、灵活性的特征保证着均势的成功，而体系内成员国间的共识则是前两者有序运行的必要条件。

（三）维持国际秩序的现实障碍

巴特菲尔德的国际秩序思想来自于他对现实问题的关切和思考。他认为现实中国际体系的失序与三个方面的因素密切相关。

1. 国际秩序的维持与意识形态的对立

如前所述，巴特菲尔德于二战结束以后转向国际关系的研究，并于冷战期间完成了不少重要论著。可以说,他的理论创作背景始终包含着西方价值体系与马克思主义理论的碰撞与冲突。在巴特菲尔德的著作中,我们也能够体会到他对这一问题的思考与担忧。他曾经指出,"我们的前辈曾认为世界因为基本的宗教冲突而陷入分裂,致使国际体系无法维系,那么在这样一个因意识形态而分裂的世界中我们无从知晓国际秩序是否还有建立的可能"[①]。在巴特菲尔德看来,意识形态的对立不仅意味着两种理论体系的分庭抗礼,更糟糕的是,人们会由于分属不同阵营而否认国家间始终存在的基本共识。为此,巴特菲尔德将当时的意识形态纷争与在欧洲蔓延了几世纪的宗教斗争相类比,在悲叹人类对历史健忘的同时,指出一旦国家忠诚于这种由意识形态凝聚而成的亚体系,均势便失去了本身的活力。

2. 国际秩序的维持与普遍主义的正义追求

巴特菲尔德认为,对正义的完美主义立场会导致国际秩序难以为继。一些新外交的鼓吹者主张,在外交场域中,国家应不分大小和强弱一律平等。所谓的正义,即是运用国际法标准无差别地对待所有国家。巴特菲尔德拒斥这种绝对正义观念,认为这种绝对的标准过分理想化,在现实中难以实现。他主张以辩证的态度来思考秩序的伦理维度,并主张在维系秩序的同时关照对正义的追求。这尤其体现在他对于均势体系中小国的论述上。他指出小国对均势有着重要意义,根据体系中不同国家间实力的消长,小国可以背弃原有同盟建立起新的联盟,以维系体系的总体平衡。同时,又强调只有均势这样的体制才能保证小国的自由,并使其具有最大的价值。

3. 国际秩序的维持与国际组织

二战后,新的国际组织不断涌现,将不同领域的国际争端交给相应的

---

① Butterfield, Morality and an International Order, in Brian Porter(ed.), *The Aberystwyth Papers: International Politics 1919–1969*, Oxford University Press, 1972, p.347.

国际组织来解决似乎是战后的一个新趋势。巴特菲尔德在论及这一现象时,始终保持着历史学家特有的审慎态度。他认为国际制度之所以有助于秩序的维持,是因为它凝聚了国家间的共识,而国际组织却仅仅是一种功能性机构。以国际联盟和联合国为例,巴特菲尔德对这两个国际组织的作用并不看好。或者说,至少不像有些人那么看重。他曾对此写道:"没有人会怀疑像国际联盟这样的机制(或者像随后联合国的建立)具有重要意义,因为它为国家间的谈判提供了机会,更重要的是它促成了各国代表通过合作解决问题。如果该组织能够做到依照创设初衷那样行事,它还有可能将国家连接在一起,促进国家间逐渐形成一种国际秩序。然而,在1919年以后,有一种不切实际的幻想认为随便创立一个机构,就建立起了国际体系或是国际秩序。事实上,即使各个国家政府都持正确的态度加入其中,结果也不会如此。"①

毕竟,在巴特菲尔德看来,面对纷繁复杂的国际现实,任何僵化保守的制度安排都是对均势的破坏,并威胁整体国际秩序的维持。

三、对巴特菲尔德国际秩序观的评价

从巴特菲尔德对国际秩序的论述中,我们能够窥视到他对国际关系的思考及个人的学术特点。长期研习历史的学术经历使其有关国际关系的思考具有厚重的历史底蕴。这种学术积淀也使巴特菲尔德在面对现实世界危机的时候,能够轻松地发现现实与历史的联系;在看到当代人对所谓的"进步"沾沾自喜的时候,他以揶揄的口吻指出人们对历史的无知。面对种种困惑,巴特菲尔德总能从历史中找到可资借鉴的经验与智慧,并泰

---

① Butterfield, Morality and an International Order, in Brian Porter(ed.), *The Aberystwyth Papers: International Politics 1919–1969*, Oxford University Press, 1972, p.345.

然处之。

但从另一角度看，也正是这样一种学术背景，大大限制了巴特菲尔德的思路，其一味将现实问题与历史事件进行类比的做法，导致他忽视了真正的新现象、新问题。以对秩序的威胁为例，受欧洲历史与西方思想传统的深刻影响，巴特菲尔德认为国家间产生冲突的原因在于安全困境。这种"霍布斯式的恐惧"根植于人性，无法消除，人们只能通过均势、传统外交、国际制度这三种机制来限制彼此的行为。在巴特菲尔德的理论中，除去预先假设的"人性"外，我们几乎看不到"人"的影子。他相信历史的循环往复，而不相信人类的进步；他宁愿求助于近代欧洲曾经有效的旧制度，也不去寄希望于人类"学习"与"社会化"的能力。因而，在大变动的时代，巴特菲尔德只得期盼用旧有的制度来约束看似亘古不变的人性。

以秩序与正义的关系为例，基于对人性的悲观态度，巴特菲尔德在其国际秩序思想中仅为正义保留了一点空间，即他期望将权力与正义的二元对立消融在现实的均势机制之中。即便如此，在提及均势的正义性时他仍显得不够自信，原因就在巴特菲尔德是以历史学家的态度思考人类政治的现实问题，他对建构理论不感兴趣，更不想去探究正义、权利等抽象的伦理概念。这种历史学家的"专注"令他的思想显得似是而非，因此常被理论家们认为其论证自相矛盾、逻辑不够严密。

以新外交的兴起为例，在巴特菲尔德看来，相比盛行于近代欧洲的古典外交，新外交不过是伴随民主浪潮而来的一股余波，来势凶猛，但转瞬即逝。然而，巴特菲尔德却并没有意识到，二战后的这些新现象恰恰反映了更为深刻的时代变革，尤其是第三世界开始登上国际舞台，这意味着以后的国际体系不再是"一种文明分化于各国之中"，而是多种文明之间的交融与冲突。仅仅这一点就是对 18 世纪的均势模型的沉重一击，更不用说与之相伴的技术进步对传统外交的冲击、低级政治对外交的影响，等等。

由此可见，对历史的"专注"培育了巴特菲尔德思考现实问题所持的那种理性而审慎的理论品格，然而也是对历史的过分倚重增强了巴特菲尔德国际秩序思想中与生俱来的内在张力。

中国国际经济合作观的历史变迁①

柳 彦②

在相互依赖的世界经济中,合作不仅是必要的,而且也是可能的。国际合作指的是"通过政策协调过程,行为者将它们的行为调整到适应其他行为者现行的或可预料的偏好上来"③。笔者所指的国际经济合作既是一种国家间的经济协作活动,也指由此产生的经济政策协调。一国参与国际合作常常受到战略观念的影响。指导一国参与国际经济合作的观念体系即为国际合作观。国际经济合作观是指一个国家对经济合作的主观认识,取决于该国面临的国内和国际形势,以及战略决策者对该形势的主观判断。

一、改革开放以来中国国际经济合作观的历史演变

1978 年十一届三中全会的召开,标志着党和国家工作重心转移到经济建设上来,对外经济战略随之进行了重大调整。国际经济合作观也经历了相应的转变,不同时期对国际经济合作的战略目标、制度环境和实现模

---

① 本文原载于《经济问题》2013 年第 2 期。

② 柳彦,山西大学政治与公共管理学院副教授,天津师范大学 2009 级博士研究生。

③ [美]罗伯特·基欧汉:《霸权之后:世界政治经济中的合作与纷争》,苏长和等译,上海:上海人民出版社 2006 年版,第 51 页。

式均有不同的认识。由于中国共产党在对外经济决策中处于核心地位,笔者采用文本分析的方法,将中共十二大以来政治报告中关于国际合作部分的文本进行分析,从中发现中国国际经济合作观演变的历史进程。

(一)1982—1991年

这一阶段,中国改革开放政策初步践行,一方面旧的观念被打破,积极变革,勇于开拓的新观念成为主导;另一方面,怀疑和僵化的观念时时会干扰人们对改革方向的判断。中国决策层意识到要想发展必须"以更加勇敢的姿态进入世界经济舞台"。这一时期中国国际经济合作观的突出特点是:国际经济合作的目的是向世界证明中国开放政策的长期性;国际合作模式以引进国外先进技术和管理经验为主;不合理的国际经济秩序是国际合作的制度环境。

1. 国际经济合作的目的

改革开放初期,国外投资者和外国政府普遍对中国开放政策的长期性和有效性存在疑问。中国政府一方面出台各种政策大力引进国外先进的技术和管理经验,鼓励外商来华投资,追逐经济利益是其行为的根本动机,只有借助国外先进技术和管理经验,才能实现中国经济的快速发展;另一方面,通过开展对外合作,向世界宣布中国政府开放的信念和决心,则更为迫切。邓小平曾多次在不同场合强调:"中国在处理对外经济合作的一些细节问题上,不是小手小脚的。……不必担心我们的政策会变。"[①]有鉴于此,该阶段的国际经济合作以政策驱动为主,国际经济合作的主要目的是向外界表明中国开放政策的长期性和稳定性。

2. 国际经济合作的制度环境

中国参与国际经济合作必须建立在一定的国内和国际制度基础之

① 《邓小平文选》(第三卷),北京:人民出版社1993年版,第80、114、119页。

上。后布雷顿森林体系是中国参与国际经济合作的制度基础。中国仍然强调国际经济体制的"霸权"特质,指出国际经济机制的主导国是西方发达国家,现存国际经济体制更多代表了欧美国家的利益,中国将按照"公平合理和平等互利的原则改革现存的国际经济秩序"。但在行为上表现出更多的参与和合作倾向。中国参与国际经济组织的活动本着三个原则:第一,国内改革需要。获取经济现代化急需的资金、技术和专家是中国开展对外经济合作的国内动力。第二,中国参与国际经济机制本着低代价的原则,①即参与国际经济合作不会对中国国家主权原则和独立自主原则造成侵害,参与是"为了增强自力更生能力,促进民族经济的发展"。第三,中国看重的是参与国际经济组织所带来的绝对收益,而非相对收益。

3. 国际经济合作的具体模式

20世纪90年代以前,中国国际经济合作的侧重点是对外技术交流,以借鉴国外先进的技术和管理经验为主。"搞现代化建设,我们既缺少经验,又缺少知识,要利用外国智力扩大对外开放。"②除此之外,进出口战略和利用外资战略也是对外经济合作的主要形式。进出口贸易主要是指出口贸易,强调的是出口贸易的创汇能力,"出口创汇能力的大小,在很大程度上决定着我国对外开放的程度和范围,影响着国内经济建设的规模和进程。"利用外资有两种方式:一是借用外国资金,主要是指外国政府和国际金融组织贷款;二是外国直接投资。政府贷款是利用外资的主要形式,"当前应尽可能利用外国政府和国际金融组织的中低利率、中长期贷款,加快一些重点项目和基础设施的建设"。外商直接投资(FDI)在经济增长中的作用并不明显,1990年以前,中国利用外商直接投资在国内生产总值中的比重不到1%。

---

① [美]江忆恩:《中国参与国际体制的若干思考》,载《世界经济与政治》1997年第7期。
② 《邓小平文选》(第三卷),北京:人民出版社1993年版,第32页。

（二）1992—2001年

1992年党的十四大召开,确立了全面对外开放的方针,对外经济技术合作进入了一个新阶段,国际经济合作观也发生了显著变化:国际经济合作的政策驱动效应减少,利益驱动效应增强;围绕多边贸易机制展开的多边占据主导地位;外商直接投资成为国际经济合作的主要模式。

1. 国际经济合作的目的

经过15年的发展,对外开放的政策效应越来越明显,继续开放和扩大开放的呼声越来越高,1992年党的十四大确立了全面开放的方针,1997年党的十五大报告把对外开放视为一项长期的基本国策,对外开放政策被提升到战略高度,开放政策的稳定性和长期性不言自明。中国开展国际经济合作有了明确的战略目标:为"发展开放型经济"服务。

2. 国际经济合作的制度基础

中国政府继续声明:"要致力于推动建立公正合理的国际政治经济新秩序"。但同时也指出世界是多样性的,各国都有权选择符合本国国情的社会制度、发展战略和生活方式。"世界多样性"理论的提出表明中国对现存国际经济秩序的态度发生了变化,不再把变革国际经济秩序作为参与全球经济合作的前提条件。中国"积极参与区域经济合作和全球多边贸易体系"。1986年中国提出复关申请,2001年中国正式加入世界贸易组织,从行为上表明对多边贸易机制的支持。

3. 国际经济合作的具体模式

1992年以前,中国利用外资主要是对外借款特别是政府贷款。1992年,利用外商直接投资首次超过对外借款,成为利用外资的最主要的方式。中国吸收外资的规模和速度排在发展中国家最前面,1993年起,中国连续15年成为吸收外资最多的发展中国家。外商直接投资在利用外资中比例的提高,主要反映了中国对外经济决策层对外国直接投资的态度的转变。"过去跨国公司被视为依附的化身,现在关于它们带来的正面溢出效应的报道越来越多。"①外国直接投资普遍被认为对经济持续快速的增长发挥了重要作用。

(三)2002年至今

2001年,中国加入世界贸易组织,中国参与国际经济合作获得了新的平台。2002年,党的十六大提出继续发展"开放型经济",对外开放进入新阶段。这一时期,国际经济合作观的突出特点是:"互利共赢"合作观的确立;多边合作和区域合作并重;"走出去"战略和对外直接投资并举。

1. "互利共赢"合作观的含义

"互利共赢"合作观的含义是:第一,中国的发展和世界的发展已经紧密联系在一起。第二,以世界贸易组织为核心的多边贸易体制"有利于地区和全球贸易稳定增长,有利于促进世界经济健康发展,符合各方利益"。中国愿意维护和完善全球经贸体系;第三,主动承担相应的国际责任,在提供全球公共产品方面发挥力所能及的作用。

2. 多边主义和区域主义并重

多边经济合作是主导范式,区域经济合作是重要补充。世界贸易组织是中国参与国际经济合作的重要平台,中国"全面享受世界贸易组织成员的权利,经济发展获得了良好的外部条件"②。入世十余年,中国对世界贸易组织为主的多边经济体制有了更大的信心,维护而不是变革多边贸易机制是中国参与多边经济合作的主导方针。中国"通过积极参与全球经济治理机制改革,推动国际经济秩序朝着更加公正合理的方向发展"。作为

---

① [美]丹尼·罗德里克:《新全球经济与发展中国家——让开放起作用》,王勇译,北京:世界知识出版社2004年版,第38页。

② 胡锦涛:《在中国加入世界贸易组织10周年高层论坛上的讲话》,载《人民日报》,2011年12月11日。

多边贸易体制的重要补充,自由贸易区战略是中国参与区域经济一体化建设的主要方式,借助区域经济合作这个平台,中国可以积累全球经济治理的经验和影响,为进一步提高国际议程创设能力打下基础。

3. 对外直接投资和"走出去"战略

从 2004 年开始,中国实际利用外资(FDI)出现负增长,进入 2008 年,降幅显著,2008—2011 年平均降幅为 26 亿美元。利用外商直接投资减速的同时,对外直接投资却增速明显,2007 年,中国的对外直接投资流量为 265.1 亿美元,而 2008 年后迅速上升至 500 亿美元以上,2011 年,对外直接投资流量 600.7 亿美元,在发展中国家中名列首位。对外直接投资增长得益于中国政府的政策调整,中共十六大和十七大明确提出"走出去"的开放战略,鼓励中国企业海外投资,同时政府出台政策放松对企业海外投资金额的限制,为企业海外投资提供了制度便利。

二、观念变迁的国内因素

观念为人类行动提供指导,并提供解决问题的方法和对策,正如马克斯·韦伯所指出的:"由'观念'所构成的'世界观',像铁轨的扳道工一样,常常推动由利益决定的行为该选择哪条道路。"①观念的变革并不是随机发生的,国际环境和国内政治共同促成了新观念的产生。观念的变迁首先基于对国家利益的判断。

(一)"经济立国"的战略目标是观念变迁的根本动因

时殷弘教授把中国改革开放 30 年的外交战略归结为"经济第一"和"愈益并入世界体系"。"经济第一"是中国对外战略的基本目标和根本动

---

① 引自[美]朱迪斯·戈尔茨坦:《观念与外交政策:信念、制度与政治变迁》,刘东国等译,北京:北京大学出版社 2005 年版,第 49 页。

机，即中国对外政策或战略中传统的国家安全目标已被赋予了一个非常清晰的经济动机，而且是一个根本的动机。[1]笔者认同时殷弘教授关于中国战略目标经济动机的说法，并且把它称之为"经济立国"，即经济发展速度和经济成果在战略目标中具有决定性的意义，其他目标均服从于经济发展。发展经济之所以会具有如此重要的战略地位，首先是为了回应外部威胁。这种威胁最早来自于国门打开之后，每一个中国人对本国经济发展和国外经济发展程度差异的深刻体会。反差越大，想要奋起直追的愿望就越强烈。发展经济成为中国面临的最紧迫的任务。与国际组织合作，进而获得经济发展所需要的资金、技术和经验不可避免成为政策的首要选择。

其次，国际经济合作的政策效果显著，中国和世界实现了共赢。改革开放和积极参与经济全球化，使中国成为世界上增长速度最快的经济体之一。中国进出口总额从 1978 年的 206 亿美元增加到 2010 年的 29740 亿美元；迄今同 163 个国家和地区建立了双边经贸合作机制，签署 10 个自由贸易区协定，成为贸易和投资自由化、便利化的积极实践者；综合国力大幅度提升，经济总量从 1978 年到 2010 年翻了四番多，达到 5.88 万亿美元，占世界的比重从 1.8%增加到 9.3%。正是参与国际合作的"丰厚"回报，使得合作、共赢的理念在对外经济政策中得到了增强。

(二)观念的变迁是中国和国际组织互动的产物

新中国成立以后，中国长期得不到国际社会的承认，被美国主导的国际体系拒之门外。中国争取恢复在联合国合法席位的曲折经历，让所有的中国人记忆犹新，也由此形成了中国的国际秩序观，即现有的国际秩序是超级大国主宰世界的产物，中国不可能从这个国际秩序中获得任何有用的东西，国际组织被看作是西方大国向中国施压的一种潜在手段。这一时

---

[1] 时殷弘:《中国的变迁与中国外交战略分析》,载《国际政治研究》2006 年第 1 期。

期,中国的战略利益和国际体系相去甚远,在中国决策者看来,中国的战略利益只有在现有的国际体系之外方能实现。这样的认知一直影响着中国对国际体系的认同。入世谈判代表龙永图曾有过切身的感受:"中国入世与身份认同观有密切的联系。20世纪70年代初流行的说法是关贸总协定是'富人俱乐部',贸发会议则是在经济贸易方面代表发展中国家利益,与关贸总协定是针锋相对的。"①

　　20世纪80年代初期,中国的外交官开始和国际组织产生更为频繁的接触,国际组织的各个机构也开始在中国开展各项活动,中国逐渐认识到,中国的国家利益和国际社会的利益之间存在某种程度的重合,中国的战略利益可以在国际体系内实现。但传统主权观念制约着中国和国际组织的合作进程。中国希望以比较低的主权代价,换取较高的经济收益。中国最早选择与世界银行,而不是其他国际经济组织展开合作,正是基于成本代价的考虑,世界银行具有进入门槛低的特征,这样既可以获得国内经济建设急需的资金和技术,又不需要在敏感的主权问题上做出过多的让步。20世纪90年代中期以后,随着中国融入全球化程度的加深,中国同世界的发展越来越紧密地捆绑在一起,多边主义成为实现中国战略目标的重要手段。进入21世纪以来,随着中国经济实力的增强,中国崛起的成本越来越高。一方面,借助国际机构提供的机会,尽可能降低在美国主导的国际经济秩序中崛起的风险和成本;另一方面,参与国际合作有助于消除周边国家对中国崛起的担忧和疑虑,取信于周边国家。通过融入国际体系,中国可以和体系内其他国家培育共同的集体身份和利益认知,有助于提高中国作为负责任大国的国际声誉。

---

① 龙永图:《加入世贸组织　融入国际社会主流》,载《国际贸易问题》1999年第9期。

三、观念变迁的国际因素

国际经济合作观的变迁既是国内变革的需要，也是国际规范国内化的结果。中国改革开放之际，正是全球化理论的扩张时期，全球化理论不可避免会对决策者的价值观念产生影响，同时国际组织的知识和理论传播也促成了观念变迁。

（一）全球化理论的盛行和扩张

经济理论和经济意识形态的兴衰与经济全球化的周期密切相关。[①] 20世纪 70 年代末期，中国打开国门，适逢全球化第二次浪潮的上升期。开放的全球经济给中国的经济增长提供了两个重要的因素：理论和市场。理论是指在当时社会科学中占据主导地位的经济理论和意识形态，如新古典经济学、马克思的经济思想、熊比特的创新思想、凯恩斯主义等。市场是指全球化给发展中国家带来现代化所急需的资金、技术和市场需求。前者是观念形态的力量，后者则侧重于物质形态方面。全球化的不同阶段，社会科学理论对市场的力量和国家的作用均有不同的解释。在全球化浪潮的上升期，如 1870—1913 年，市场被认为是万能的，社会科学理论注重的是如何释放市场的力量，而不是规范它，所以才有古典经济学的兴盛。两次世界大战之间，全球化处于谷底，人民普遍对于市场的力量产生怀疑。而到了 20 世纪 70 年代末期，全球化又处于上升时期，发挥市场力量、强调资源配置效率的新古典自由主义经济学成为显学，不仅在发达国家被奉为圭臬，而且在发展中国家也颇有市场。中国的对外开放恰好处于这一国际大背景之中。

---

① ［美］高柏：《经济意识形态与日本的产业政策：1931—1965 年的发展主义》，安佳译，上海：上海人民出版社 2008 年版，序言。

中国的对外经济政策带有新古典自由主义经济学的烙印，具体表现为：第一，大胆引进市场的力量，如中国大胆吸引外资，自从 1993 年以来，中国一直就是发展中国家最大的外资吸入国。第二，中国国内生产总值的增长严重依赖对外贸易。以国际贸易占 GDP 的比例来说，早在 2004 年这一数字就已超过 70%。第三，积极参与国际生产分工。中国以廉价劳动力要素积极参与国际大分工，加工出口贸易占中国进出口贸易总额的一半以上。

进入 21 世纪，全球化的浪潮暂时进入平稳发展期，特别是 2008 年全球金融危机爆发，自由主义的理念再次遭到挑战和质疑。[①]经济政策由市场主导向社会政策倾斜。各个国家均出台了应对危机的社会保障政策。中国共产党提出的建立和谐社会、自主创新国家的政策理念，就是对全球化新潮流的一种回应。

(二)国际规范的传播和影响

跨国学习常常是新经济观念的主要来源。中国与国际体系的合作始于多边经济组织，所以国际组织的规范和原则成为观念变迁的重要来源。国际经济组织，如国际货币基金组织、世界银行和世界贸易组织，可以通过多种渠道影响一国经济政策的制定。首先，国际组织可以通过在提供贷款和赠款的同时附加限制性条件，进而对一国的经济政策施加影响；其次，国际组织可以通过向政府官员和学术专家传播经济观念的方式影响一个国家的治国理念；最后，国际组织也可以通过把某些国家吸纳为其成员的方式改变这些国家的政策选择。

国际组织一直将经济观念和信息传播作为其重要的工作任务之一。国际组织传播观念的方式有：出版工作报告和发布统计数据、帮助建立相

---

① 温俊萍：《发展中国家经济安全的制度分析》，载《经济问题》2007 年第 8 期。

应机构、训练专家队伍、派遣考察团和提供政策建议。20 世纪 80 年代,中国恢复在世界银行的合法席位以后, 世界银行对中国进行了两次大规模的经济考察,并撰写了考察报告,分析了中国经济发展中存在的问题,并结合国际经验给出了解决对策。报告中提出的下放对外贸易权、鼓励外国直接投资、改变出口产品结构等对策,对中国第七个五年计划和经济发展长期规划的制定起到了重要的借鉴作用。[①] 2012 年 2 月 27 日,由中国国务院发展研究中心和世界银行联合编著的《2030 年的中国:建设现代、和谐、有创造力的高收入社会》的报告,审视了中国到 2030 年之前的战略抉择,针对中国增长模式的未来结构提出了建议,[②]该报告有可能成为中国政府下一阶段经济决策的重要参考。

国际观念只有同一国的国内变革相契合才能发挥影响。某一特定的经济观念被国内改革者接受或反对,条件之一取决于经济、行政和政治的内部可行性。[③]所谓经济可行性,主要关心观念落实的成本和政策收益。行政可行性主要是指特定的社会环境, 特别是行政环境中实施某项观念的可能性,如组织支持、人员配备、机构权威、责任和能力等。政治可行性主要指社会公众和利益集团对观念的支持力度,即观念是否具有合法性、是否符合社会的政治文化、历史传统和宪政基础、特定观念推出时机是否恰当、是否符合相关群体的利益需求。国际经济组织的治理理念,如开放、自由、竞争、合作、市场等观念能够被中国决策者和社会大众所接受和认可,恰恰是因为它们在政治、经济和行政方面的生存力——有助于改善中国

---

① 参见世界银行经济考察团:《中国:社会主义经济的发展》,北京:中国财政经济出版社 1982 年版;世界银行 1984 年经济考察团:《中国:长期发展的问题和方案 附件五:从国际角度来看中国的经济体制》,北京:中国财政经济出版社 1987 年版。

② The World Bank, Development Research Center of the State Council, *China 2030: Building a Modern, Harmonious, and Creative High-Income Society*, http://documents.worldbank.org.

③ Peter A. Hall(ed.), *The Political Power of Economic Ideas: Keynesianism across Nations*, N. J.: Princeton University Press, 1989, p.13.

经济落后、体制僵化、效率低下等一系列问题,进而促进经济增长。

国际观念能够发挥影响的条件之二是国际观念能否成为国内思想辩论的理论来源和动力支持。中国国内一直存在着各种经济思想和流派,他们从各自的理论视角来解释和评价中国的对外经济政策。如自由主义和新左派关于全球化和中国发展的命题之争;自由市场派和东亚模式派关于国有企业改制的辩论。理论流派的高低常常通过重大公共政策辩论的方式展现。公共政策辩论过程就是国际观念在中国传播的重要途径。每一个流派都希望在政策辩论中占据制高点,新的观念由处于辩论中心的经济学家引入,通过和其他理论流派的竞争强化了自身的地位。

国际观念发挥作用的条件之三是所解决问题的紧迫性。理念的转变常常紧随着重大的国内或国际危机的发生。政治或经济危机作为"催化剂",会使人们感觉到现存的游戏规则和社会现实之间的巨大落差,这种反差促使经济学家和政治领导人提供一个新的政策范式来改变现状,为新的理念战胜旧观念积蓄力量。

观念变革往往引领着时代前进的方向和步伐。改革开放以来,中国在参与国际经济合作的进程中改变自己,融入世界,相信更多的变革仍在继续。

后美军时代印度对阿富汗政策的调整①

郑　迪②

一、问题的提出

印度作为南亚地区首要大国,在阿富汗问题上长期扮演重要角色。历史上,两国曾互为重要邻国,数千年来,两国保持了紧密的政治、经济和文化联系。2001 年年底,塔利班政权倒台后,出于自身利益诉求及小布什政府的支持,印度对阿富汗重建表现出很高的热情,采取了具有丰富内容的"软"政策。③印度不仅率先同卡尔扎伊政府建立战略伙伴关系,各种资源的投入也逐年增加,尤其突出的是,印度目前已成为阿富汗的第五大国际援助国。2009 年美国"阿巴战略"制定之后,特别是 2011 年撤军计划实施以来,奥巴马政府着意提升印度在阿富汗问题上的作用,印度的影响力进

①　本文是天津市教委社会科学重大项目"大国在南亚地区博弈的新态势及中国的应对战略研究"(项目批准号:2014ZD26)的阶段性成果。本文原载于《国际关系研究》2016 年第 1 期。
②　郑迪,江苏师范大学巴基斯坦研究中心讲师,天津师范大学 2013 级博士研究生。
③　这一概念多由印度学者采用,具体表述有"Soft Measures"及"Soft Policy",参见 Dinoj K. Upadhyay, Athar Zafar, Assessing India's Decade–long Engagement in Afghanistan, *ICWA* (*India Council of World Affairs*)*Issue Brief*, August 23, 2013, p.1。

一步凸显。①

2014年年底，随着北约作战部队大规模撤出、美阿《双边安全协议》最终签署，阿富汗正式步入后美军时代。相应地，近年来，阿富汗重建过程出现诸多新特点和新问题。其一，美军大规模撤离尘埃落定，美国后续反恐政策仍在调整之中；其二，加尼政府组建，阿富汗国内政治进程前景仍不明朗；其三，后美军时代围绕涉阿问题的相关国际合作机制建设仍处于初步阶段。而由此引发的阿富汗安全局势的变化，尤其是愈演愈烈的国内冲突，引发国际社会关注。2014年恰逢取代辛格政府的莫迪上台，印度国内外政策也面临改弦更张的趋势。鉴于印度在阿富汗问题上的独特作用及上述阿富汗形势的新变化，后美军时代印度对阿策的调整及其日后走势成为值得研究的问题。

有关对阿富汗政策走向，印度国内存在诸多争论。出于对阿国内安全形势的担忧，有军方人士要求军事介入。2014年1月，印度一位前安全顾问表示："塔利班极端势力并没有收缩野心的迹象，若他们在阿富汗得势，印度就是下　个目标，我们需要做相关的军事部署"②；部分战略家甚至要求印度效仿"门罗主义"，对阿富汗实施更具进攻性的战略，以维护印度在南亚的霸主地位。③但也有学者表示，鉴于巴基斯坦的威胁和阿富汗可能的乱局，应在阿富汗采取收缩甚至退出政策。④还有学者认为，印度在阿富

---

① 美国2015年2月发布的《国家安全战略》报告明确提出，"强化美印间的战略和经济伙伴关系""支持印度成为地区安全提供者，及在关键的区域性机制中提高参与度"。参见 National Security Strategy, The White House, February 2015, http://www.whitehouse.gov/sites/default/files/docs/2015_national_security_strategy.pdf。

② Shashank Joshi, India's Role in a Changing Afghanistan, *The Washington Quarterly*, Summer 2014, p.88.

③ Al-Qaeda Chief in Region May Be of Indian Origin: Intel Agencies, *The Indian Express*, October 8, 2014.

④ Sandra Destradi, India: A Reluctant Partner for Afghanistan, *The Washington Quarterly*, Summer 2014, p.104.

汗存在重大利益,但也有各种顾虑,因此可能会采取观望政策。①诚如汉斯·摩根索所言,"想了解一项外交政策的性质,只有通过检验所采取的政治行动和这些行动可以预见的后果才能得到确定",从而以此为依据"推测出政治家的目标可能是什么"。②因此,判断印度未来将在阿富汗采取何种政策,首先需要恰当地评估2001年以来印度的相关政策,并在此基础上全面把握美国大规模撤军后阿富汗内外形势的变化。

二、2001—2014年间印度对阿"软"政策评估

在阿富汗问题上,印度有三项重大而长远的利益:在政治上,维护阿富汗局势稳定,防止出现由塔利班等势力掌控的新政权,同时确保阿富汗政府不会完全倒向宿敌巴基斯坦;在经济上,维持并扩展在阿富汗各项利益存在;在地缘战略上,保障阿富汗作为其连接中亚地区战略通道的顺畅。③为实现上述目标,印度政府逐年加大在阿富汗的投入。回顾2001年以来印度对阿富汗各项事务的参与过程,印度的阿富汗政策可被视为一种"软"政策。其主要特点是,强调双边政治、经济、文化联系,同时有意将两国军事合作维持在较低水平。显然,这里的"软"不是约瑟夫·奈所谓"软实力"——"通过吸引力而非靠强硬手段或利益引诱的方法去影响别人,

---

① Aryaman Bhatnagar, Afghanistan: A "Regional Strategy" for India, *OFR* (*Observer Research Foundation*) *South Asia Weekly Report*, March 7, 2015, http://orfonline.org/.

② [美]汉斯·摩根索:《国家间政治——权力斗争与和平》(第七版),徐昕等译,北京:北京大学出版社2006年版,第28页。

③ Shanthie Mariet D'Souza, Nation Building in Afghanistan and India's National Strategy, in Krishnappa Venkatshamy, Princy George(eds.), *Grand Strategy for India 2020 and Beyond*, Pentagon Security International Press, 2012, pp.220—222.

来达到你所想要达到目的之能力"①。印度的"软"政策在本质上仍然是一种带有经济诱导色彩的"硬实力"表现,只是因为它刻意淡化军事手段的意义,使得这种政策展示出"软"的特征。具体而言,它包括以下两方面内容:

(一)以政治合作和经济开发援助为主要手段,巧妙施展影响力

在政治上,全力支持卡尔扎伊政府,促进双边合作不断走向深入。一是逐步提升两国政治关系。2002年,印度政府将其在阿富汗联络处升级为全权大使。2005年,时任印度总理辛格访问阿富汗,成为自20世纪70年代以来首位访阿的印度政府首脑。奥巴马宣布美国撤军时间表后,印度旋即主动提升了印阿关系,两国于2011年10月正式签署双边战略伙伴关系协议,使印度成为第一个同阿富汗建立此种关系的国家。二是高层会晤不断,双方领导人私交甚密。2002年以来,印阿两国元首互访已达十余次,仅2012—2013年,阿富汗总统卡尔扎伊就连续三次访印。不仅如此,辛格还与卡尔扎伊建立了良好的私人关系。而卡尔扎伊早年间在印度的求学经历及其对塔利班的敌视立场,也给双方领导人的亲近增添了砝码。三是积极参与涉阿多边合作。无论是波恩、伊斯坦布尔进程,还是在东京、莫斯科等地举行的重建问题国际会议,印度都表示出极大热忱。②另外,印度还倡导并加入了阿(富汗)印(度)伊(朗)三方对话、阿印美三边对话等多边机制。

在经济上,采取多种措施助阿国内重建、促阿富汗经济发展,提升两

---

① [美]约瑟夫·奈:《软实力》,马娟娟译,北京:中信出版社2013年版,第8~11页。需要指出的是,本文关注点在印度对阿富汗的整体外交政策,指涉宏观层面的原则、战略和行动方针,而非其中某些具体措施,比如,印度对阿富汗的"软实力"政策或者"援助"政策等。相关研究可参见赵国军:《印度对阿富汗的软实力战略》,载《现代国际关系》2011年第1期;韩召颖、田光强:《塔利班倒台后印度对阿富汗援助评析》,载《现代国际关系》2014年第4期。

② 除与塔利班媾和外,涉阿重建的国际会议印度都积极参与,并在2014年1月17日承办了阿富汗问题伊斯坦布尔进程高官会和国际联络组会议。参见India-Afghanistan Relations,Embassy of India in Kabul,August,2014,http://www.eoi.Gov.in/Kabul/。

国的依存度。一是扩大对阿援助规模。截至 2012 年年底,印度在阿富汗的各项援助累计折合 20 亿美元,成为该国周边最大捐赠国,所援建项目覆盖基础设施建设、政府开支、食物、医疗和教育等多个领域。二是加强双边贸易往来。近年来,印阿双边贸易额稳定在 5 亿美元左右。印度方面认为,这一数字"显然不能体现印阿经济合作的巨大潜力",为此实施了优惠的关税政策刺激两国贸易发展。目前,印度是阿富汗主要商品出口国之一。①三是增加在阿境内投资。2011 年,印度取得阿富汗境内最大铁矿的开采权,同时对阿富汗铜矿和煤炭开发展开攻势,印度公司已成为在阿矿产开发的最大投资者之一。2012 年,印度还专门举行对阿"德里投资峰会",推动私人部门和企业对阿投资。四是拓展多边合作,"帮助阿富汗成为连接中亚和南亚的陆上桥梁,以及贸易、运输和能源中转站"②。印度支持阿富汗加入南盟,强调通过南亚区域合作带动阿富汗经济发展;斥巨资助阿富汗修建连通伊朗恰赫巴哈尔港口的新交通运输线,扩大阿富汗对外商贸渠道以减少其对巴基斯坦的依赖;积极参与 TAPI 跨境管道项目筹措和落实工作,加强印阿同中亚国家的经济联系。

(二)尽可能降低军事参与的可能性,减少双边合作的外在阻力

尽管国内外都存在要求印度采取更加积极的阿富汗政策的呼声,但印度官方一直对此小心翼翼,尤其是在涉及扩大印阿军事合作问题上表现极为谨慎。

长期以来,印度坚持奉行在阿"零军事存在"政策。直到 2005 年塔利班在阿富汗绑架并杀害印度官员,印度才决定向阿富汗派驻 200 人的小

① 2003 年,印阿签署"特惠贸易协定",给予阿富汗 38 种干果进口关税 50%~100%的优惠。至 2011 年,已实现对阿进口商品零关税(酒类和烟草除外)。参见 India-Afghanistan Relations, Embassy of India in Kabul, August, 2014, http://www.eoi.Gov.in/Kabul/。

② Joint Declaration between India and Afghanistan on the Occasion of the Visit of Prime Minister of India, Ministry of External Affairs of India, May 12, 2011, http://www.mea.gov.in/.

规模警察队伍以维护自身安全，而这是迄今印度在阿富汗境内唯一的军事力量。签署战略伙伴关系之后，印度同意每年为阿方培训1500名国家安全部队士兵和200名军官，但将培训地限制在印度境内。2011年始，卡尔扎伊数次到访印度，期待后者能在军事合作上给予阿富汗更多的支持，但所获非常有限，印度只同意提供不具攻击性的部分后勤装备。[①]而后随着阿富汗国内反恐形势的变化，以及出于对北约撤军后阿富汗局势的担忧，印阿富汗适度扩大双边军事合作。2013年，印度承诺将向阿富汗提供用以训练的国产轻型观测直升机，总数仅两架。据简氏防务的消息，2014年4月，印度与俄罗斯达成协议，印度将为阿富汗购买俄式装备，并支持重启喀布尔附近的一个武器工厂用以改装阿富汗装备的苏联武器，但印度仍拒绝直接提供武器装备。[②]在阿零驻军的追求、己方境内小规模的军事人员培训、最低水平的武器出口，凡此种种表现出2001年以来印度政府对扩展印阿双边军事合作的重重顾虑。

就事实而言，"软"政策在促进印阿关系、维护印度战略利益等方面产生了积极效果。其　，双边关系层面。在政治领域，印阿高层频繁会晤，有效增进了双边的战略互信；印阿战略伙伴关系的确立，以制度形式确保对阿政策的长期性和稳定性，夯实了双边关系的政治基础。在经济领域，印阿经济合作的深化及援助规模持续扩大，直接促进了阿富汗国内经济的恢复和发展，为印度赢得了良好声誉；参与矿产资源的开发也给印度带来了丰厚的物质回报。其二，战略层面。这些涉阿举措有效维持了印度的广泛影响力，加强了印阿与中亚地区的联系；同时，在很大程度上弱化了巴

---

①　2013年，卡尔扎伊两次访问印度，其安全合作"愿望清单"上所列举的坦克、火炮及武装直升机等武器装备要求一直未能得到印度的允诺。参见 Praveen Swami, Karzai to Renew Request for Lethal Military Aid from India, *The Hindu*, December 10, 2013。

②　India, Russia Sign Secret Deal to Supply Materiel to Afghan Army, *Jane's Defence Weekly*, May 6, 2014, http://www.janes.com/article/37522/sources-india-russia-sign-secret-deal-to-supply-materiel-to-afghan-army IHS.

基斯坦的控制能力,使其无法在阿富汗一家独大。不仅如此,军事合作上的审慎,减缓了来自巴方的猜忌,削弱了塔利班敌视印度的合法性,更降低了印度陷入"帝国坟墓"危机的可能性。①可见,"软"政策较好维护了印度的在阿利益。

三、后美军时代印度对阿富汗政策的影响因素分析

10 年来,"软"政策得以实施和延续,受到两个关键因素的影响:一是巴基斯坦的长期敌视,二是阿富汗国内局势相对稳定。基于历史宿怨和现实领土争端,印、巴两国在阿富汗存在强烈敌对,为了避免激怒巴方,印度采取了"去军事化"的对阿政策;而在北约军队的重压之下,2001 年以来,阿富汗国内安全局势总体处于可控的局面,给印度的"软"政策提供了安全保障。②可以说,以上两个变量是形塑印度"软"政策的决定性因素。2014年年底以来,阿富汗面临的各种国内外条件表明,这两个变量并未出现实质性的变化。据此可以预测, 在阿富汗问题上莫迪政府很可能继续沿用"软"政策。

(一)巴基斯坦的主导作用和短期无法彻底缓和的印巴敌对关系

印度之所以在对阿军事合作方面保持足够谨慎,多被理解为避免刺激巴基斯坦,以防加深来自巴方的敌意。的确,巴基斯坦作为阿富汗邻国的地缘环境,以及巴基斯坦同阿富汗境内最大民族普什图族的传统关系,使其在阿富汗问题上较印度具有显著的优势。小布什时期,美国政府以大

---

① Kenneth Katzman, Afghanistan: Post -Taliban Governance, Security, and U.S. Policy, *CRS (Congressional Research Service) Report RL30588*, September 19, 2013, p.30.

② C. Christine Fair, Under the Shrinking U.S. Security Umbrella: India's End Game in Afghanistan?, *The Washington Quarterly*, Spring 2011, pp.179-192.

规模援助和武力威胁并进的手段，迫使穆沙拉夫与美合作共同打击塔利班和基地组织，并罕见地将巴基斯坦的地位提升为"重要的非北约盟国"①。为此，美印关系长期被放置在次要位置，美方甚至一度担心印度对阿富汗的介入会影响美巴关系及其对阿政策的执行。②这就在很大程度上限制了印度在阿富汗问题上的施展空间。尽管奥巴马政府希望印度发挥更加积极的作用，但目前美国在阿富汗的各项事务仍然高度依赖巴基斯坦的协助。③巴基斯坦的绝对优势地位和美国的政策倾向，构成印度制定对阿"软"政策的外部决策环境，也决定了印度在阿富汗问题上还不是一个主要玩家。

印巴两国之间的对峙与不信任自然延伸到双方在阿富汗的政策上，具体表现在以下三个方面：

第一，政治上互不信任。避免阿富汗政权倒向对方是印巴在阿战略目标的核心。无论阿富汗亲向哪方，对另一方来说都是不能接受的。对巴基斯坦来说，阿富汗倒向印度，则意味着印阿在南北两面对巴构成夹击之势。对印度而言，若阿富汗倒向巴基斯坦，印度连接中亚的陆上战略通道将被巴方完全掌握，经贸和能源安全将面临巨大威胁；同时，部署在阿巴边境的巴方部队很可能会被调至印巴边境，印度势必面临巴方更大的军事压力。

第二，经济上相互竞争。经贸方面，阿巴关系比印阿关系更为紧密。卡尔扎伊政府组建之后，巴基斯坦常年是阿富汗的最大贸易伙伴；相比较而

---

① 美方资料显示，2001—2014年美对巴援助累计260亿美元。参见 Anthony H. Cordesman, Afghanistan at Transition: The Lessons of the Longest War, *CSIS*(*Center for Strategic and International Studies*)*Report*, March, 2015, p.181。

② Siddharth Varadarajan, U.S. Sees Rising Indian Influence in Afghanistan as Problem, *The Hindu*, December 28, 2009.

③ 在为北约军队提供后勤保障和撤军通道等方面，巴基斯坦发挥着无可替代的作用；阿巴边境目前仍驻守有巴方十几万军队，一直是阿富汗稳定的重要屏障；此外，在美国、阿富汗联合政府同塔利班的谈判事宜上，巴基斯坦也是重要的参与者。Anthony H. Cordesman, The U.S. Strategic Vacuum in Afghanistan, Pakistan, and Central Asia, *CSIS Report*, September 2, 2014, pp.15—20.

言,印阿贸易规模则要小得多。2013 年,阿巴贸易额有 24 亿美元(双方力争在 2015 年达到 50 亿美元),印阿仅为 6 亿美元。①究其原因,就在于贸易通道的限制。受制于先天的地理位置缺陷,印阿贸易往来的陆上通道必经巴基斯坦,而巴方的政策是:阿富汗的货物可经由巴基斯坦通道进入印度,而印度的货物则没有此项权利以进入阿富汗境内。尚无证据显示,巴方将在短期内更改这一限制措施。②海运方面,尽管印度致力于扩展从阿富汗到伊朗恰赫巴哈尔港口的运输线,但受制于美国对伊朗的制裁、沿线安全问题及恰港自身运力有限等因素, 目前阿富汗的海外贸易路线仍主要依靠巴基斯坦的瓜达尔港。

第三,安全上彼此猜忌。这一点主要表现在巴基斯坦与塔利班等组织的关系上。2001 年以来,印度驻阿机构不断遭到武装分子袭击,据称这些事件多与巴基斯坦军方的支持有关;而阿巴边境的联邦直辖部落地区(FA-TA)一直被视为塔利班和基地组织的避难所。美国国务院发布的 2013 全球恐怖活动报告称,位于巴境内的虔诚军(Lashkar-e-Joiba)长期受到巴基斯坦军方的暗中支持,该组织的目标就是发动针对印度的各种袭击,2008 年,虔诚军策划并实施了孟买恐怖袭击。目前该组织"仍在巴国境内招兵买马、募集资金,并进行军事训练"。此外,"阿富汗塔利班和哈卡尼网络在巴基斯坦仍保有庇护所,巴权力部门未对这些组织采取有实质意义的军事或法律行动"③。这些因素给印巴关系造成了极大冲击。

---

① The World Trade Organization:International Trade and Market Access Data,http://www.wto. org/english/res_e/statis_e/statis_e.htm.

② 不仅如此,巴方长期对印度发展同伊朗、中亚国家的经济关系高度警惕,认为这在地缘政治层面将会和巴基斯坦形成激烈的竞争。参见 Humera Iqbal,Afghanistan 2014 & beyond: Challenges & Implications for the Neighbors,Institute of Regional Studies,Islamabad,November-December 2014,http://www.irs.org.pk/。

③ Jayshree Bajoria,Eben Kaplan,The ISI and Terrorism:Behind the Accusations,CFR(Council on Foreign Relations),May 4,2011,http://www.cfr.org/pakistan/isi -terrorism -behind -accusations/ p11644#p2.

　　两国在阿富汗的敌对态势，显然不利于阿富汗战后重建进程；这反过来又加剧了印巴安全困境，进而影响到整个南亚地区局势的稳定。要消除在阿敌对状态，首先需要印巴建立政治互信，但从目前形势来看，这一点在短期内不可能实现。从巴基斯坦方面看，尽管 2014 年 5 月巴基斯坦总理谢里夫出席了莫迪的总理就职仪式，表明巴政府改善巴印关系的诚意，但巴基斯坦军方对印度的敌视态度尚未在根本上有所转变。[①]从印度方面来看，莫迪政府在处理印巴关系时也释放了不少善意，甚至在 2015 年年底历史性地突访了巴基斯坦，但同样受制于国内的各种反对因素。[②]此外，长期困扰印巴关系的克什米尔争端短时期内无法得到解决，双方在该地区的冲突甚至有愈演愈烈之势。2014 年 8 月以来，双方在克什米尔地区多次直接交火，两国一度关闭了处理边界争端问题的和谈会议。[③]印巴彻底走出安全困境，可谓"路漫漫其修远"。在这样的背景下，后美军时代双方在阿富汗的敌视也势必持续下去。

　　因此，莫迪政府如果在阿富汗实行大胆的军事策略（包括加强印阿军事合作），仍会被巴方视为严重威胁，进而使得印度在阿各项事业受到牵连。

（二）未来趋于总体可控的阿富汗国内安全局势

　　美军撤离后阿富汗重建前景不容乐观，国内政治派别对立、官员腐败

---

　　①　阿富汗军方直接反对给予印度最惠国待遇，并在克什米尔交火和在阿敌视政策上拒绝让步。Frederic Grare, After Modi's Big Win: Can India and Pakistan Enhance Relations?, *The National Interest*, August 11, 2014.

　　②　Rama Lakshmi, Modi Makes a lot of Overseas Trips, but Is He a Diplomatic Failure with India's Neighbors?, *The Washington Post*, September 23, 2015.

　　③　印官方称，2014 年 8 月至 2015 年 3 月，巴基斯坦在查谟和克什米尔地区违反停火协议多达 685 次，交火已造成 24 位印度公民丧生。Suhasini Haidar, Jaishankar Will Raise Truce Violations, *The Hindu*, March 3, 2015.

严重、毒品贸易泛滥等都是不争的事实。尤其是 2014 年年底以来,阿富汗国内安全形势严峻,恐怖袭击此起彼伏。阿富汗塔利班参与政治和解进程更是一波三折,以致有分析认为,阿富汗塔利班很有可能待机而动,以期美军撤离后重建政权。①而未来阿富汗国家安全部队能否独立维护国家安全和稳定,也有待观察。②这些确实给阿富汗的重建进程蒙上阴影,也构成当前国际社会的重大关切。但不能据此就盲目断言,未来阿富汗一定陷入混乱甚至爆发内战。从国内和国际两个层面来看,后美军时代的阿富汗存在诸多保障国家安全形势总体稳定的积极因素。

第一,国内层面。首先,经历了数十年的战乱,阿富汗国内民众人心思稳,发展经济和改善民生成为普遍诉求。③其次,尽管新组建的阿富汗联合政府并不被外界看好,它也传达出三点积极的信息。一是两位候选人都表示出紧密合作的愿望。就职仪式上,加尼和阿卜杜拉发表了演说,双方宣誓将团结一致以促进国内局势稳定。二是新政府仍支持各方参与的政治谈判,呼吁停止暴力事件,加尼表示:"阿富汗人民已经厌倦了争斗,新政府传达的信息是和平",这意味着与塔利班和谈的大门仍然敞开。④三是当前阿富汗国家安全部队,无论就人数还是武器装备而言,都远优于基地组织残余势力和塔利班武装,在北约驻军的援助下,他们有能力为阿富汗政府正常运转提供基本的安全保障。再次, 目前阿富汗塔利班实力大不如

---

① Dan Lamothe, The Taliban "Waiting Game" in Afghanistan, Mapped by Media since 2009, *The Washington Post*, July 30, 2014.

② 来自美方的报告称,无论是就武器装备、人员数量、军事训练程度,还是战斗能力和忠诚度而言,ANSF 都存在较大隐患,Anthony H. Cordesman, The Forces Shaping Transition: in Afghanistan 2014–2016, *CSIS Report*, August 4, 2014, pp.88–106.

③ Nancy Lindborg, Letter from Kabul: Afghans Show Hope and Grit, USIP(United States Institute of Peace), February 5, 2015, http://www.usip.org/publications/2015/03/13/letter-kabul-afghans-show-hope-and-grit.

④ Sudarsan Raghavan, Ghani, Abdullah Sworn in as Part of Afghanistan's Power-sharing Arrangement, *The Washington Post*, September 29, 2014.

前,且并未同恐怖组织"伊斯兰国"(IS)汇流成一股势力,两派甚至在阿富汗展开激烈竞争。①尤为重要的是,进入2015年,阿富汗塔利班组织对参与政治和谈表现出了较为积极的姿态,在中国、伊朗、挪威等国的推动下,其同阿富汗政府接触不断。

第二,国际层面。当前,对阿富汗安全问题保持关注并能产生直接影响的行为体有两类,一类是美国及其主导下的北约,另一类是包括印度在内的阿富汗周边国家。前者在维护阿富汗安全稳定上扮演主要角色,而后者将在阿富汗重建过程中发挥越来越重要的作用。

首先,就美国而言,撤军不意味着其对阿富汗安全事务完全撒手不管。阿富汗战争事关美国数十年反恐战略的成败,更是其推进所谓"民主"的重要载体,阿富汗陷入混乱无疑会在国内外给美国带来新的道义负担。鉴于伊拉克的教训已经让奥巴马的撤军政策饱受争议,美国政府在阿富汗问题上不得不慎重行事。②观察2014年年底撤军以来美国方面的动作可以发现,奥巴马政府的对阿政策具有很大的弹性。其一,北约在军事层面继续对塔利班等武装势力保持高压态势。《双边安全协议》的签署,使得一万多名北约士兵可以继续在阿富汗实施行动,加之武装无人机、战术导弹等空战手段的广泛运用,极大增强了驻阿联军的战斗力,这些"仍对阿塔势力构成足够威慑,确保美国不会重蹈伊拉克覆辙"③。其二,奥巴马政府也在根据国际形势不断调整撤军政策。刚进入2015年,美国就开始考

---

① 阿富汗军队和警察规模约为30万人,而阿富汗塔利班由于北约长期军事打压,力量大为削弱,目前仅有4.5~5万名士兵。2015年7月以来,随着阿富汗塔利班头目奥马尔身亡的消息确认,组织内部矛盾凸显,正处于严重分裂状态,且还面临"伊斯兰国"不断挖墙脚的窘境。参见郑迪:《谈"伊斯兰国"对南亚的渗透》,载《中国社会科学报》,2015年9月17日第3版。

② James Rupert, Iraq Crisis Builds Bipartisan Support for Keeping U.S. Troops in Afghanistan, Senator Cotton Says, USIP, February 5, 2015, http://www.usip.org/publications/iraq-crisis-builds-bi-partisan-support-keeping-us-troops-in-afghanistan-senator-cotton.

③ Sudarsan Raghavan, Afghan Military Welcomes Expanded U.S. Combat Role as Taliban Threat Intensifies, *The Washington Post*, November 23, 2014.

虑放缓执行撤军计划。当年 2 月 12 日的听证会上,驻阿最高司令官坎贝尔向国会请求,保留更多军事力量以获得更大弹性;①当月访阿期间,美国国防部部长卡特表示,两国领导人正在重新考虑放缓撤军步伐,扩大和提高反恐行动的范围和频率, 以及延长美军在阿基地使用期限;②最终,在 2015 年 10 月中旬,奥巴马宣布延缓 2016 年撤离阿富汗驻军的计划,在 2017 年离任前,保持阿富汗境内驻守 5500 名美国士兵。其三,奥巴马政府转变对阿富汗塔利班的敌对态度,利用伊斯坦布尔进程、阿巴中美四方会谈等多个机制着力推进塔利班同加尼政府的和谈。上述举措大大增加了阿富汗局势趋于稳定的砝码。

其次,印巴在维护阿富汗局势稳定上利益一致,彼此存在加强合作的潜力。后美军时代,若阿富汗陷入混乱甚至爆发内战,对印巴双方都将是场灾难。就印度而言,意味着 2011 年签署的印阿双边战略伙伴关系遭到严重损害,对阿累计 20 亿美元的援助项目可能付诸东流,在阿富汗境内的其他各种经济利益也将朝不保夕。就巴基斯坦而言,由于阿巴两国有着 2400 多千米的边界线,后者出现动荡,势必波及自身——不但会引发边界局势紧张、巴基斯坦国内安全环境恶化,仅来自阿富汗的数百万难民就足以产生灾难性的后果。③鉴于此,印巴都对阿富汗安全形势高度关切,多次表达维稳促和的意愿。因此,未来两国在维护阿富汗安全稳定上进行有限度的合作是可能的。

---

① Andrew Tilghman, Gen. Campbell Suggests Afghanistan Draw down May Slow, *Military Times*, February 12, 2015, http://www.militarytimes.com/story/military/capitol-hill/2015/02/12/campbell-testimony/23294943/.

② Craig Whitlock, U.S. Considers Slowing Military Withdrawal from Afghanistan, *The Washington Post*, February 21, 2015.

③ 2001 年以来,巴基斯坦一直是阿富汗难民主要聚居地。据联合国难民署的最新报告,2015 年仍有一百五十多万阿富汗登记难民滞留在巴基斯坦(另有 95 万位于伊朗境内)。参见 UNHCR Global Appeal 2015 Update: South-West Asia, The UN Refugee Agency, http://www.unhcr.org/ga15/index.xml。

最后,阿富汗周边其他国家,没有哪一国愿意看到阿富汗陷入混乱。相对于活跃在中东地区的极端组织,塔利班所面临局势的最大不同在于阿富汗周边大国林立,其中既有中俄这样的世界性大国,也有伊朗等区域性强国。这些国家都对南亚地区局势高度重视,尽管在介入意愿上存在很大差异,但各国不会坐视阿富汗成为引发地区动荡的导火索,而同时也有足够的能力协助阿富汗维持国内稳定。尤其值得关注的是,近几年阿富汗问题上的中国因素日益突出。2014年10月底,加尼总统把上任后的出访地首选为中国,表明其对进一步深化中阿关系的明确态度,而中方则宣布未来几年将无偿援助阿方20亿元人民币,同时扩大在阿投资规模。除此以外,中方还多次主导并参与包括伊斯坦布尔进程外长会议、阿巴中美四方会谈等在内的涉阿重大国际会议,坚定支持阿富汗和平重建。中国等周边国家的广泛参与,无疑对稳定阿富汗安全局势、促进阿富汗经济发展起到积极作用。

据此,应该对阿富汗未来局势保持足够的乐观。而阿富汗未来局势趋稳这一变量特征,也使得印度的"软"政策具备继续生存的安全环境。

四、结论:莫迪政府将实施更具弹性方案

如前所述,基于多年来"软"政策的长期有效,以及形塑该政策的两大关键因素并未发生根本改变等事实,后美军时代印度的阿富汗政策没有大幅更改的必要。观察莫迪政府的相关举措,笔者认为,印度正沿袭既有"软"政策的大致路径,同时,又根据新形势做适度微调。

(一)在原有政策基础上,进一步深化印阿双边关系

政治层面。一是重申阿富汗对于印度的战略意义,保持政策连续性。2014年9月访阿期间,印外长斯瓦拉吉坦言:"阿富汗正处在转型的关键

时期,印度永远是阿富汗的第一战略伙伴","印度对阿政策不存在退出选项。"①二是加强双边高层往来。利用莫迪和加尼就职典礼(2014 年 5 月和 9 月)、南盟峰会(2014 年 11 月)、国事访问等方式(2015 年 4 月和 2015 年 12 月),两国元首多次举行了会晤。同时,司法、商务、文化教育等部门的交流互动也较为频繁。三是积极参与涉阿国际合作。作为伊斯坦布尔进程外长会议的重要参与方,莫迪政府继续在该机制中发挥重要作用。2015 年 12 月第 5 次会议上,斯瓦拉吉积极评价了该机制的作用和地位,并称作为南亚大国,印度将不遗余力做好南亚各国互联互通和保障地区安全等工作。②此外,印度还在 2015 年 3 月下旬举行了国际反恐会议,邀请美国、巴基斯坦、孟加拉国、斯里兰卡等国参与,就打击"伊斯兰国"、维护阿富汗局势稳定等进行了协商。③

经济层面。一是提升对阿援助力度,扩大对阿投资规模。截至 2015 年 1 月,印度在阿投资和援助项目已达 285 个,其中大项目 34 个,小项目251 个,在继续推进原有的赫拉特省 Salma 水坝(即"阿印友谊水坝"④)、巴米扬省哈吉夹克铁矿等重大工程的基础上,莫迪政府又增加了喀布尔议会新大楼等项目。⑤两国元首互访期间,签署了数十项援助和开发文件,双边经济依存度进一步提升。二是继续寻求区域合作。一方面,尝试加强与巴基斯坦、阿富汗的经济互联互通。莫迪政府对巴方开放印度与阿富汗的商

---

① External Affairs Minister's Speech at the Inauguration of Chancery in Kabul, Ministry of External Affairs of India, September 30, 2014, http://www.mea.gov.in/.

② Statement by External Affairs Minister at the Fifth Ministerial Conference of the Heart of A-sia Istanbul Process, Ministry of External Affairs of India, December 9, 2015, http://www.mea.gov.in/.

③ ISIS Failed to Attract Indian Muslims, Rajnath Singh Says, The Times of India, March 19, 2015.

④ 参见《阿富汗将Salma水坝更名为阿印友谊水坝》,环球网,https://china.huanqiu.com/article/9CaKrnJP2PR。

⑤ 中华人民共和国商务部:《阿富汗经济部:印度投资和援助项目面临障碍的报道没有根据》,2015 年 1 月 30 日,http://www.mofcom.gov.cn/article/i/jyjl/j/201501/20150100883765.shtml。

贸通道给予很高热情,就此2015年7月和12月连续两次同巴方磋商。①同时,将长期搁置的土库曼斯坦—阿富汗—巴基斯坦—印度(TAPI)天然气管道项目落到实处,在印度的推动下,该项目于2015年12月13日正式动工。另一方面,积极推进在阿富汗通往伊朗恰赫巴哈尔港口的道路设施建设,目前又追加了相应的工程拨款。

(二)不改变零军事介入的大方向,但适度提高双边军事合作的级别

2015年之后,随着阿富汗局势不断波动,印度政府决定开始向阿富汗提供攻击性武器,2015年4月和12月,分别交付3架"猎豹"直升机和3架米-25武装直升机;当年12月访阿富汗期间,莫迪表示支持阿富汗增强防御能力,宣布向阿富汗军警烈士子女提供500个奖学金名额。②尽管如此,当前莫迪政府仍然对军事层面的合作持谨慎态度。一方面,印度没有扩大在阿富汗军事存在的迹象,尤其是拒绝向阿富汗派驻地面部队或警察,仍将培训阿富汗军事人员的工作限制在印度境内。另一方面,不断释放缓和印巴关系的信号。莫迪在2014年9月第69届联大一般性辩论上表示,印度寻求和平稳定的发展环境,印度的未来同邻国紧密相连,印方准备同巴基斯坦进行真诚的对话,以改善双边关系、维护地区和平。③ 2015年12月,斯瓦拉吉在伊斯兰堡甚至表示,印度愿意在阿富汗问题上以巴基斯坦能够接受的方式安排相关政策。④

---

① 2015年4月,印度作为第四方正式加入阿、巴、塔(吉克斯坦)三边贸易谈判(Pakistan, Afghanistan, Tajikistan Trade and Transit Agreement)。

② 中国驻阿富汗大使馆:阿富汗动态(2015年12月),http://af.china-embassy.org/chn/。

③ Address by Mr. Narendra Modi, Prime Minister of the Republic of India, September 27, 2014, p. 16, http://daccess-dds-ny.un.org/doc/UNDOC/GEN/N14/551/26/PDF/N1455126.pdf?OpenElement.

④ Statement by External Affairs Minister at the Fifth Ministerial Conference of the Heart of A-sia Istanbul Process, Ministry of External Affairs of India, December 9, 2015, http://www.mea.gov.in/.

可以说，执政以来，莫迪政府基本上延续了传统的对阿"软"政策。不仅如此，印度还试图通过整合南盟国家经济、持续推动改善印巴关系等方式，维护南亚地区局势稳定，进而为该政策的实施创造更为有利的外部环境。

基于上述分析，笔者认为：后美军时代印度的阿富汗政策将沿着"软"政策轨道继续前进，并可能表现出以下两方面特征。其一，对阿政策方向和目标短期内不会改变。无论是基于政治、经济还是地缘战略来分析，印度在阿富汗利益都具有长期性，双边战略伙伴关系的框架更以制度形式规定了印度在阿富汗的持续介入。因此，尽管未来阿富汗局势面临各种不确定因素，印度政府势必保持其在阿富汗存在的稳定性和连续性。其二，对"软"政策的具体内容有可能做出调整。当前及未来相当长一段时期，包括印度在内的国际社会将最大限度地支持阿富汗现政府，协助阿富汗当局顺利实现政治、经济、安全三大转型。如果阿富汗能够大体保持形势稳定，印阿合作显然存在进一步提升的空间。特别是为了维护美印双边关系，在美国政府的推动下，印度势必会在涉阿问题上给予美方一定的配合，包括进一步缓和印巴关系、增加在阿资金和技术投入、适当扩大培训阿富汗军事人员的规模等。未来一旦阿富汗出现重大动荡，影响到地区的和平与稳定，以美国为首的北约及阿富汗周边国家和地区组织势必寻求各种途径介入，以期迅速稳定地区局势。彼时，无论是相关的双边还是多边合作，都将进一步强化，上海合作组织、南亚区域合作联盟、阿拉伯国家联盟等区域性组织的作用也将进一步凸显。印度作为重要大国必然参与到各种合作进程当中（包括可能的军事合作）。上述两种情况，都给"软"政策留下了改进的空间。

中印在中亚地区的能源战略布局及博弈前景①

刘红涛② 张梦露③

作为世界上第二和第三大经济体(印度按购买力水平算)④,中印已经成为推动世界经济发展的主要动力。然而,经济实力的迅速崛起必然带动能源的大量消耗,由于国内能源储备量小、地理分布不均,中印两国为了维护国家能源安全和确保能源的可持续供应,不得不扩宽能源资源的供应渠道。中亚地区作为世界能源地缘政治中的重要一极,逐渐成为中印两国能源博弈的焦点。近年来,中印两国分别提出了各自的能源发展战略,并且通过一列政策措施增强本国在中亚地区的能源地位。针对这一情况,笔者将系统分析中印两国如何在中亚地区进行能源战略布局,以及对两国在该地区能源战略博弈的前景进行展望。

———————————

① 本文得到天津师范大学 2016 年"博士研究生学术新人"项目(项目编号:2016BSXR)的资助。本文原载于《南亚研究季刊》2017 年第 2 期。

② 刘红涛,中原工学院马克思主义学院讲师,天津师范大学 2015 级博士研究生。

③ 张梦露,天津师范大学 2016 级博士研究生。

④ 相关数据可参见 Statistical Appendix, *International Monetary Fund*(*IMF*), http://www.imf.org/en/Publications/WEO/Issues/2016/12/31/Subdued-Demand-Symptoms-and-Remedies。

一、中亚地区对于中印的能源战略价值

中亚地区作为世界能源地缘政治中的重要一极，其能源出口不仅关系到本地区各国财政收入，而且能够对国际能源市场的稳定产生重要影响。苏联解体以后，中亚地区出现了"权力真空"，使得大国在该地区围绕能源的博弈不断加剧。近年来，中印两国国内经济发展与能源供应之间的矛盾日益突出，出于维护国家能源供应安全方面的考量，中印能源战略博弈开始转向中亚地区。同时，受空间因素制约，加之中印两国在该地区的战略投入必然使得中印两国在该地区竞争越发激烈。①

对印度来说，随着经济的持续快速发展及经济规模的不断扩大，其对能源的消费量也大幅度上涨，能源缺口越来越大（见表1）；而且根据最新的《世界能源统计年鉴》显示：2015年，新兴经济体能源消费现占全球能源消费的58.1%，其中印度保持其5.2%的稳健消费增速，并于2015年超越日本成为世界第三大石油消费国。②印度前总理曼莫汉·辛格在接受《金融时报》采访时就表示："维护能源安全是我们除粮食安全以外的第二个重要计划。"③为了维护能源安全和促进本国经济发展，印度近年来提出了"能源供应多元化"的能源发展计划。而在这项计划中，中亚地区的地位极为重要。

首先，中亚具备印度"能源供应多元化"所要求的基本要素。中亚不仅

---

① ［印度］拉贾·莫汉：《莫迪的世界：扩大印度的势力范围》，朱翠萍、杨怡爽译，北京：社会科学文献出版社2016年版，第2页。

② 数据来源：《BP世界能源统计年鉴》（2016中文版），http://www.bp.com/zh_cn/china/reports-and-publications/bp_2016.html。

③ Stephen Blank, India's Energy Offensive in Central Asia, *The Central Asia Caucasus Analyst*, March 9, 2005, https://www.cacianalyst.org/publications/analytical-articles/item/9753-analytical-articles-caci-analyst-2005-3-9-art-9753.html.

拥有丰富的油气资源,同时还拥有充分的水电资源。根据 2016 年英国 BP
公司①统计数据显示,哈萨克斯坦已探明石油储量 300 亿桶,约 39 亿吨,
占世界总量的 1.8%;土库曼斯坦已探明天然气量为 32.3 万亿立方米,占
世界总量的 9.4%,仅次于伊朗、俄罗斯和卡塔尔。②塔吉克斯坦和吉尔吉斯
斯坦拥有丰富的水电资源潜力,但由于政府政策和技术资金等因素的限
制,其中只有不到 10% 的水电潜能得到开发与利用,生产潜力较大。③近年
来,中东局势持续动荡促使印度不断开拓新的能源进口市场,而中亚有
"第二个波斯湾"之称,同时,中亚充分的水电资源还可以缓解印度北部地
区严重电荒的现状,因此备受印度关注。

其次,中亚能源的出口潜力大。中亚不仅拥有丰富的油气资源和水电
资源,而且中亚的欠发达状况使得该地区油气和水电资源消费量较低,这
就为中亚地区进行油气和水电资源出口提供了现实基础。

再次,构建中亚通往印度的能源运输管道不仅具有巨大的商业价值,
还能提升印度在该地区和能源运输管道过境国家的影响力,符合印度追
求"有声有色"大国地位的要求。

最后,中亚国家普遍实行开放的能源政策,中亚国家完善能源基础设
施建设需要大量的资金支持,这就为印度能源跨国公司在该地区进行投
资和联合开发提供了机会。

---

① 英国 BP 公司即英国石油公司,本文所涉及的相关数据大部分以该公司统计数据为准。

② 数据来源:《BP 世界能源统计年鉴》(2016 中文版),http://www.bp.com/zh_cn/re-
ports-and-publications/bp_2016.html。

③ Rashmi Doraiswamy, *Energy Security:India,Central Asia and the Neighbourhood*,Manak:
New Delhi,2013,p.2.

表1　印度传统能源产量、消费量　（单位：百万吨油当量）

年	项目	石油	天然气	煤炭	总计
2014	产量	41.6	27.4	271.0	340.0
	消费量	180.8	45.6	388.7	615.1
2015	产量	41.2	26.3	283.9	351.4
	消费量	195.5	45.5	407.2	648.2

资料来源：《BP世界能源统计年鉴》（2016版），http://www.bp.com/zh_cn/china/reports-and-publications/bp_2016.html。

对中国来说，中亚地区拥有良好的能源地缘政治优势。中亚地区不仅拥有丰富的能源资源，同时该地区有三个国家与中国接壤，边境线长达3300千米。为了推动地区经济的可持续发展，中国近年来先后提出了构建"丝绸之路经济带"和"21世纪海上丝绸之路"的发展倡议，而能源合作将是"一带一路"倡议的重要内容之一。中亚地区作为"一带一路"倡议的重要节点，其能源地缘政治地位较为突出。首先，中亚地区不仅是"丝绸之路经济带"的重要节点，同时也是上海合作组织发展的重点区域。中国与中亚的能源合作影响着中国"丝绸之路经济带"和上海合作组织的发展进程。其次，中亚丰富的油气和水电资源能够保障中国在该地区获得相对稳定的能源供应。再次，中亚各国廉价的人力资源和经济发展的诉求迫切需要引进中国大量优质产能，通过发展比较优势产业，中国能够与中亚在能源领域获得共同发展。最后，加强与中亚的能源合作可以提升中国在该地区的地缘政治影响力，以减少来自西北部边疆的安全隐患。

二、印度在中亚地区的能源战略布局

印度在中亚地区的能源战略布局一方面是为了打通与中亚能源生产国的能源战略通道，缓解国内经济发展与能源需求之间的缺口，另一方面也是回应中国在中亚地区日益增强的能源战略影响力。基于维护能源供应安全和中亚能源生产国影响力建设的双重考量,近年来,印度逐步实施了针对中亚地区的能源战略布局,其采取的做法主要有以下三个方面。

(一)加快战略北上的步伐

出于加强和维护在中亚地区战略利益的考虑,印度先后提出了"向北望"政策①和"连接中亚"政策②。2014 年 5 月,莫迪总理就职以后,印度更是加快了战略北上的步伐。印度加快战略北上最典型的标志就是莫迪总理重启了南北运输走廊项目(NSTC)建设。2000 年 9 月,印度、伊朗和俄罗斯提出了构建国际南北运输走廊的项目,按照印度的规划,南北运输走廊将着力打造伊朗阿巴斯港北上通往里海地区的交通线,通过这一线路,印度可以绕过安全形势不稳定的巴基斯坦和阿富汗,借道伊朗进入中亚市场。③莫迪总理就职以后不仅重启了南北运输走廊项目建设,还加大了对该项目的投资,2015 年,印度政府宣布将投资 2 亿美元用于伊朗恰巴哈尔(Chabahar)港的建设。该港建成后将为印度商品和物流通过阿富汗前往中亚地区开辟一条新的路线。④同时,莫迪总理还积极推进连接南亚与中亚的TAPI 天然气运输项目建设。2015 年,印度对中亚五国进行访问时就与土库曼斯坦总统别尔德穆哈梅多夫进行了会晤,莫迪表示:TAPI 项目不仅是推动印度与土库曼斯坦关系发展的重要举措,同时也是促进两国经贸合作的重要桥梁;莫迪还表示,印土双方应在 TAPI 项目的基础上探索更

---

① Sébastien Peyrouse,M. Laruelle,J. Huchet & B. Balci, *US China and India in Central Asia A New'GreatGame'?*,Palgrave Macmillan:New York,2010,p.41.

② Raj Kumar Kothari,India's "Connect Central Asia Policy":Emerging Economic and Security Dimensions,*Sociology and Anthropology*,http://www.hrpub.org/download/20140902/SA5-19690106.pdf。

③ 《中印相遇中亚"赛跑":中国投资存量占优势》,http://www. shandongbusiness.gov.cn/pub-lic/html/news/201507/349249.html。

④ 《印度宣布在恰巴哈尔港投资 2 亿美元》,http://www.mofcom.gov.cn/article/i/jyjl/j/201505/20150500967020.shtml。

多种选择,以保障天然气的运输通畅。①

(二)发展与中亚地区周边国家关系

首先,在加快战略北上的同时,印度也积极发展同中亚周边国家的关系,尤其重视发展与伊朗、阿富汗和俄罗斯的关系。为了减轻中国在巴基斯坦建设瓜达尔港的压力及维护中亚能源运输管道的通畅与安全,2016年5月,在访问伊朗期间,印度总理莫迪声称要斥资200亿美元帮助伊朗修建恰巴哈尔港,以此来与中国形成对抗。②其次,美国撤军以后,中国逐渐加强在阿富汗的战略部署,压缩了印度在中亚周边进行战略布局的空间,所以印度增加了对阿富汗的援助力度。2015年12月,莫迪总理访问阿富汗,宣称援助阿富汗2.2亿美元承建阿富汗新议会大楼,并且向阿富汗国民军遇难士兵的子女提供500个奖学金名额,每年向阿富汗学生提供1000个奖学金名额。此外,印度最近还向阿富汗交付了3架军用直升机,据统计,从2002年以来,印度共向阿富汗提供了超过22亿美元的援助。③最后,深化与俄罗斯的关系。俄罗斯在中亚有着十分重要的影响力,同时俄罗斯还与中国有着密切的经贸、能源合作,加强和深化与俄罗斯的关系不仅可以使印度更顺利地进入中亚,同时还能减轻来自中国方面的谴责和压力。2015年圣诞节期间,莫迪总理访问了俄罗斯,印俄之间就能源合作、地区安全等方面交换了意见,俄罗斯表示支持印度"在解决全球及地

---

① India,Turkmenistan Push for Early Completion of TAPI Pipeline,*Business Standard Ashgabat*,http://www.bus- iness-standard.com/article/news-ians/india-turkmenistan-push-for-early-completion-of-tapi-pipeline-roundup-115071100647_1.htm.

② 《莫迪访伊朗瞄着港口与油田对冲中国在南亚影响力?》,http://oversea.huanqiu.com/article/2016-05/8963809.html。

③ 《印度总理莫迪访问阿富汗》,http://www.mofcom.gov.cn/article/i/jyjl/j/201512/20151201221086.shtml。

区问题中发挥更大的作用"①,印俄关系取得进一步发展。印度的这些做法,其目的是要以中亚为中心加强与中亚周边国家的合作,提升印度在这些国家的地位,从而有效遏制中国在中亚周边国家影响力的扩张,最终保障印度在中亚能源分配上占据优势地位。

(三)在中亚地区与美国加强合作

鉴于美国在中亚的地缘政治经济优势,建立和加强与美国在中亚的合作对于印度提升在该地区的战略影响力,保障印度在该地区的能源分配优势地位有着十分重要的意义。首先,美国对中亚各国政治经济的发展起到至关重要的作用。自 1991 年始,美国不仅加强了针对中亚各国的民主政治输入,同时还加大了对中亚地区的经济援助,自 1992 年至 2014年,美国对中亚五国的经济和军事援助总额约为 68 亿美元,并且在 2010年达到 6.39 亿美元的峰值。②美国通过政治渗透及大量资金援助获得了在中亚极高的战略地位。其次,近年来,随着中国和俄罗斯国家实力的提升,其针对中亚的发展提出了自身的诉求,加之 2010 年美国从阿富汗撤军,更是减弱了美国在该地区的战略力量。为了遏制中俄在中亚地区日益增长的影响力和维护美国国家能源安全,2011 年 7 月,时任美国国务卿希拉里提出"能源南下""商品北上"的"新丝绸之路"计划,③并通过积极推动TAPI 天然气合作项目的建设使南亚和中亚建立联系,希望以此拉拢印度,增加美国与中俄在中亚地区的战略博弈优势。因此,无论是出于政治经济利益的考量,还是出于对抗中国战略的考量,建立和加强与美国在中亚地

---

① 《印度总理莫迪访问俄罗斯 两国加强能源及防务合作》,http://finance.huanqiu.com/cjrd/2015-12/8258026.html。

② U.S. Policy Toward Central Asia 3.0,Carnegie Endowment for International Peace,http://carnegieendowment.org/2016/01/25/u.s.-policy-toward-central-asia-3.0-pub-62556.

③ 吴兆礼:《美国"新丝绸之路"计划探析》,载《现代国际关系》2012 年第 7 期。

区的合作都是印度提升其能源战略影响力的最优选择。①

三、中国在中亚地区的能源战略布局

中亚地区不仅是中国"丝绸之路经济带"和"21世纪海上丝绸之路"的重要节点,同时还是"上海合作组织"所涉及的重要区域。鉴于中国国家实力的不断增强,中亚各国均致力于发展对华关系,而且中国近年来也不断增加对中亚的投资力度,双方高层互访频繁。目前,中亚各国均在采取各种措施发展本国经济,而中国成功的经济发展经验对中亚各国具有巨大的吸引力。这些都使得中国和中亚不仅能在经济优势互补的基础上增进传统友谊,同时也为中国在该地区进行能源战略布局创造了条件。

(一)加强与中亚国家的经贸合作

自中国汉朝开始,中国与中亚国家就有相互之间的贸易往来。近年来,伴随中国经济实力的不断崛起及中亚各国对经济发展的诉求,中国与中亚国家之间的经贸往来更为频繁,并且合作潜力巨大。目前,双方在交通、通信、农业、高新技术、环保等领域的合作尚处在起步阶段,在能源领域的合作仍然具有较大提升空间。因此,未来一段时间中国与中亚地区的经贸合作将继续保持良好发展势头。② 2015年,中国已经成为乌兹别克斯坦最大的贸易伙伴,贸易总额达30亿美元;而且中国还是哈萨克斯坦最大的投资商。2015年,中国向哈萨克斯坦总投资额高达236亿美元,主要用

---

① Can India and United States Cooperate in Central Asia?, *Council on Foreign Relationship*, http://www.cfr.org/russia-and-central-asia/can-india-united-states-cooperate-central-asia/p25140.

② 《专家称中国与中亚五国贸易规模增百倍体现潜力》, http://world.huanqiu.com/regions/2013-06/4018997.html。

于改善该国交通、通信等问题。①同时中国还关注土库曼斯坦的能源部门，2006年，中国与土库曼斯坦签订双边能源贸易协定，土库曼斯坦同意自2009年至2039年之间每年向中国出口300亿立方米的天然气。②总的来说，中国同中亚国家贸易额从建交初4.6亿美元增加到2012年460亿美元，是21年前的100倍。③中国与中亚各国紧密的经贸交往为中国与中亚关系的进一步发展奠定了坚实的现实基础。

（二）继续推动"上海合作组织"的发展

上海合作组织是中国发挥主要作用的国际性组织，是维护中国周边安全特别是中亚地区安全的组织，通过充分发挥"上海精神"使中国与中亚国家建立紧密的联系。上海合作组织通过制度化的模式在推动区域合作、促进区域经济发展及维护区域稳定和安全方面发挥着重要的作用。近年来，"快速发展的中国经济与呈现U形变化的中亚国家经济不仅仅是对照关系，也是相互促进和帮助的关系。中国丰富的制成品有助于中亚国家克服独立初期的商品短缺，解决经济发展中遇到的困难。中国对中亚的投资、贷款和援助也有利于中亚国家的发展。中国对能源和自然资源的需求使中亚国家的这些商品出口有了新的渠道，避免因市场单一受外方的控制"④。因此，如何完善和促进上合组织的进一步发展受到了中国和中亚国家的普遍关注。首先，扩大和完善上海合作组织机制建设，逐步形成一个全面、多层次的合作机制，进一步促进中国与中亚国家，中国与中亚、俄罗

---

① Why is Central Asia dumping Russia for China?, *Global Risk Insights*, http://globalrisk-sights.com/2016/05/why-central-asia-is-dumping-russia-for-china/.

② Energy and Economic Relations between China and Central Asia, *Business & Economics Research Advisor*, https://www.loc.gov/rr/business/asia/CentralAsia/overview.html.

③ 《梦想，从历史深处走来——记习近平主席访问中亚四国和共建"丝绸之路经济带"》，http://news.xinhuanet.com/world/2013-09/13/c_117349709.htm。

④ 赵常庆：《中国与中亚国家合作析论》，北京：社会科学文献出版社2012年版，第11页。

斯等国的双边和多边经贸合作,加强中国与中亚在国际事务中的合作。[①]其次,进一步加强中国与中亚在安全方面的合作,相互支持,反对威胁区域安全的任何行为。

(三)积极推动"一带一路"倡议的实施

2015年3月,发改委、外交部、商务部联合发布的《推动共建丝绸之路经济带和21世纪海上丝绸之路的愿景与行动》中指出:"一带一路"倡议中"将加强能源基础设施互联互通,共同维护输油、输气管道等运输通道安全"[②]。为保证未来的油气供应安全,中国需通过"一带一路"倡议积极推动能源进口多元化。其中,在中亚地区,中国积极展开了更为系统化的能源合作布局:中国通过共商共建的方式,既考虑中亚地区的利益诉求,也考虑到中国自身的利益诉求,找到利益交集,从而开展包括公路、铁路、油气管道和光缆通道等的基础设施建设。一方面,中国发挥新疆的地缘优势,打通从新疆通往中亚的交通线;另一方面,积极建设中国与中亚地区能源运输管道。中国加大了针对中亚各国能源基础设施建设的投资,主要集中在油气管道的建设。目前,中国与中亚能源运输管道的建设主要有中哈石油运输管道及中土天然气管道,并与塔吉克斯坦就有关电力输送问题进行了磋商。能源运输管道的建设作为中国与中亚交往的纽带,不仅增进了中国与中亚国家相互间友谊,增强了政治互信,同时也进一步推动"一带一路"倡议在中亚地区的具体实施。

---

① Richard Hu,Chinaand Central Asia:The Roleof The Shanghai Cooperation Organization(SCO), *The Mongolian Journal of International Affairs*,http://www.mongoliajol.info/index. php/MJIA/article/viewFile/111/112.

② 国家发展改革委、外交部、商务部:《推动共建丝绸之路经济带和21世纪海上丝绸之路的愿景与行动》,http://world.people.com.cn/n/2015/0328/c1002-26764633.html。

四、中印在中亚地区的能源战略博弈前景

中印在中亚地区所进行的能源战略布局，其动力在于中亚地区对于中印两国未来能源发展战略有着至关重要的影响。由于中印两国国情不同，其战略布局也呈现出不同的特点。印度通过发展与中亚周边国家关系及加强与美国在中亚的合作，建立起以中亚国家为中心的"半月形布局"，其特点主要是通过"内外兼修"的形式加强和完善在中亚的战略布局。而中国则以"一带一路"倡议为基础，通过不断完善上海合作组织机制建设及推动中国与中亚国家经贸关系的发展，建立起以点带面的"线性布局"，并通过不同的节点建设以实现整个中亚地区能源通道的贯通。

在能源战略布局之外，中印两国在中亚地区也已经展开了初步的博弈，这种博弈主要体现在以下三个方面：首先是政治影响力的博弈。近年来，针对中亚国家发展战略，中印两国积极与其进行战略对接；同时中印两国领导人都积极地促进与中亚国家高层实现互访，通过开展多元化外交建立与中亚国家的双边和多边关系，以此来增强本国在中亚的能源地缘政治影响力。其次是经济层面的博弈。这一点主要体现在中印两国对中亚能源市场上的争夺。为了与中国国家油气公司形成对抗，在中亚油气田的开发与并购方面，印度通过加大收购力度抢占中亚能源市场，这一举动不仅降低了中国收购的成功率，还增加了中国收购的成本。[①] 2005 年 8 月初，中国天然气集团以 41.8 亿美元力压印度国有天然气公司与米塔尔钢铁集团的联合叫价，虽然成功并购了哈萨克斯坦第三大石油生产商 PK 公司，[②]但成本增加了近 10 亿美元。最后是能源资源分配的博弈。一方面中

---

① 陈翔、李玉婷：《中印关系发展的中亚因素》，载《江南社会学院学报》2016 年第 4 期。

② 汪长明、傅菊辉：《从竞争到合作：中印能源关系析论》，载《重庆工商大学学报》（西部论坛）2008 年第 1 期。

国构建起了连接土库曼斯坦、乌斯别克斯坦和哈萨克斯坦的天然气运输管道,使中国可以从中亚地区获得相对稳定的天然气供应;另一方面,印度期望通过积极参与 TAPI 项目分销中国在土库曼斯坦的天然气资源,使得中印在获取中亚天然气方面的短兵相接似乎避无可避。

中印两国在中亚地区有着不同的能源战略布局,由于现实的博弈情况,以及两国在中亚所面临的诸多问题,使得中印两国未来在中亚进行能源战略博弈将呈现以下趋势:

(一)印度将继续加强对中亚的战略投入

印度在中亚进行战略布局的最大优势在于印度的能源进口多元化战略与中亚国家的能源出口多元化战略能够进行相应的战略对接。同时印度总理莫迪就职以后大力发展"邻国外交",将印度的外交核心观念由"战略自主"向"战略影响"转换,通过发展与中亚周边国家关系保障印度能源战略通道的顺畅与安全。近年来,随着印度经济的快速发展,印度国内经济发展与能源需求之间存在巨大的缺口,莫迪总理就职以后将印度的"向北望政策"逐渐付诸实践,并开始加大了对中亚的战略投入力度。但无论是从对中亚各国的对外直接投资净流入量,还是对外直接投资存量来看,印度与中国都有着明显的差距。中国在过去 10 年对中亚总投资 337.9 亿美元,其中,在塔吉克斯坦 12.4 亿美元、在土库曼斯坦 38.8 亿美元、在乌兹别克斯坦 15.1 亿美元、在哈萨克斯坦 235.5 亿美元、在吉尔吉斯斯坦 36.1 亿美元。而印度对中亚的总投资额仅为 16 亿美元。[①]因此,为了平衡中国在中亚的影响力,印度势必会进一步加大对该地区的战略投入力度。

---

① 《中印相遇中亚"赛跑":中国投资存量占优势》,http://www.shandongbusiness.gov.cn/pub-lic/html/news/201507/349249.html。

(二)中国将进一步完善与中亚国家的合作机制

中国在中亚进行战略布局的最大优势在于中国优越的地理位置和雄厚的资金支持。中国的新疆与中亚接壤,边境线长达 3300 千米,同时中国近年来经济实力不断崛起,更是引起了中亚各国的重视。目前,中国已经成为中亚五国最重要的贸易合作伙伴之一,2014 年中国与中亚五国双边贸易总额高达 450 亿美元,①其中,中国对中亚的直接投资存量更是突破了 100 亿美元,因此无论是出于地缘因素还是经济发展因素的考虑,中亚与中国建立相关合作是历史必然。然而近年来,随着美国在阿富汗撤军行动的开始,中亚的地缘政治形势也随之发生了重大变化。印度为了保障本国在中亚的能源供应安全,加强了其在该地区的战略投入力度,并积极响应美国提出的"新丝绸之路"计划,与美国在该地区展开紧密合作,这就对中国在中亚的战略布局起到了阻碍作用。出于中亚地缘政治变动及维护国家安全利益方面的考虑,2013 年,习近平主席先后提出了构建"丝绸之路经济带"和"21 世纪海上丝绸之路"的战略发展规划,并将中亚地区作为"一带一路"倡议的重要节点,希望在继续完善上海合作组织机制建设的基础上加强中国与中亚各国之间的经贸联系,以推动中国与中亚五国的关系进一步发展,保障中国在该地区的能源供应安全和战略影响力。

(三)获取中亚地区能源分配优势将成为中印博弈的主要方面

在中亚能源战略布局博弈中,中印两国竞争的主要方面在于中亚的能源资源分配,这种竞争主要体现在能源基础设施的建设及能源战略通道的安全方面。中国与中亚国家之间一直保持着互利共赢的友好关系,其

---

① 《丝带建设周年记:中国与中亚国家贸易额达 450 亿美元》,http://world.people.com.cn /n/2015/1013/c1002-27692554.html。

中能源合作是促进中国与中亚国家关系发展的重要桥梁。近年来,随着中国经济实力的持续增长及"一带一路"倡议的实施,中国加大了对中亚的重视程度,同时中国与中亚的能源合作,尤其是在能源基础设施建设及能源战略通道建设方面的合作也得到了进一步提升。而印度经济的发展同样使其国内能源供不应求,为了解决这一困境,印度制定的能源供应多元化战略,使得中亚成为印度关注的重点地区。因此,中国在中亚能源基础设施建设和能源战略通道安全维护方面的投入,被印度视为中国企图"独占"中亚地区能源资源的重要标志。一方面,保证经济与能源的平衡发展和中亚能源供应安全的客观需求要求中国加强与中亚国家的能源合作,完善在中亚的能源战略布局;另一方面,印度积极寻求在中亚构建符合本国利益的战略影响力,以保障其在中亚能源的可获得性,不希望中国在中亚构建相应的能源"霸权"。2008 年,印度正式加入 TAPI 项目,试图增加本国在中亚能源资源分配过程中应对中国挑战的战略砝码。未来中印两国在中亚的能源竞争将主要体现在两国能源跨国公司在中亚能源基础设施建设及能源战略通道建设项目上的争夺,以此限制对方国家在中亚能源资源分配占据绝对优势。同时,对中国来说,还要防范印度与美国在中亚地区的相关合作,从而导致大国在该地区的竞争日益激烈及中亚能源资源分配的"被多元化"。

(四)维护中亚地缘政治稳定将成为中印两国合作基础

中印两国在中亚国家内部及周边进行能源战略布局和博弈既存在竞争关系,也具有开展合作的前景。由于 2014 年年底美国及北约正式结束在阿富汗的作战任务,使得阿富汗国内各势力之间的力量对比失衡,阿富汗国内局势开始动荡。而从地缘位置的角度来看,中亚与阿富汗不仅同属于一个自然地理区域,而且中亚的乌兹别克斯坦、塔吉克斯坦、土库曼斯坦三国与阿富汗还有 2000 多千米的共同边境,所以阿富汗动荡的局势势必会影响中亚的地缘政治安全和稳定。首先，与阿富汗相邻的中亚国家的边境安全压力不断增大。在土库曼斯坦和阿富汗边界地区，塔利班加强了军事力量，并开始对土库曼斯坦边境展开袭击，使得土库曼斯坦边境安全压力骤增；在塔吉克斯坦和阿富汗边界，2014年塔阿边境武装冲突比2013年增加了一倍。其次"伊斯兰国"不断向中亚进行渗透，中亚安全面临新的压力。"伊斯兰国"通过在中亚招募新成员及与当地恐怖、极端组织勾结和设立分支机构等方式对中亚进行渗透，2015年"伊斯兰国"计划拨款7000万美元用于招募人员，在费尔干纳盆地组织恐怖袭击，中亚的反恐形势变得十分严峻。①对于中印两国，中亚地缘政治的混乱和不稳定都会损害本国在该地区的能源战略利益。一旦中亚宗教极端主义和恐怖主义失去控制，不仅会直接威胁中国的西北腹地，而且还会危害中国与中亚能源运输管道安全。而对于印度来说，中亚宗教极端主义和恐怖主义的泛滥不仅会对印度北部邦的安全形势产生十分消极的影响，同时还会对TAPI项目的进展产生阻碍作用。因此，尽管未来中印在中亚及其周边地区存在能源战略竞争，但两国也具有开展多方位反恐等战略合作可能，以共同应对来自中亚地缘政治不稳定带来的挑战。

五、结语

　　未来中亚地区将成为中印两国能源战略博弈的焦点。但是无论是印度"内外兼修"的"半月形布局"，还是中国"连点成线，以线带面"的"线形布局"均存在不足。目前双方的共同点都在于既努力在中亚周边国家进行布局，同时争取在中亚国家内部获得能源基础设施和能源战略通道建设的投资项目，从而实现内外联动，争取将中亚各国加入到由本国制定的发

---

①　罗英杰：《中亚安全形势的变化及其影响》，载《国际安全研究》2016年第2期。

展战略中。印度一直将中亚视为本国能源多元化发展战略的重要地区,希望获得在中亚能源资源分配的优势地位,同时印度将中国与中亚国家的能源合作及在中亚的能源基础设施和能源战略通道的建设视为对印度的战略威胁。因此未来印度对中亚的战略投入将会继续加强,并试图借助美国等大国的力量来提高本国在中亚的战略地位。

　　未来中印在中亚的能源战略博弈将呈现日益复杂的局面,而面对上述情况,中国应在以下五个方面采取积极措施:第一,中国要进一步借助上海合作组织的平台作用发展与中亚国家的双边和多边关系,在巩固传统友谊的基础上,增加对中亚的战略投入力度。第二,中国应坚定不移推进"一带一路"倡议的实施,加强与中亚在能源基础设施和能源战略通道建设方面的合作,维持在中亚各国的正当利益。第三,中国应加强同中亚周边国家的双边关系,尤其要重视发展与巴基斯坦的关系,防止印度在中亚和南亚地区建立起排斥中国的相关机制。第四,中国应与域外大国开展积极有效的沟通,寻求在中亚地区能源方面的合作,以减轻域外大国对中国的敌视态度。第五,中国需要直接同印度开展积极有效的沟通和协作,尤其是要加强与印度在中亚地缘政治稳定方面的合作,中国应该积极协调与印度的战略矛盾,实现两国在维护地区安全层面的沟通,尊重彼此在中亚地区的战略利益,共同维护中亚的繁荣和稳定。

当前"伊斯兰国"（ISIS）在中亚渗透特点及对新疆安全的影响①

马　媛②

"伊斯兰国"（英语 Islamic State,缩写:IS）,前称"伊拉克和大叙利亚伊斯兰国"（英语:Islamic State of Iraq and al Shams,缩写:ISIS）,阿拉伯国家和部分西方国家称为"达伊沙"（DAESH）,是一个活跃在伊拉克和叙利亚的极端恐怖组织。2014 年 6 月 29 日,该组织的领袖阿布·贝克尔·巴格达迪自称为哈里发,将政权更名为"伊斯兰国",并宣称自身对于整个伊斯兰世界拥有权威地位。③

"伊斯兰国"在伊拉克和叙利亚地区攻城略地,成为世界极端恐怖组织的一个标杆。2015 年 5 月,"伊斯兰国"攻占伊拉克重镇拉马迪,使中东局势更加复杂和多变。从世界范围内看,"伊斯兰国"不同于其他恐怖组织,其有高度严密的组织系统,资金供给体系完整,社会运行正常,占领着较大规模的领土和资源。虽然在 2015 年春夏之交,美国采取定点清除,重创了其领导核心,但"伊斯兰国"从中东地区向中亚及巴基斯坦、阿富汗地

① 本文是新疆自治区社科基金重点项目"新疆周边国家局势对新疆安全影响"（14AGJ012）阶段性成果。本文原载于《新疆社会科学》2016 年第 1 期。
② 马媛,新疆社会科学院中亚研究所副研究员,天津师范大学 2014 级博士研究生。
③ 参见 http://baike.baidu.com/link?url。

区扩张的势头明显。2015 年 5 月 28 日,塔吉克斯坦特警司令哈里莫夫①宣布加入"伊斯兰国",并带着五六名部下,一同加入该组织。虽然俄罗斯2015 年 10 月出动战机对"伊斯兰国"实施空中打击,但 11 月"伊斯兰国"还是在巴黎制造恐怖袭击事件,造成大量人员伤亡。

从 2014 年开始,国内学术界就十分关注"伊斯兰国"的动向及发展趋势,随着 2015 年"伊斯兰国"持续在中东地区制造诸如残忍杀害人质的事件,国内学者又从人类伦理和道德的层面来阐述"伊斯兰国"的残暴与反人类行径、从大国博弈角度阐释"伊斯兰国"的形成发展。本文将着重分析近年来在中亚地区活动的恐怖组织与"伊斯兰国"的合作竞争情况、"伊斯兰国"在中亚地区的渗透活动特点,以及对新疆安全的现实影响。

一、"伊斯兰国"在中亚地区的渗透

作为逊尼派穆斯林占大多数的中亚地区,自苏联解体后,马克思主义意识形态崩塌,伊斯兰教在中亚地区迅速蔓延。2001 年,随着美军对阿富汗进行军事打击,恐怖组织在中亚地区的活动空间被压缩。2014 年,美军逐步撤出阿富汗后, 在巴基斯坦和阿富汗活动的恐怖组织重新整合和洗牌,而在中东崛起的"伊斯兰国"也加快向中亚地区渗透。

(一)"伊斯兰国"在中亚渗透的宗教渊源

2014—2015 年年初,随着中亚国家选举季的结束,"伊斯兰国"等恐怖组织在中亚地区的渗透也出现复杂和混乱的态势。虽然哈萨克斯坦、乌兹别克斯坦等国在 2014 年关闭了一些涉嫌传播宗教极端思想的网站,但是

---

① 现年 40 岁的哈里莫夫获得过多枚国家勋章。他曾在塔吉克斯坦总统近卫军服役多年,并在俄罗斯和美国特种部队接受训练。3 年前,他成为特警司令,负责保护国家领导人的安全。参见 http://news.ifeng.com/a/20150530/43870232_0.shtml。

并没有阻挡"伊斯兰国"在中亚的渗透。哈萨克斯坦设立了讲授伊斯兰教知识的官方网站,以此防止宗教极端思想对国民信仰的侵蚀。

第一,中亚国家独立后,原有的共产主义意识形态信仰被打破,各国清真寺数量直线上升,截至 2013 年 5 月,哈萨克斯坦有礼拜场所 3244 座,其中清真寺有 2320 座,[①]是中亚地区清真寺数量最多的国家,目前还有大约 50 座清真寺提交了建设申请。在南哈萨克斯坦地区有 800 座清真寺,而仅仅阿特拉乌斯(ATырауской)地区就有 26 座清真寺,在奇姆肯特(ШыМкеHT)地区每季度就有一座清真寺建成。截至 2012 年 10 月,乌兹别克斯坦有清真寺 2050 座,吉尔吉斯斯坦有清真寺 2200 座,土库曼斯坦 400座。[②]截至2011 年,塔吉克斯坦有74 个宗教社团,3424 个礼拜场所、344 座清真寺,40 座中心清真寺。[③]伊斯兰教填补人们信仰真空的同时,给伊斯兰极端思潮的嵌入留下诸多机会,同时伊斯兰教在规范人们社会价值认同的作用显著提升。这也是"伊斯兰国"的极端宗教思潮能快速在该地区传播的原因。

第二,中亚地区伊斯兰激进组织活动的现实存在使得"伊斯兰国"对该地区的渗透更为便利。乌兹别克斯坦"伊斯兰运动"、基地组织中亚分支、穆斯林兄弟会中亚分支、东突组织、伊扎布特、亚洲穆斯林委员会、"哈马斯"、"阿克罗米亚"、"伊吉拉特"、哈里发战士、中亚"圣战"者集团等激进的伊斯兰组织在中亚地区都有活动记载。[④]近年来,中亚国家政府对他

①　Казахстан занимает первое место в Центральной Азии по количеству мечетей, http://www.nur.kz/263087.html.

②　По количеству мечетей Казахстан опережает Узбекистан, Азербайджан, Кыргызстан и Туркменистан, http://titus.kz/?previd=32467.

③　Количество мечетей в Таджикистане превысило количество школ, http://www.islamon-line.ru/index.php?option=com_content&view=article&id=4412:2012-02-19.

④　Центральная Азия и террористические организации, http://articles.gazeta.kz/art.asp?aid=48149;подобные Терроризм в Центральной Азии, http://otherreferats.allbest.ru/political/0012 1948_0.html;Современные террористические организации в Центральной Азии, http://www.ca-portal.ru/article:1807.

们加大打击,这些组织就蛰伏在费尔干纳地区,利用现有的伊斯兰激进组织的网络渠道进行活动,使"伊斯兰国"在中亚地区可以便利渗透。

第三,中亚地区有南亚恐怖势力袭扰的安全困境。由于中亚的塔吉克斯坦、土库曼斯坦和乌兹别克斯坦与阿富汗接壤,阿富汗塔利班等激进武装势力在塔阿边界地区频繁活动。2012 年 7 月,塔吉克斯坦巴达尚赫地区的武装冲突,就被俄罗斯分析家认为是阿富汗部族武装组织之间为争夺毒品运输通道而进行火拼。由于历史原因,中亚国家之间的边界划分存在部分争议,边境管控相对宽松,这就给激进组织跨界活动提供了便利。

第四,当前中亚籍激进分子前往"伊斯兰国"参加"圣战"的人数不断上升,表明"伊斯兰国"对中亚地区的渗透已经初见成效。2014 年 11 月,"伊斯兰国"视频显示有大约 300 名哈萨克斯坦籍人员在叙利亚伊拉克地区参与"圣战"。当前,在"伊斯兰国"的哈萨克斯坦籍人员大约 300 名,其中一半以上是妇女,乌兹别克斯坦籍人员 500 名,塔吉克斯坦籍人员 190人,土库曼斯坦籍人员 360 名、吉尔吉斯斯坦籍人员 300 名,其中大约有50 名妇女。①哈萨克斯坦籍"伊斯兰国"成员大部分来阿克纠宾斯克州、东哈萨克斯坦州和杰兹卡兹干州的中产阶级家庭。年龄在 19 岁至 43 岁之间,还有大约 39 名 10 岁左右的儿童,有些是整个家庭前往叙利亚的。

(二)"伊斯兰国"在中亚渗透的情况特点

在伊斯兰极端思潮的侵蚀下,极端组织已经逐步在中亚地区传播自己的价值体系和话语系统,并不断表现出不同于中东地区的渗透特点。

首先,"伊斯兰国"在中亚地区采取双向渗透,即分层次渗透,既向底层宗教信仰意识虔诚人群渗透,又向知识精英层渗透。当前"伊斯兰国"针对中亚地区的视频网站除了用英语播放以外,还新增设了俄语和突厥语,

① В Сирию едуR целыМи сеМбяМи, http://lenta.ru/articles/2014/11/28/igilkz/.

这种措施细化了对目标人群的渗透，针对不同语种和社会背景的人群采用不同的渗透手段。"伊斯兰国"的俄语网站上，不但有宣扬"圣战"、血腥作战场面的视频，还有宣传其不同于什叶派伊斯兰教价值理念的内容，这些视频和文字图片在一定程度上给予了那些希望实现自我价值的人员美好的憧憬。

其次，"伊斯兰国"在中亚地区加强对其急需的医生、网络工程师、金融从业人员及退伍人员的渗透。以经济利益诱导招募对象，承兑一旦加入"伊斯兰国"前往伊拉克、叙利亚参加"圣战"，就可以帮助贫困家庭偿还债务，一旦家庭成员加入"伊斯兰国"组织，还将得到丰厚的薪酬。此外，当被招募人员到达"伊斯兰国"训练营地后，还给予这些人员婚配的奖励，以此稳固中亚籍人员留在"伊斯兰国"作战的信念和对"伊斯兰国"的依赖性；对在战场上作战勇猛的人员进行专门训练，再派回中亚地区以其亲身经历继续开展招募活动。"伊斯兰国"招募成员的手段之一是在社交网站上挑起一个敏感的宗教政治问题进行讨论，从讨论跟帖的人群中筛选目标。对于一些"圣战"思想淡薄的招募对象，往往采取承诺到土耳其、阿联酋进行短期旅游和宗教培训，资助到沙特朝觐等方式。2015年以来，"伊斯兰国"在中亚国家的招募网站数量倍增，哈萨克斯坦在2015年1月至10月关闭了数百家涉嫌宣扬"圣战"的"伊斯兰国"招募网站。"伊斯兰国"将这部分招募的年轻成员称为"新鲜血液"。"伊斯兰国"认为虽然中亚籍人员在"伊斯兰国"的绝对人数较少，但是他们能很快适应战争状态，有较强的组织力。"伊斯兰国"拨付7000万美元用于在中亚开展活动，也有报道称这部分资金不仅用于人员的招募，还用于在中亚地区进行恐怖袭击活动。

最后，"伊斯兰国"在中亚地区的渗透是重点区域核心渗透与外围区域辅助渗透相结合。在哈萨克斯坦南部和阿斯塔纳这样的中心城市，"伊斯兰国"是通过网络渗透；在塔吉克斯坦和吉尔吉斯斯坦边远的村庄，"伊斯兰国"则以散发印刷品和移动储存视频的方式进行煽动。①在吉尔吉斯斯坦奥什附近的一个 500 人的村庄里，吉尔吉斯斯坦安全部队发现两名从叙利亚返回的土耳其籍"圣战"人员，他们试图通过吉尔吉斯斯坦边境地带前往乌兹别克斯坦进行活动。②一方面，"伊斯兰国"在中亚地区在核心区域(城市)渗透，针对城市中的中产阶级和专业技术人员进行精神(伊斯兰价值)渗透；另一方面，"伊斯兰国"派遣专业人员在乡村等边缘地带进行说教式、面对面的拉拢，效果明显。

二、"伊斯兰国"在中亚活动的特点

(一)整合区域内各个恐怖团伙，抢占活动空间③

"伊斯兰国"在中亚地区呈现非典型组织形态，④即没有像在伊拉克、叙利亚有那么规范的体系架构，在中亚地区呈现出非典型的组织特性：没有统一的领导机构、没有统一的行动纲领，"伊斯兰国"在其 2015—2016 年"圣战"规划中阐述：将派遣哈萨克斯坦籍人员到俄罗斯高加索地区开展活动。总体上看，"伊斯兰国"在中亚地区整合其他恐怖组织的目的较为明确。

"伊斯兰国"在伊拉克和叙利亚的活动提高了其在世界恐怖组织内部

---

① Запретить деятельность группировки "Исламское государство"хотят в Кыргызстане, http://tengrinews.kz/asia/zapretit-deyatelnost-gruppirovki-islamskoe-gosudarstvo-271131/.

② Деятельность"Исламского государства"в Киргизии, http://gorskie.ru/news/incident/item/6612-deyatelnost-islamskogo-gosudarstva-v-kirgizii.

③ Афганистан：«Исламское государство» начинает конкурировать с«Талибаном», http://www.fergananews.com/news.php?id=22964.

④ Дуга нестабильности：Ирак-Центральная Азия…«Исламское государство Ирака и Леванта»(ISIS)активно рекрутирует казахстанцев в свои ряды, http://www.russianskz.info/politics/5811-duga-nestabilnosti-irak-centralnaya-aziya-islamskoe-gosudarstvo-iraka-i-levanta-isis-aktivno-rekrutiruet-kazahstancev-v-svoi-ryady.html.

的地位和影响力,特别是在中亚地区其影响力逐渐增强,声望甚至压过了在中亚地区活动的基地组织。2014年9月26日,乌兹别克斯坦"伊斯兰运动"领导人乌斯曼·格仁(Усмон Гозии)宣布效忠"伊斯兰国",并扬言联合"伊斯兰国"对乌兹别克斯坦进行恐怖袭击。2015年1月,来自"伊斯兰国"网站上的视频显示,前往"伊斯兰国"参加"圣战"的塔吉克斯坦籍人员达到2000人。①"伊斯兰国"对中亚地区恐怖团伙进行整合需要一个过程,而在这个过程中,中亚地区的恐怖团伙可能会产生转型和分化:一部分继续坚持温和的抗争理念,一部分将认同"伊斯兰国"的理念,变得极端。

在塔吉克斯坦巴达尚赫地区,"伊斯兰国"黑色旗帜曾出现在塔吉克斯坦与阿富汗边界地区的小村庄里,一些原先同情效忠塔利班的部族长老默许部族成员前往叙利亚、伊拉克参加"圣战",②"伊斯兰国"给予外籍军团薪酬较塔利班优厚,在一定程度上对在中亚活动的恐怖组织成员有较高的吸引力。

(二)区域内蛰伏积累不断壮大势力范围

2014年年底,有中亚学者认为"伊斯兰国"对中亚地区的影响仅仅存在于意识形态领域。到2015年5月,中亚学者开始认真分析"伊斯兰国"在塔吉克斯坦和吉尔吉斯斯坦的活动动力。③2014年至2015年5月,"伊斯兰国"未在中亚地区开展有影响力的暴恐活动,其活动仅仅局限于小范围的渗透和整合中亚地区的激进宗教组织。当前"伊斯兰国"在中亚地区

---

① 受俄罗斯卢布贬值和经济下滑影响,有在俄罗斯务工的塔吉克斯坦籍人员失业后前往叙利亚参加"伊斯兰国"组织。因此塔吉克斯坦籍参加圣战人员数据与塔吉克斯坦政府官方数据有较大出入。

② Афганистан: «Исламское государство» начинает конкурировать с «Талибаном», http://www.fergananews.com/news.php?id=22964.

③ Казахстан на пути в Хорасан? Серик Бельгибай, http://sayasat.org/articles/953-kazah-stan-na-puti-v-horasan.

处于蛰伏和壮大实力范围阶段，而有组织针对具体平民和政府设施进行恐怖袭击的事件较少。从另一个角度来看，一方面"伊斯兰国"将暴恐活动放在巴基斯坦和阿富汗，而在中亚地区其需要一个相对安全平稳的缓冲地带。另一方面，"伊斯兰国"在巴基斯坦、阿富汗、中亚地区活动的资金需要在哈萨克斯坦和吉尔吉斯斯坦周转。

"伊斯兰国"在中东地区能够迅速壮大的基础之一是"伊斯兰国"吸纳了原伊拉克复兴党的大部分情报人员，这些人员有丰富的情报搜集甄别和反侦察工作的能力。俄罗斯伊斯兰委员会主席盖伊达尔·让马尔认为：原苏联情报部门克格勃给予过原萨达姆伊斯兰复兴党情报部门充足的培训，[①]其对中亚地区强力部门的工作流程相当熟悉，没有发现"伊斯兰国"在中亚地区的规模性活动，并不表示其没开展活动。2015 年，在乌兹别克斯坦临近阿富汗的村庄就出现过"伊斯兰国"的宣传手册和黑色的旗帜，但这并没有引起当地政府的重视，当地政府仅仅是没收了这些非法出版物而已。

"伊斯兰国"在土库曼斯坦的活动与渗透比预计的严重，且"伊斯兰国"利用土库曼斯坦与阿富汗接壤的便利条件，在土库曼斯坦蛰伏休整，跨区域在阿富汗进行有效暴恐活动；遭到阿富汗打击时，又化整为零回到土库曼斯坦休整蛰伏。[②]

(三)点面结合跨区域流动灵活有效

"伊斯兰国"成立之初吸纳的成员是那些失业的青年宗教狂热伊斯兰激进分子，但是随着其组织架构的形成，在中亚地区吸纳高层次和高素质

---

① ИГИЛ и Центральная Азия：Они пугают，а нам не страшно？，http://aftershock.su/?q=node/264132.

② Александр Коновалов，политолог，эксперт по вопросам безопасности，президент Института стратегических оценок. ИГИЛ у ворот，http://weekjournal.ru/world/54251/.

战士成为"伊斯兰国"在中亚地区活动的一个特点。

哈萨克斯坦东方研究所研究员叶尔肯·拜伊塔尔（ЕркиН БайдароВ）认为："如果 2014 年'伊斯兰国'对哈萨克斯坦的影响局限在在中亚地区招募有经验的"圣战"战士，那么 2015 年'伊斯兰国'在中亚的招募对象是那些有专业技术的人才，'伊斯兰国'已经为开辟中东地区以外区域做准备……有限的资讯显示'伊斯兰国'已经在培育中亚籍的专业技术人才，这部分工作是由'伊斯兰国'海外军团部、财政部和培训部共同负责。"①

2015 年 5 月 12 日，塔吉克斯坦总统拉赫蒙在独联体首脑会议上指出，联合俄罗斯和哈萨克斯坦共同抵御阿富汗塔利班和"伊斯兰国"对中亚地区的渗透是急需解决的现实问题。②俄罗斯安全会议秘书长尼古拉·帕特鲁舍夫 2015 年 5 月 11 日至 12 日在阿塞拜疆访问期间认为："伊斯兰国"对中亚和阿塞拜疆的活动由过去的广泛渗透到精确渗透，由于阿塞拜疆籍"伊斯兰国"成员与中亚籍"伊斯兰国"成员被编在一个战斗营作战，③这些人员跨区域流动活动能力强。④"伊斯兰国"对俄罗斯北高加索和鞑靼斯坦地区的渗透在其中长期规划中。

2015 年 5 月 28 日，塔吉克斯坦特警司令哈里莫夫加入"伊斯兰国"的俄语视频显示，"伊斯兰国"在中亚利用自己的极端宗教价值吸引精英阶层的手段相当有效。哈里莫夫的示范效应将持续发酵，未来"伊斯兰国"以塔吉克斯坦与阿富汗边境地区为据点跨区域作战的情况将明显增加。

---

① Насколько реальна угроза для Казахстана от ISIS?, http://viperson.ru/wind.php?ID=673054.

② СБРИВАНИЕ БОРОДЫ В ДУШАНБЕ СЧИТАЮТ САМЫМ ЭФФЕКТИВНЫМ СПОСОБОМ БОРЬБЫ С ТЕРРОРИЗМОМ, http://www.politrus.com/2015/05/12/rakhmon-taj/.

③ 阿塞拜疆语、哈萨克语、吉尔吉斯语、土库曼语都属于突厥语族。

④ ВИТАЛИЙ АРЬКОВ:ОСНОВНЫЕ УГРОЗЫ БЕЗОПАСНОСТИ АЗЕРБАЙДЖАНА ИСХОДЯТ ОТ ISIS И ОРГАНИЗАТОРОВ « ЦВЕТНЫХ РЕВОЛЮЦИЙ », http://www.politrus.com/2015/05/12/patrushev-azer/.

与中亚毗邻的阿富汗和巴基斯坦被认为是塔利班传统的活动范围，而"伊斯兰国"在中亚地区的活动势必挤占了塔利班在中亚地区的利益，两者跨区域的争夺,势必威胁到中亚地区的稳定。①

当然,"伊斯兰国"在中亚地区的活动短时间不会发展为像伊拉克、叙利亚那样的局面,但是2015年中亚国家经济增长失速明显,而中亚国家原本就有的诸如失业、腐败、社会收入不公、贫穷、生态危机、裙带关系盛行等问题会放大到社会层面。土库曼斯坦总统别尔德穆哈梅多夫在2015年独联体国家峰会上就呼吁独联体国家加强合作，共同应对日益严重的"伊斯兰国"在中亚地区的跨界活动。

从"伊斯兰国"在中东地区的发展态势来看,中亚国家政局的稳定性直接影响到它在该地区的扩展速度。但应该看到"伊斯兰国"在中亚活动的现实存在性,该组织是否会加快其在中亚地区的影响力,需要看中亚国家自身经济发展、社会稳定的内在免疫力,但是塔吉克斯坦特警司令哈里莫夫加入"伊斯兰国"释放出一个极其危险的信号——"伊斯兰国"的活动就在中亚国家家门口。

三、对新疆安全的影响

"伊斯兰国"领导人巴格达迪在2014年斋月的讲话中提到有中国人在"伊斯兰国"外籍军团里作战,"伊斯兰国"把中国新疆列为他们建立历史上大伊斯兰版图的第一顺位。② 2015年3月,新疆维吾尔自治区党委书记张春贤谈道:"目前确实有新疆人越境参加'伊斯兰国'的情况,这个组织的国际影响力很大,新疆也不会置身事外,我们最近也发现了参战以后

---

① "Исламское государство" и "Талибан"объявили друг другу войнуIslam-Today,http://islam-today.ru/novosti/2015/04/21/islamskoe-gosudarstvo-i-taliban-obavili-drug-drugu-vojnu/.

② 参见 http://observe.chinaiiss.com/html/20149/10/a70573_1.html.

回新疆参与策划暴力恐怖的团伙。"①

当前"伊斯兰国"对新疆的影响主要表现在：一是伊斯兰极端思潮的传播，并以伊斯兰极端的教法规范人们的价值评判；二是通过网络、移动储存装置煽动新疆籍穆斯林越境前往中东地区参加"圣战"；三是整合在中亚地区活动的大小不等的"三股势力"。

（一）传播伊斯兰极端教法的道德价值功能

"伊斯兰国"作为一个组织形态出现有其特殊的历史地缘政治原因，随着其在中东地区的壮大，向世界其他穆斯林聚居区蔓延是其远期目标。后苏联空间的中亚地区和俄罗斯高加索地区是其渗透目标区域，新疆作为穆斯林聚居区与中亚地区毗邻，"伊斯兰国"通过中亚地区向新疆的渗透使新疆承受的外部安全压力倍增。俄罗斯学者阿列克塞·马拉什科②认为："'伊斯兰国'在中亚的渗透活动势必影响到周边地区，既然它已经存在，就是想将自己的价值观传播到该地区。"③

随着新疆经济社会的发展，新疆与周边国家人员的往来日益频繁，新疆与中亚国家贸易额占新疆对外贸易总额的70%左右。"伊斯兰国"借助中亚平台将其倡导的伊斯兰极端价值理念在新疆传播，后果极其严重。由于在社会转型期，人们对宗教极端思想的辨识能力较弱，反映在新疆南疆地区社会层面就是伊斯兰极端思想的微观渗透，诸如以伊斯兰极端教法规范人们日常言行和穿戴，出现了一股企图以政治伊斯兰取代较为温和、世俗的穆斯林传统宗教价值观的逆流，通过强化"清真"与"非清真"的区别，划分"真正的穆斯林"和"异教徒"，从内部撕裂了新疆穆斯林社会。当

---

① 参见 http://news.qq.com/a/20150310/039878.htm.

② 俄罗斯历史学博士、俄罗斯伊斯兰问题专家、卡内基基金会莫斯科研究中心研究员。

③ ИГИЛ и Центральная Азия：Они пугают，а нам не страшно？，http://aftershock.su/?q=node/264132.

前新疆进行的"去极端化"教育就是树立社会主义核心观,以法律规范人们的行为标准,还原伊斯兰教的信仰本位。

(二)煽动、协助新疆籍人员跨界参加"圣战"

新疆有 5600 千米的陆路边境线,有无人值守的高海拔山口隘口,为"伊斯兰国"煽动新疆籍人员前往伊拉克、叙利亚参加"圣战"提供了便利。俄罗斯专家认为,新疆籍"伊斯兰国"成员出境参加"圣战"的路线一般是通过中亚地区到达土耳其,穿越土叙边界后加入"伊斯兰国"。新疆一些维吾尔族人员参加"伊斯兰国"的目的是:在伊拉克战场上增加作战经验,然后返回新疆从事分离和独立活动。①

中国政府在上海合作组织框架下与中亚国家开展反恐合作,初步遏制了新疆籍人员借道中亚前往中东参加"伊斯兰国"。但由于"伊斯兰国"在 2014 年 7 月—2015 年 10 月加紧利用中亚向新疆渗透宗教极端思想,参加"圣战"的极端分子通过东南亚的伊斯兰国家(马来西亚、印度尼西亚)前往叙利亚的情况有所增加。从新疆籍人员参加"伊斯兰国"的事实来看,"伊斯兰国"利用宗教煽动新疆穆斯林参与"圣战"的目标明确。在技术层面,"伊斯兰国"有网络招募的视频演示,有充裕的资金保障,有人员里外接应的路线设计,有针对性的培训教育。②"伊斯兰国"严密的组织保障使其在新疆的影响有所增加。"伊斯兰国"的激进特性被新疆的一些暴恐团伙效仿,对新疆安全和稳定构成极大的威胁。③

整合在中亚地区活动的"疆独"组织,伺机在新疆开展暴恐活动,也是"伊斯兰国"的目标之一。中国境内外的"疆独"分裂组织有 50 多个,40 多

---

① Китайцы Исламского Халифата,http://navoine.info/china-isis.html.

② Кто есть кто в мире радикального ислама,http://locomotions.ru/page/kto-est-kto-v-mire-radikalnogo-islama.

③ Исламское государство—угроза или миф?,http://pravnovosti.ru/blog/2014/10/28/.

个主要在境外活动。"东突厥斯坦国际委员会""东突厥斯坦解放组织""维吾尔解放组织"①等组织在中亚地区都有活动记载。"伊斯兰国"对这些组织分层次整合:一方面,游说组织成员前往中东参战"圣战"实地培训;另一方面,在中亚国家设置"接待站",给新疆籍"圣战"人员提供联络帮助。

"伊斯兰国"在中亚地区的活动对新疆安全的影响是现实存在的。一方面,伊斯兰极端思潮通过各种途径和媒介加紧对新疆的渗透。另一方面,已经有新疆籍人员前往"伊斯兰国"作战,新疆不但要承受来自巴基斯坦、阿富汗恐怖组织的威胁,还要面对"伊斯兰国"在中亚地区不断壮大的安全压力。新疆作为"丝绸之路经济带"核心区,在谋求自身经济社会发展的同时,还要兼顾来自中亚地区的外部安全风险。

"伊斯兰国"在中亚地区的发展态势,一方面取决于中亚国家政治、经济和社会的稳定性,另一方面取决于它在中东地区的发展势头。鉴于当前中东地区利益格局的复杂性,伊斯兰世界内部的力量相互争斗的持续性,"伊斯兰国"在短时间内不会迅速崩塌,因此该组织在中亚的活动呈现持续性、隐秘性和外溢性。

---

① 马媛:《"东突"组织在吉尔吉斯斯坦的活动特点》,载《新疆社会科学》2011年第3期。

新加坡反腐倡廉的经验及启示①

刘子平②

　　亚洲"四小龙"之一的新加坡多年来一直被国际社会称作"亚洲最廉洁的国家",该国高度发展的经济、廉洁高效的政府和优美舒适的环境无不赢得全世界的普遍赞誉。尼克松执政时,曾派美国财政部长康纳利去世界各国考察,考察结束后,康纳利向尼克松汇报说:"新加坡是世界上管理得最好的国家。"③中国领导人邓小平 1992 年南方视察时也指出:"广东20年赶上亚洲'四小龙',不仅经济上要上去,社会秩序、社会风气也要搞好,两个文明建设都要超过他们,这才是有中国特色的社会主义。新加坡的社会秩序算是好的,他们管得严,我们应当借鉴他们的经验,而且比他们管得更好。"④作为人少地小的城市国家,新加坡之所以能获此殊荣,最为根本的就是其摸索出一套切实可行、行之有效的反腐倡廉机制。归结起来就是:制度生廉、监督督廉、教育倡廉、高薪养廉、榜样示廉。全面认识、了解和把握其反腐举措与经验,吸取有益成分,对于我国当前治理腐败有启示作用。

---

①　本文原载于《东南亚纵横》2011 年第 10 期。

②　刘子平,聊城大学政治与公共管理学院副院长、教授,天津师范大学 2009 级博士研究生。

③　[新加坡]李光耀:《李光耀 40 年政论选》,北京:现代出版社 1996 年版,第 361 页。

④　《邓小平文选》(第三卷),北京:人民出版社 1993 年版,第 378 页。

一、制度生廉：健全的制度与体制使官员不能贪

新加坡在独立初始并不像现在这么清正廉洁，也是腐败盛行。政府部门内部，各种贪污、行贿、受贿、敲诈勒索等腐败现象非常普遍，"一人得道，鸡犬升天"的裙带现象表现得十分明显。1959 年，新加坡人民行动党上台执政后，着力清除腐败，经过不懈努力，终于在 20 世纪 60 年代后期至70 年代从根本上扭转了公务员普遍腐败的状况，新加坡政府深入持久地反腐倡廉造就了新加坡"亚洲最廉洁国家"的美誉。新加坡能够造就廉洁政治的重要原因之一就是高度重视制度的力量，寓廉政要求于制度建设之中，着眼于公务员制度和现代行政管理体制的建立和完善，致力于减少发生腐败行为的机会。

新加坡实现了廉政措施的制度化，建立了相当完善的廉政制度，从而保证了公务员的廉洁奉公。

（一）完善全面的法律制度

新加坡的法制建设在发展中国家中是极为出色的。其立法的完善，法律的科学性和效率性都受到世界各国的瞩目。1960 年，新加坡颁布了该国第一部《反贪污法》，后又经过几次修改，使其更加完善，更具可操作性，更能适应时代发展的需要。新加坡政府后又通过《公务员指导手册》，对公务员的行为进行了严格的界定。这两部法律条例是防止和惩治贪污腐败的法律和政策依据，是贪污腐败行为的克星。此外，1988 年出台的《没收贪污所得利益法》是一部专门惩治腐败犯罪的程序法，用以补充和完善刑事诉讼法，其中允许政府冻结和没收贪污犯来源不明的财产和资产。①

---

① 参见师雯、李路曲：《新加坡治理腐败的政治与文化基础》，载《理论探讨》2006 年第 1 期。

(二)公务员选拔和录用制度

在新加坡,公务员有着严格的选拔和录用程序,除了政务官公务员是通过选举产生之外,其他的公务员必须通过考试、平等竞争和择优录用的办法招聘。正式录用之前,必须过考试关和审查关,在考试合格和体检合格之后还必须接受严格的审查和调查,内容包括有无犯罪前科、日常交往、社会背景、个人爱好及品德修养等。这种审查是严格、认真的,不是走形式和过场。通过这种程序将无才无德之人拒之门外,从而使公务员队伍的素质得到可靠的保证。正如李光耀所说:"公务员的素质尤其是领导层的素质决定一切","新加坡的生存,全赖政府部长和高级官员的廉洁和效率"。①

(三)财产申报制度

新加坡政府规定,所有公务员必须定期申报家庭财产情况,包括银行存款、各类证券等,使公务员的个人财务公开化,处于公众的监督之下,已婚人员还必须将其配偶的财产予以申报。个人申报财产后必须由贪污调查局审查核实。核实的内容包括:财产申报是否确实,有无故意漏报或故意将其财产转移到他人名下,等等。若发现公务员私人财产剧增,又不能说明其合法来源者,其将以不当获利的嫌疑而受到审查追究。这种财产申报制度很好地扼制了腐败的发生。

此外,新加坡在政府部门的设置上非常注意完善约束机制,用权力制约权力,尽量减少公务员自行处理人、财、物等方面的权力。除了上述预防机制外,新加坡还重视举报人制度,加强对举报人的保护,积极鼓励和支持公众参与反腐倡廉,从而在社会上也形成了一股强大的反腐声势。

---

① 刘国雄:《新加坡的廉政建设》,北京:人民出版社1994年版,第14页。

二、监督督廉：严格的执法与惩罚使官员不敢贪

立国之初，新加坡就下定决心以法治国，通过建立完善的法律体系来保证国家建设的顺利进行。法律的严格监督和执行，使政府官员不敢贪污。

新加坡立法全面而且定罪十分严厉，对贪污受贿的官员的惩罚更是毫不留情。按《反贪污法》规定，官员贪污受贿一经查实，不但要处予监禁，而且还要处予罚款，并且没收该公职人员在职期间交纳的公积金，这笔钱可能是十几万或者是几十万元新元，使政府的工作人员不但不可能利用贪污得到任何好处，而且还要为此付出惨重的代价，以后还不允许再担任公务员，就连自办企业都不能当董事。政治上断送前途，经济上一贫如洗，名誉上声名狼藉，这使许多人在贪污腐败面前望而却步，有效地约束了公务员的从政行为。

新加坡除了有一套严密、严厉的反腐法规条例外，还有一个独立而强有力的治贪机构——贪污调查局。它既是反贪污腐败的专门机构，也是《反贪污法》的执行机构。新加坡贪污调查局由总理直接领导，局长由总理任命，对总理负责，不受任何机关与个人的干涉。《反贪污法》对贪污调查局的职能做了全面规定，并赋予其广泛的权力，特别是强化了其侦查权限和侦查措施，增大了其执法的权威性。根据该法的规定，贪污调查局享有特殊的权力，其中包括无证搜查与强行搜查、对财产进行查封扣押、检查银行账目、要求有关人员提供犯罪证据、要求嫌疑人申报财产，以及限制其转移财产等。另外，贪污调查局还经常检查政府机关执行公务的程序，对容易发生腐败的部门人员进行定期轮换，从而有效地防止腐败案件的发生。

对于执法队伍本身，尤其是对于贪污调查局及其他警察，更是有着相

当严格的要求,如果执法者明知故犯,贪赃枉法,或者徇私舞弊、行为不检点,甚至办事不公,都会受到严厉的制裁。同时,随着社会经济生活领域的扩大和其他社会生活新领域的开拓,以及可能出现的贪污腐败的新领域和新手段,及时制定出针对新情况和新问题的防范和惩治措施,防止贪污腐败现象的出现和蔓延,从而使贪污腐败及时得到遏制。

三、教育倡廉:独具特色的文化与教育使官员不想贪

众所周知,新加坡是一个深受儒家思想影响的国家,以儒教伦理立国,号召人们"明礼义,晓廉耻"。儒教传统观念"忠孝、仁爱、礼义、廉耻"被新加坡政府确立为新加坡人的行为准则,但其内容已被一一赋予新的含义。其中,"忠"就是要忠于新加坡共和国。每个新加坡人都要意识到自己是新加坡共和国国民,归属于新加坡;要始终把国家利益放在首位,为了国家利益要不惜牺牲个人利益;每个新加坡公民都要深刻认识到新加坡的成就是集体协作的结果,个人与群体不可分割。"廉"即清廉,是立国之本,执政之根,为官的基本道德规范。新加坡官员必须树立为国民服务的思想和甘于牺牲奉献的精神。[①]在这样一个良好的人文氛围下,新加坡社会的公民守法意识非常强,人民道德素质很高。加之政府注意对公务员灌输"公仆"意识,人民行动党成员和政府工作人员要拥有克己奉公和自我牺牲精神。李光耀对他们的训示就是:"当你加入行动党时,就像是加入神圣行列。"[②]"当一个公务员,就必须有奉献精神。"[③]这就使公务员时刻保持为民众服务的意识,具有很强的自律能力,能够做到廉洁奉公。同时,也促

---

① 参见刘守芬、李淳:《新加坡廉政法律制度研究》,北京:北京大学出版社2003年版,第4~5页。

② [新加坡]李光耀:《李光耀40年政论选》,北京:现代出版社1996年版,第487页。

③ 中国精神文明考察团:《新加坡的精神文明建设》,北京:红旗出版社1993年版,第34页。

成了一种独具特色的清廉文化氛围的形成，使贪污腐败者难以在社会中立足。

发自内心的"不想贪"是廉政的最高境界。为追求这一理想境界，新加坡政府特别注重对公务员和全民的廉政教育。新加坡人民行动党执政后，及时提出教育是国本，人才资源是发展命脉。因此，该党开创了教育新思维，廉洁教育从娃娃抓起，使廉洁、诚实、公正的核心价值观植根于全体民众心中。新加坡在中学普遍设立了廉政课程，教育青少年"贪污贿赂如同黑社会和贩毒问题一样，都是严重的社会罪恶"[①]。同时，加强对公务员的廉政培训。新加坡共有六万余名公务员，每年都要由政府高级官员和贪污调查局的高级警员分层次对他们进行 1~2 次教育培训，特别是要由执法机构的官员给他们灌输反贪污意识，让他们认清贪污的陷阱和劝导他们如何避免牵涉到贪污案件，以此做到"小木鱼常敲、毛毛雨常下"，警钟长鸣。[②]另外，对社会不同行业和阶层，政府有针对性地采取举办讲座、讨论、展览等方法和通过报纸、电台、电视等媒体宣传的方式进行肃贪倡廉的教育，促使"廉洁光荣、贪贿可耻"成为全社会的共识，进一步推动了廉洁的政治文化和舆论氛围的形成，同时也进一步推动了全社会参与反腐败斗争。

四、高薪养廉：优厚的待遇与认同使官员不用贪

新加坡领导人深知在严刑峻法的同时，不应忘记给公职人员尽可能高的工资福利待遇，并建立可靠的社会保障体系以解除他们的后顾之忧。这样政府公职人员就可以过上比较富裕的生活，更易于安心工作，减少贪

---

① 中国廉政文化网：《预防——国际反腐大趋势》。
② 袁闻聪：《新加坡如何预防公务员腐败》，载《中国人事报》，2006 年 7 月 15 日。

污腐败的可能性。为此,新加坡政府采取了一系列措施来提高公务员的待遇。首先,大幅度地提高公务员工资待遇。李光耀认为:"为国家付出辛劳的公务员应该付给他们可观的薪水,要使他觉得工作很有意义,生活也过得好。"①在新加坡,总理的月工资为 50000 新元,部长的月工资为 30000 新元,高级公务员,包括政府部门的常任秘书的月工资为 12000~20000 新元。②可见,新加坡公务员的月收入是相当高的,即使在国际上也算是很高的了。其次,切实解决公务员的福利问题,包括医疗福利、贷款优惠、住房优惠和集体保障。最后, 是实行公务员退休养老金制度和中央公积金制度,使其老有所养。以在职公职人员每月工资的 40% 作为公积金,存入银行,等其退休后才能支取。实际上这 40% 只需在本人工资中扣除 22%,剩余 18% 则由国家补贴。③这笔公积金对每个公务员来讲是相当可观的数字,尤其是资历越老、地位越高的人,公积金越多,可以多到 6 位数以上,达到几十万元。这足以保证一个人退休以后的优裕的生活, 可以安度晚年。在优厚的背后是严厉的惩罚,公务员涉嫌贪污并查有实据,不但要革职、坐监、曝光出丑,而且其大笔退休公积金将全部被没收充公。因此,退休及中央公积金又起到了廉洁保证金的作用。

新加坡公务员的薪金都很高, 政府每年都要对社会各行业从业人员的收入进行调查,一旦发觉公务员收入在各行业中排名有所下降,政府就会给公务员加薪,使公务员始终居于社会高收入阶层。多年来,新加坡一个公务员月薪是同等资历的其他从业人员的 10 倍,另外在住房、医疗等方面政府对公务员有许多优惠政策。④新加坡公务员的高收入、高待遇,使公务员是个令人非常羡慕的职业,社会地位高,公务员的自我价值认同较

---

① 刘国雄:《新加坡的廉政建设》,北京:人民出版社 1994 年版,第 25 页。

② 同上,第 24 页。

③ 同上,第 30 页。

④ 虞成敏:《新加坡治理腐败的启示》,载《贵州党的生活》2002 年第 7 期。

高。公务员在社会上受人尊敬、羡慕，使公务员有条件做到洁身自好，不受利益的吸引，也就使腐败失去了产生的基础。

高福利伴随着高要求。一生衣食无忧的前提是一生清正廉洁。国家对公务员，尤其是高级公务员的错误惩罚相当严厉。如果出现违反国家法律和公务员准则的行为，他们肯定会被开除公职或判刑，公积金和退休金全部取消，概不退还。因此，新加坡公务员一般都很珍惜自己的工作，勤政清廉，绝少愿冒贪污受贿而被开除或取消养老保证金的风险。

五、攻玉之策：新加坡反腐倡廉的启示与借鉴

（一）加强反腐倡廉的制度建设，实现反腐倡廉的制度化

制度反腐是新加坡反腐倡廉成功的重要原因。新加坡建立起的全面完善的法律制度、公务员选拔与任用制度、财产申报制度等实现了新加坡反腐措施的制度化。近些年来，我国在法律建设上做了大量工作，建立和完善了一系列法律法规，就廉政建设而言，也逐步走上了法制的轨道。但与廉政国家相比较，法律法规还不够完备。因此，为了满足依法治国和廉政建设的需要，一方面必须把廉政法制建设纳入到整个国家的立法体系，通盘考虑，加快监督法、国家政务活动公开法、家庭财产申报法、专职反腐机构组织法、从政道德规范等廉政法律法规的制定。另一方面，要加强立法的可操作性，使法律更具可执行性。还要建立和完善公务员制度、财产申报制度、受礼限制与禁止制度、职务回避制度等相关的约束国家公务人员廉洁从政的具体廉政制度，从而为国家公务人员营造廉洁奉公的制度环境。

(二)形成有序高效的监督体系

反腐监督的机构不在于有多少,而在于监督治理腐败的效果。新加坡反腐败成功的经验表明,独立而强有力的治贪监督机构是遏制腐败的有力手段和工具。在新加坡,一个独立而强有力的贪污调查局的正常运行是新加坡政府保持廉洁的保证,这是值得借鉴的。反腐监督机构不在多,而在于精干,形成有序高效的监督体系,授予其必要的特殊权限,从而增强其监督的权威性。

(三)必须进一步加大案件查办力度,提升反腐败的威慑力

加大查办案件力度,是反腐败斗争最直接、最具威慑力、最易见成效的手段。新加坡反腐倡廉的成功实践经验表明,反腐败首先要加大查办案件的力度,进一步加大打击力度,尤其是资金高密集的经济领域,使腐败分子不敢心存侥幸,提升反腐败的威慑力,更好地遏制腐败。

(四)加强廉政文化的建设,以教促廉,形成社会反腐倡廉的良好氛围

新加坡的经济建设富有成效,精神文明建设更是富有特色。新加坡社会的公民守法意识非常强,人民道德素质很高,公务员形成了良好的为民服务意识,具有很强的自我约束能力,形成了以贪污为耻的良好社会氛围。借鉴新加坡的成功经验,我们在重视经济建设的同时,也必须加强廉政文化建设,重视对国家公职人员和全民的廉政教育,促使国家公职人员和全体人民廉洁奉公意识的形成和巩固。通过开展从学校到社会形式各样的廉政教育促成"廉洁光荣、贪贿可耻"社会氛围的形成。这样真正可以从源头上解决腐败问题,真正做到标本兼治。